本书为国家社科基金青年项目"西部留守儿童社会工作综合服务体系研究"（11CSH078）、四川省教育厅人文社会科学重点研究项目"四川农村留守家庭的服务需求及服务策略研究"（15SA008）的最终成果。感谢宜宾学院社会工作专业国家级综合改革项目、宜宾学院社会学重点学科项目、四川省农村社区治理研究中心的资助！

西部留守儿童

社会工作综合服务体系研究

陈世海
詹海玉　／　著

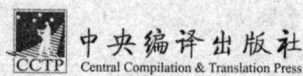

中央编译出版社
CCTP　Central Compilation & Translation Press

图书在版编目（CIP）数据

西部留守儿童：社会工作综合服务体系研究 / 陈世海，詹海玉著. —北京：中央编译出版社，2017.1
ISBN 978 - 7 - 5117 - 3198 - 2

Ⅰ. ①西… Ⅱ. ①陈… ②詹… Ⅲ. ①农村 - 儿童 - 社会服务 - 研究 - 中国 Ⅳ. ①D669.5

中国版本图书馆 CIP 数据核字（2016）第 306651 号

西部留守儿童：社会工作综合服务体系研究

出 版 人：	葛海彦
出版统筹：	贾宇琰
责任编辑：	王丽芳
责任印制：	尹　珺
出版发行：	中央编译出版社
地　　址：	北京市西城区车公庄大街乙 5 号鸿儒大厦 B 座（100044）
电　　话：	(010) 52612345（总编室）　(010) 52612349（编辑室） (010) 52612316（发行部）　(010) 52612317（网络销售） (010) 52612346（馆配部）　(010) 55626985（读者服务部）
传　　真：	(010) 66515838
经　　销：	全国新华书店
印　　刷：	北京振兴源印务有限公司
开　　本：	880 毫米 ×1230 毫米　1/32
字　　数：	252 千字
印　　张：	10.5
版　　次：	2017 年 1 月第 1 版第 1 次印刷
定　　价：	48.00 元

网　　址：	www.cctphome.com　邮　　箱：cctp@ cctphome.com
新浪微博：	中央编译出版社　微　　信：中央编译出版社（ID：cctphome）
淘宝店铺：	中央编译出版社直销店（http：//shop108367160.taobao.com）

凡有印装质量问题，本社负责调换。电话：010 -55626985

目录
CONTENTS

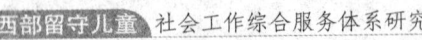

第一部分

研究介绍

　　本部分为本书的总体介绍，共分为两章。第一章概述了研究西部留守儿童问题的宏观和微观背景，探讨研究意义，在此基础上对国内外研究状况进行回顾和评述，并指出本书研究的主要问题。第二章为研究设计部分，主要介绍本书的内容体系、界定核心概念、介绍研究方法。以上两章在本书中起到总述作用。

第一章　导论

一、留守儿童的研究背景及社会工作的研究视角

　　自改革开放以来，随着我国工业化、现代化、城镇化进程的不断加快，农村剩余劳动力大规模向城市转移。由于受到身份、制度、经济等各方面条件的限制，很多农民在自己进城务工的同时无力解决孩子进城需要面对的诸如缺乏生活照料、借读费用高昂、住房条件恶劣等现实问题。于是，他们选择将孩子留在家乡并托付给其他人代为照看，最终形成了外出务工人员与子女分隔两地的局面，一个新的弱势群体——留守儿童——由此诞生。

　　据国家统计局发布的《2014 年全国农民工监测调查报告》显示①，2014 年全国农民工总量为 27395 万人，比上年增加 501 万人，增长 1.9%，是 2008 年金融危机以来的连续增长，但增长幅度在下降。其中，外出农民工（在本乡镇地域以外从业 6 个月及以上的农村劳动力）16821 万人，比上年增加 211 万人，增长

---

　　① 国家统计局：《2014 年全国农民工监测调查报告》，2015 年 4 月 29 日，http://www. stats. gov. cn/tjsj/zxfb/201504/t20150429_797821. html。

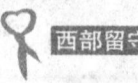

1.3%；本地农民工10574万人，增加290万人，增长2.8%。农民工的年龄分布中，16—20岁占3.5%，21—30岁占30.2%，31—40岁占22.8%，41—50岁占26.7%，50岁以上的农民工占17.1%。40岁以下农民工所占比重继续下降，由2010年的65.9%下降到2014年的56.5%，农民工平均年龄也由35.5岁上升到38.3岁。跨省流动农民工7867万人，比上年增加129万人，增长1.7%，占外出农民工总量的46.8%，比上年提高0.2个百分点；分区域看，东部地区外出农民工18.3%跨省流动，比上年提高0.5个百分点；中部地区外出农民工62.8%跨省流动，比上年提高0.3个百分点；西部地区外出农民工53.9%跨省流动，比上年下降0.2个百分点。

以上数据说明，第一，即便我国当前处于劳动力红利接近消失、人口总和生育率下降、新生劳动力供应不足、农民工平均年龄上升的宏观背景，农民工在数量上仍然保持了连续增长；第二，在农民工群体中，处于生育年龄、承担主要养育子女责任的青壮年劳动力仍然是主力；第三，跨省流动比例高，特别是西部农民工超过一半都是赴省外务工，使得更多的农民工难以承担家庭照顾、子女养育的职责。由此可以得出一个初步认识：由于农民工外出务工所直接产生的留守儿童群体，在当前以及今后相当长的一个时期内仍然会保持较大规模，其面临的生活、照料、教育、社会服务等问题仍然值得全社会关注。

中国妇联2013年发布调查报告认为，全国有农村留守儿童6102.55万，占全国儿童总数的21.88%，与2005年全国1%抽样调查估算数据相比，八年间全国农村留守儿童增加约242万。在全部农村儿童中，留守儿童的比例达37.7%，平均每三个农村儿童中就有超过一个是留守儿童。留守儿童高度集中在中西部劳务输出大省，四川、河南的农村留守儿童规模大，占全国农村留守儿童比例最高，分别达到 11.34% 和 10.73%。其次，安徽、广东、湖南的农村留守儿童规模占全国百分比也很高，分别为 7.26%、7.18% 和 7.13%。以上五个省份留守儿童在全国留守儿童总量中占到 43.64%。另外，从农村留守儿童占全部农村儿童的比例来看，重庆、四川、安徽、江苏、江西和湖南的比例已超过 50%，湖北、广西、广东、贵州的比例超过 40%。可见，农村留守儿童数量庞大，且广泛分布于我国中西部省份。①

儿童时期是身心发展的关键时期，个体的生理、认知和社会发展的许多最复杂的变化都发生在这一阶段，其发展的水平、速度、方向和个性的差异受到遗传因素、社会生活条件和教育的影响，而最重要的影响则是来自父母。由于父母（或其中一方）外出务工，留守在家的儿童在家庭社会化过程中存在阶段性的结构不完整，这本身就是家庭教育和儿童成长的一种缺陷。从儿童福利的视角看，中国和西方发达国家有很大差距。我国的传统福利体制不健全，尤其是儿童的社会政策、社会服务不完善，特别是在农村，个人生存、教育、发展权益得不到完全保障的儿童，是靠家庭和家族力量来解决的，在片面强调经济发展指标、社会政策和社会服务体系不健全的背景下，农村儿童可用的社会资源在农村空心化的趋势中越来越少。从地区均衡发展的角度看，农村外出务工劳动力通常来源于欠发达地区（特别是经济发展程度较低的西部地区），其留守在家的儿童的成长结果，会在一定程度上影响本地区的人力资源积累、家庭持续发展，进而影响欠发达地区的经济社会发展。所以，

---

① 全国妇联课题组：《全国农村留守儿童、城乡流动儿童状况研究报告》，载《中国妇运》2013 年第 6 期。

开展农村儿童、特别是农村留守儿童研究，推行社会服务，为留守儿童创造更好的成长环境，是非常重要的。

作为关怀弱势群体、推动社会公正、促进社会和谐的一门学科，社会工作介入留守儿童服务有其与生俱来的契合性。社会工作是遵循以人为本、助人自助、平等公正的专业价值观，在社会服务及社会治理等领域，综合运用专业知识、技能和方法，帮助有需要的个人、家庭、群体和社区，整合社会资源、协调社会关系、预防和解决社会问题、促进社会稳定和谐的专业和职业。① 本质上，社会工作是一种旨在为有需要人士提供福利的社会行动，对个人、群体和社区的帮助与服务是社会工作实践过程，同时也是社会福利的输送过程。② 由此可见，第一，对弱势人群提供福利性社会服务是社会工作的首要任务，而西部留守儿童无疑是非常适合的服务对象；第二，社会工作所坚持的助人自助、以人为本等专业价值观，对于解决留守儿童问题、为留守儿童赋权增能是非常有效的，可以在解决留守儿童当前面临问题的同时提升其自身能力，以实现可持续的健康发展路径；第三，社会工作所使用的资源整合、关系协调、政策倡导等方法，对于调动资源、推动社会政策的完善以促进留守儿童的社会福利和社会服务供给，有着重要作用。所以，从社会工作的理论视角和行动策略开展西部留守儿童问题研究，应当是值得尝试的。当然，开展西部留守儿童社会工作服务，决不能仅仅停留在微观的实务层面，而应该在此基础上，倡导并构建包括留守儿童在内的弱势儿童群体社会政策，使之固化成为从福利哲学到社会政策乃至社会服务的一整套体系。

---

① 李迎生主编：《社会工作概论》，中国人民大学出版社 2010 年版，第 6 页。
② 方舒：《论社会工作与社会管理的交互机理》，载《社会科学》2013 年第 5 期。

二、文献计量方法下的留守儿童研究回顾

　　留守儿童是指因父母双方或单方长期在外打工而被交由父母单方或长辈、他人来抚养、教育和管理的儿童。[①] 西方学者们对斯里兰卡、菲律宾、印尼、泰国、马耳他、塔吉克斯坦的外出务工父母（包括移民）与留守儿童开展了研究，结论主要包括，父母在外务工期间与留守子女的交流形式包括打电话、写信、手机短信及礼物交换[②]；交流频率和方式往往取决于生计手段、家庭位置（农村或城市）及谁掌管家庭[③]；外出母亲在维持与子女的关系上投入了更多精力，"手机育儿"（Mobile Phone Parenting）虽能显著提高父母远程教育子女的能力，但儿童往往仅能感受到"单向交流（Nonreversing Communication）"，外出父母对交流实际效果的思考较少。[④] 国内学者对留守儿童概念界定、产生的背景、心理健康、教育、偏差行为、干预措施等方面开展了深入研究，成果丰富。特别是近几年来，在大量研究的基础上，许多学者开展了该领域的研究梳理工作，形成了综述、述评和回顾类文章二十余篇，促进了留守儿童研究的知识沉淀和方法创新。但是从研究领域自身的成长来看，这些

---

　　① 罗静等：《中国留守儿童研究述评》，载《心理科学进展》2009 年第 5 期。

　　② B. Senaratnal, et al. "Mental health status and risk factors for mental health problems in left – behind children of women migrant workers in Sri Lanka". *Ceylon Medical Journal*, 2011（4）:153 – 158.

　　③ E. Graham & L. Jordan. "Migrant Parents and the Psychological Well – Being of Left – Behind Children in Southeast Asia". *Journal of Marriage and Family*, 2011（73）: 763 – 787.

　　④ M. Madianou & D. Miller. "Mobile phone parenting: Reconfiguring Relationships Between Filipina Migrant Mothers and Their Left – behind Children". *New Media & Society*, 2011（3）:457 – 470.

研究还缺乏以数据作为支撑的阶段性划分；从研究内容的发展历程来看，目前尚无对留守儿童阶段性研究热点和发展趋势的判断；从研究者的坚守和更新来看，还没有学者对研究人员自身进行实证分析。

本书首先尝试运用文献计量的方法，对近 12 年来（2001—2012 年）[①]中国留守儿童的研究成果（主要是论文）进行定量和质性分析，运用文献计量学相关定律，探讨中国留守儿童研究成果的累积情况、文献分布情况、作者发文情况以及研究热点的阶段性划分情况，试图回答近 12 年来国内留守儿童研究成果是如何分布和积累的；是否存在研究相对集中区域；是什么人在开展该领域研究，作者群体的成熟度、增量和复量如何；整个研究历程如何进行阶段划分，每阶段的热点是什么，今后研究的发展趋势是什么等问题。

（一）文献计量的方法与数据介绍

文献计量学（Bibliometrics）于 1969 年由英国文献学家阿伦·普里查德（A. Pritchard）在其发表在当年的《文献工作杂志》第 25 卷上题为《是统计书目学还是文献计量学?》的论文中首先提出，其前身是 1923 年由胡尔姆（Hulme. E. W）创设的"统计书目学"（Statistical Bibliography）。普里查德认为，在科学研究大发展的形势下，"统计书目学"一词并不全面，应该用一个更恰当的术语来代替它，这就是"文献计量学"，它是"把数学和统计学用

---

① 在此，本书希望做出说明：在课题 2011 年立项之初，研究团队就开展了留守儿童研究的文献计量工作，因为这个工作量很大，需要将近十余年来所有留守儿童研究的文献进行分析，故而持续了相当长的时间。由于课题组在 2012—2014 年都在带领团队开展留守儿童社会工作的具体服务工作，故而完成研究报告、提交结题的时间延长到了 2015 年。在这种情况下，课题组没有再继续进行 2012 年之后的文献计量工作。特此做出说明。

于图书和其他文字通讯载体的科学"①。文献计量学以三个经验统计规律为核心：表征科技文献作者分布的洛特卡定律，表征文献中词频分布的齐夫定律，以及确定某一学科论文在期刊中分布的布拉德福定律。普里查德提出用"文献计量学"术语代替"统计书目学"的观点得到了同行的认可和接受，1969 年，费尔桑（R. A. Foirthorne）在其题为《文献计量描述和预测的经验双曲线分布》的论文中采用普里查德提出的"文献计量学"术语对文献规律进行了定量描述研究；1970 年，普里查德在其发表在当年《图书馆学研究》中题为《计算机、文献计量学与文摘服务》的论文中，再次使用"文献计量学"术语并对有关文献做了定量研究。② 现在，"文献计量学"作为一个学科分支的术语，其含义的合理性已在世界范围内的学术界中得到承认，发展趋势越来越迅猛，全世界每年发表的文献计量学学术论文为 400—500 篇。

　　本书突破传统的以单纯收集研究成果并对其进行整理、分析的方式来进行留守儿童研究历程的回顾，借鉴文献计量的定量模式，收集了近 12 年以来（2001—2012 年）国内留守儿童研究的相关论文并进行数据统计，着重探讨文献的阶段性分布特征、各阶段研究内容的发展变迁及特点、研究者自身情况，在此基础上归纳整理学者们的研究成果，为留守儿童的进一步研究提出一些建议。

　　研究采用的数据来自于中国知网（CNKI）学术文献网络出版总库，检索的数据库范围包括中国学术期刊网络出版总库等七个全文数据库，检索时间是 2013 年 5 月 20 日，检索论文的发表时间为 2001 年 1 月 1 日至 2012 年 12 月 31 日，利用检索式［题名＝中英

---

①　王崇德：《文献计量学引论》，广西师范大学出版社 1997 年版，第 19 页。
②　罗式胜：《文献计量学概论》，中山大学出版社 1994 年版，第 4 页。

文扩展（留守）并且 题名＝中英文扩展（儿童）]或者 [题名＝中英文扩展（留守）并且 题名＝中英文扩展（少年）]或者 [题名＝中英文扩展（留守）并且 题名＝中英文扩展（孩）]或者 [题名＝中英文扩展（留守）并且 题名＝中英文扩展（子女）]（精确匹配），剔除掉重复发表的文章后共检索出有效文献4633篇，其中"中国学术期刊网络出版总库" 2852篇，"特色期刊" 1216篇，"中国博士学位论文全文数据库" 8篇，"中国优秀硕士学位论文全文数据库" 394篇，"中国重要会议论文全文数据库" 144篇，"国际会议论文全文数据库" 7篇，"中国学术辑刊全文数据库" 12篇。

（二）留守儿童研究的文献增长与发文分布

1. 留守儿童研究的文献增长及阶段划分

文献数量在一定时期内的增长和变化情况可以大致反映一个学科或专项研究领域的发展阶段与态势。计量学先驱普赖斯曾提出著名的"普赖斯文献指数增长规律"[1]，他指出，科学文献有其自身的发展规律，在一个学科领域发展的初期，文献的数量处于非常不稳定的增长阶段，而当该学科进入发展期，其文献数量将呈指数型增长，出现"情报爆炸"的发展态势。

表1.1　近12年留守儿童研究年载文量与累积率分析表[2]

发表年度	2001	2002	2003	2004	2005	2006
发文篇数	2	7	5	21	97	217
文献累积数	2	9	14	35	132	349

---

① Price, Derek de Solla, *Little Science*, *Big Science*. New York：Columbia University Press. 1963,87.
② 2001年的数据是统计的基数，所以该年度缺乏计算文献累积率、年增量、年增率的基础。

发表年度	2001	2002	2003	2004	2005	2006
文献累积率	—	350.00%	55.56%	150.00%	277.14%	164.39%
年增量	—	5	−2	16	76	120
年增率	—	250.00%	−28.57%	320.00%	361.90%	123.71%
发表年度	2007	2008	2009	2010	2011	2012
发文篇数	483	637	625	702	853	984
文献累积数	832	1469	2094	2796	3649	4633
文献累积率	138.40%	76.56%	42.55%	34.26%	30.51%	26.97%
年增量	266	199	−12	95	151	131
年增率	122.58%	41.20%	−1.88%	15.2%	21.51%	15.36%

　　"文献累积数"即当年及以前年度文献总量的简单累加，标志一定年度可以查阅到的相关文献数量，是总体研究规模是否庞大的重要指标；"文献累积率"是当年发表文献与上一年度文献累积数的比率，计算公示为：$E = \dfrac{n_i}{\sum n_{i-1}}$，是考察某一年度新增文献是否呈现爆发式发展并借此判断该领域研究热点是否形成的重要指标。两者均是对文献发展变化情况的总量性考察。"年增量"是前后两个年度之间文献增加的数量，"年增率"是年增量与上一年度文献数量的比率，两者均是考察紧邻的年度之间文献变化量的指标。

　　从表1.1的数据中可以比较清晰地看到：总体上，近12年来中国留守儿童研究呈现逐步加强、研究成果数量逐步增多的发展态势。具体到文献累积数和累积率来看，从2001年到2004年，留守儿童研究的文献累积数变动不大，但由于2001年的基数较小而导致累积率波动比较大。真正的变化发生在2005年，该年度文献累积率达到了最高的361.90%，意味着这一年留守儿童方面的文章是前面四年总数的近四倍，呈现了爆发式的增长；2006年发文篇数进一步增长。自 2007 年开始，每年文献量均超过 400 篇，但随着累积数的扩大，累积率呈现下滑趋势；年增量和年增率的数据与上述数据变化基本一致，从年度之间的变化来看，除 2009 年发文量有微量下降以外，后一年度基本保持了对前一年度的增长，而增长幅度比较平稳。

由以上数据及分析可见，近 12 年以来中国留守儿童研究文献总体上处于稳健型增长状态，尤其是 2005 年出现了爆发式增长。所以，根据"普赖斯文献指数增长规律"，从研究发展的总体阶段上来看，2004 年及以前，中国留守儿童研究属于初步发展期[①]；以 2005 年研究成果的爆发式增长为标志，直到 2008 年的强劲增长，表明该领域进入了真正的发展期；自 2009 年开始，文献数量虽然有微量下滑，但是每年的总量仍保持较高值，可见该时期可归纳为发展持续期。由此量化分析可以纠正一些判断：中国学术领域大范围关注留守儿童问题不是通常认为的 2004 年[②]或 2002 年[③]，而应该是在 2005 年。

2. 留守儿童研究相关文献发文分布分析

表 1.2 反映的是发表留守儿童相关论文较多的作者单位及区域分布情况，从中可以看出以下几个特点：第一，中国研究留守儿童的学者相对集中在师范类高校。留守儿童研究成果排名前 30 位的

---

① 事实上，本书最初打算对中国知网上检索到的所有留守儿童研究成果进行统计，但是在初步检索文献后发现没有太大必要，因为近十余年的研究基本代表了中国留守儿童研究的发展，这由以前的文献数量可见一斑：1994 年两篇，1997 年两篇，其余年度没有检索到相关文献。而且，最早提留守儿童的是《瞭望新闻周刊》的一篇报道，但文中所说的"留守儿童"是指由于父母出国而将子女留给老人照顾的人（一张，1994），看来移民导致的儿童留守是当前外出务工引发儿童留守的"前身"。

② 叶敬忠等：《对留守儿童问题的研究综述》，载《农业经济问题》2005 年第 10 期。

③ 段成荣、周福林：《我国留守儿童状况研究》，载《人口研究》2005 年第 1 期。

机构中，18 个是师范或者有师范背景的高校（西南大学由西南农业大学和西南师范大学合并而成，湖南人文科技学院由原娄底师专升格而成）；特别是在排名前 10 位中，100% 都是师范类高校。第二，集中度高的机构科研成果贡献率比较高。排名前 30 位的机构共发表文章 937 篇，占所有文章总数的 20.22%，也就是说，超过五分之一的留守儿童研究成果出自这 30 家机构，它们的学术贡献率比较高，是比较成熟的研究阵地。第三，留守儿童分布相对集中地区的学者对该问题比较关注。将区域分布按照发文篇数进行加权计算（各机构发文篇数即为该地区权重），前 10 位的排序如下：重庆（117 篇）、北京（113 篇）、湖南（106 篇）、安徽（80 篇）、湖北（73 篇）、四川（58 篇）、江西（57 篇）、江苏（56 篇）、甘肃（49 篇）、河南（45 篇），而上述 10 个地区除了北京和江苏之外都是我国留守儿童分布比较集中的地区。

表 1.2　留守儿童相关研究成果高产机构及区域分布表

机构名称	所属区域	发文篇数	机构名称	所属区域	发文篇数	机构名称	所属区域	发文篇数
西南大学	重庆	95	广西师范大学	广西	29	重庆师范大学	重庆	22
华中师范大学	湖北	73	中国人民大学	北京	27	河南师范大学	河南	22
北京师范大学	北京	62	西北师范大学	甘肃	27	兰州大学	甘肃	22
湖南师范大学	湖南	46	安徽医科大学	安徽	26	湖南人文科技学院	湖南	21
华东师范大学	上海	37	四川大学	四川	26	苏州大学	江苏	20
南京师范大学	江苏	36	中国农业大学	北京	24	中南大学	湖南	20
福建师范大学	福建	35	河南大学	河南	23	贵州师范大学	贵州	20
江西师范大学	江西	34	安徽大学	安徽	23	贵州大学	贵州	20
西华师范大学	四川	32	赣南师范学院	江西	23	湖南科技大学	湖南	19
安徽师范大学	安徽	31	陕西师范大学	陕西	23	山东大学	山东	19

（三）研究者发文及合作情况分析

对作者发文情况进行数据分析，往往可以看出在某领域中研究者的成熟程度。本书将从作者发文量、核心作者群、作者合作率与合作度、作者增复量、文章被引频次等几个角度对留守儿童研究者进行探讨。

1. 作者发文量分析

通过对多个学科和研究领域文献的统计分析，美国学者洛特卡发现了一个重要规律：研究者数量与论文数量存在一定关系，即在一个成熟的研究领域，写 n 篇论文的作者数量大约是写一篇论文作者数的 $1/n^2$，同时，写一篇论文的作者约占全体作者的 60%。也就是说，在成熟的研究领域，发表 2、3、4 篇论文的作者占仅发表一篇论文作者数量的 1/4、1/9 和 1/16，即 25.00%、11.11% 和 6.25%。这就是文献计量学三大定律之一的"洛特卡定律"[1]。

我们统计了检索到的 4633 篇文献，共涉及作者 5662 人（此处，多人共同发表一篇论文的分别计算作者数量，所以该数据大于文章的总篇数）。从表 1.3 可以看出：发表一篇文章的作者人数高达 4236 人，占作者总数的 74.81%，远远高于洛特卡定律中的60%；而发表 2—4 篇文章的作者人数分别占发表一篇文章作者数的 23.11%、7.53% 和 2.31%，也与洛特卡定律中对应的数字有不小差距。这些数据说明，中国留守儿童研究的作者群还不够成熟，还需要较长时间的培育，相当数量的研究者出于一时的兴趣或便利开展留守儿童问题探讨，对研究领域的持续挖掘还不够。当然，我们同时应该看到，也有较多的学者撰写了多篇留守儿童方面的文

---

① Lotka, A. J. "The Frequency Distribution of Scientific Productions". *Journal of the Washington Academy of Sciences*. 1926(12):317–324.

章, 在该领域有较好的积累, 他们为我国留守儿童研究做出了较大贡献, 当然, 相对来说这个群体还不够大, 学术贡献还不够突出。

表 1.3　2001—2012 年我国留守儿童论文作者发文量分布表

发文数（篇）	作者数量（人）	占作者总数的百分比（%）	占发表一篇文章作者数的百分比（%）
5 篇及以上	30	0.53	0.71
4	98	1.73	2.31
3	319	5.63	7.53
2	979	17.29	23.11
1	4236	74.81	
合计	5662	100.00	

2. 核心作者群分析

每个研究领域通常都有一个发表论文较多、影响较大的作者群体, 他们被称为"核心作者"。根据普赖斯定律, 活跃作者中发表论文最少的论文数 Nmin 与发表论文最多的论文数 Nmax 有如下关系[1]:

$$N_{min} = 0.749 \times (N_{max})^{1/2}$$

表 1.4　近十二年中国留守儿童研究活跃作者群分析表

N	Nmax	核心作者数	核心作者比例	核心作者论文数	核心作者论文比例
4 篇	20 篇	128	2.26%	609 篇次	13.14%

① Price, Derek de Solla, *Little Science*, *Big Science*. New York: Columbia University Press. 1963:157.

只有发表文章在 Nmin 以上的作者才能被称为核心作者。根据 CNKI 的统计数据，Nmax = 20[①]，计算得 Nmin ≈ 3.35，因此发表文章等于或多于 4 篇的作者可以称之为该阶段内中国留守儿童研究的"核心作者"，有关这些作者的统计情况见表 1.4。

根据普赖斯定律，在成熟的研究领域，核心作者发文量可以占到总发文量的一半。由表 1.4 可看出，发表 4 篇及以上留守儿童文章的"核心作者"共 128 人，占作者总人数的 2.26%；核心作者近 12 年共发表留守儿童研究文章 609 篇次，占总文献量的 13.14%。由此数据可见，中国留守儿童研究人员群体总量较多，研究人员有较高的投入热情，但是核心作者的群体规模较小，且核心作者群体的成果产出率与普赖斯定律相比有很大差距。另外，这种现象也可以从一个侧面反映出，中国留守儿童研究仍然不能算作是"成熟的"研究领域。由此可见，中国留守儿童研究领域的核心作者群尚在形成之中，学者们的研究持续性、学术贡献率有待进一步提高。

3. 发表文献被引数量分布分析

文章发表后就成为了后续研究的基石，如果能为后续研究提供更多借鉴和参考，就说明该文章在本研究领域中的影响力越强，学术价值也越大。因此，文献被引情况可以作为衡量文章、研究者和发文期刊学术影响力的重要指标。表 1.5 是对留守儿童研究领域发表文献的被引用情况统计，从表中我们可以看出，分别有 37、23 篇文章被引用超过 50 次、100 次，例如：段成荣、周福林发表于《人口研究》2005 年第 2 期的《我国留守儿童状况研究》被引用

---

① 根据当时的文献检索，发表留守儿童相关论文最多的学者是湖南人文科技学院的教师王秋香，她发表该领域的论文为 20 篇。

780 次，周宗奎等学者发表于《北京师范大学学报（社会科学版)》2005 年第 1 期的《农村留守儿童心理发展与教育问题》被引用 605 次，吴霓发表于《教育研究》2004 年第 10 期的《农村留守儿童问题调研报告》被引用 411 次，范方、桑标发表于《心理科学》2005 年第 7 期的《亲子教育缺失与"留守儿童"人格、学绩及行为问题》被引用 362 次，这些文章构成了该领域的权威、核心成果。所有成果中被引用过的超过 40%，当然也有近六成的成果没有被引用过，学术研究基石的作用没有发挥。

由此可见，中国留守儿童研究领域存在一定有重要影响力的成果，但是总量偏少（被引用超过 50 次的文章共 60 篇，仅占总数的 1.30%）。由于高频被引的文章较少，我们可以认为，目前中国留守儿童研究领域虽然有一定高质量的研究成果以及高影响力的学术带头人，但是规模上仍然偏少。

表 1.5　单篇文章被引频次分布表

被引频次（次）	0	1	2—9	10—19	20—49	50—99	100 次以上
文章篇数（篇）	2735	435	1054	226	123	37	23
百分比（%）	59.03	9.39	22.75	4.88	2.65	0.80	0.50

4. 作者增量与复量分析

一定时间内期刊论文作者（N）由两部分所构成：其一是在以前发表过文章、现在又重新发表该领域文章的老作者（B），核心作者来源于该群体，往往这些作者对该领域能够开展持久深入的研究；其二是新作者，即初次发表该领域论文的作者（C），他们是研究的新鲜血液，但如果在较长的时间内也仅发表一篇该领域文章，那么这些作者也可以看作是飘忽不定的"游击队员"。由此我们可以得到如下公式①：

$$\frac{B}{N} + \frac{C}{N} = 1$$

式中，B/N 反映作者重复著述论文的情况，即文献单元作者复量；C/N 则反映一个新作者涌现的情况，也可以叫作文献单元作者增量。当 B/N 值较大、甚至趋于 1 时，则说明该领域研究者做的研究比较系统，核心作者非常集中，但另一方面，也预示着缺乏新鲜血液进入该领域，人员结构老化严重。C/N 值很大、甚至接近 1 时，说明这个领域作者更新异常频繁，所载论文的作者仅开展一次性研究的情况比较突出，表明新作者大量的涌现。但另一方面也说明其研究队伍不够稳定，学术领军人物及核心高产作者不突出。

表1.6　作者增量、复量分析表

年度	文章数量	N	C	B	C/N	B/N
2001	2	3	3	0	1.00	0.00
2002	7	10	10	0	1.00	0.00

---

① 在课题组查阅到的文献中，学者们计算作者增复量的公式虽然与本书一致，例如谭翀、张亦慧发表于《中国青年研究》2010 年第 6 期的论文《国内高校学生组织研究的文献计量分析》（下称谭文），但是式中的 B 和 C 的含义与本文不同，这也是本研究在方法上的一种新尝试。谭文中的 B 是指某一年度重复发表该领域论文的作者，C 是指某一年度仅发表一篇文章的作者，是在一个年度的固定时间里来计算的。事实上我们考察作者增复量的目的在于从纵向了解该领域研究者的持续和更新情况，学者们对某一领域的研究通常持续很多年，而如果在一年内没有发表两篇及以上文章就被计入新作者的群体，这显然是不太合理的。本书的改变是：不在一个年度里区分新老作者，而是以 12 年为纵线，只要在前面某一年发表过留守儿童方面的文章，后面相隔几年再发表该领域文章，那么在之前的年度里，该作者计入新作者群体（C），后面发表文章时计入老作者群体（B）。当然，这种改变增加了巨大的统计工作量，对于名字相同的学者也较难进行区分，课题组将所有作者的姓名全部列出，逐年核对才完成统计工作。

年度	文章数量	N	C	B	C/N	B/N
2003	5	7	5	2	0.71	0.29
2004	21	27	24	3	0.89	0.11
2005	97	142	116	26	0.82	0.18
2006	217	279	226	53	0.81	0.19
2007	483	557	440	117	0.79	0.21
2008	637	789	639	150	0.81	0.19
2009	625	755	642	113	0.85	0.15
2010	702	878	711	167	0.81	0.19
2011	853	1012	810	202	0.80	0.20
2012	984	1203	950	253	0.79	0.21
合计/平均	4633	5662	4576	1086	0.84	0.16

表1.6反映了留守儿童领域研究者增量和复量的逐年变化情况。可以看出两个问题：第一，我国学者对留守儿童研究的热情比较高，每年都有大量新的研究人员加入该领域，增量（C/N）基本都超过百分之八十，意味着每年有五分之四左右的学者作为新鲜血液加入到留守儿童问题研究队伍，在基数较大的前提下，这样的更新率有利于留守儿童问题得到持续的关注。第二，自2005年开始，中国留守儿童领域的作者群体相对趋于稳定。从2005年至今作者复量（B/N）数据来看，基本保持在0.19左右，2007年和2012年更是达到了0.21的高水平（虽然2003年复量为0.29，但是作者基数太小，说服力不足）。这意味着自2005年始，中国留守儿童领域的所有研究者中，有百分之十九左右是开展的持续研究。从总体上说，近12年以来，中国留守儿童研究领域作者的平均增量（0.84）和平均复量（0.16）保持了较好的相对比例，老研究人员能持续，新研究人员能加入，维持了较好的动态平衡。当然，复量

相对来说还是显得低了一些，但是随着该领域研究的深入，这一数据应该还会提高。

5. 作者合作率与合作度分析

科学劳动的规模，亦即科学智力合作的规模是科学社会学中一个颇为重要的问题。改善科学劳动组织结构、增加科研成果数量、提高科学劳动效率都与科学论文作者分布、结构及合作情况有明显关系。[①] 由此可见，研究人员的配备、结构与合作是某一领域取得研究成果（尤其是重大成果）的重要影响因素。合作率是指在特定的时间内发表的某一领域合著论文数（一篇文章由两个及以上作者完成）与论文总数之比；合作度是指在一定时间内，某研究领域每篇论文的平均作者数量。文献作者合作率与合作度是衡量某一学科领域研究成熟程度的两个重要评价指标。

表 1.7　近十年留守儿童领域研究者合作率分析表[②]

合著分类	年　度										总计/平均	比例（%）
	2003	2004	2005	2006	2007	2008	2009	2010	2011	2012		
1 人独著	3	16	55	126	310	408	398	457	527	607	2907	62.87
2 人合著	2	1	21	53	121	152	144	166	197	222	1079	23.33
3 人合著	0	3	14	28	28	46	41	43	75	92	370	8.00
4 人及以上	0	1	7	10	24	31	42	36	54	63	268	5.80

---

① 尚智丛：《科学社会学：方法与理论基础》，高等教育出版社 2008 年版，第 133 页。

② 2001 和 2002 年度留守儿童的研究成果较少，在此表格中没有纳入计算。部分文章没有署名作者或署名不清晰，经课题组分析研究发现，这有两种情况：第一，新闻通讯类文章（极少数），没有作者署名，或者署名为"本刊编辑部"；第二，集体调研性文章，没有具体作者名字，而是以"课题组"或部门的名称出现。对于以上两种情况，本书认为这样处理比较恰当：新闻通讯类文章也是由某人写的，可以计入"独著"类型；以"课题组"名义发表的文章，计入"4 人合著"类型。

合著分类	年 度										总计/ 平均	比例 （%）
	2003	2004	2005	2006	2007	2008	2009	2010	2011	2012		
文章总计	5	21	97	217	483	637	625	702	853	984	4624	100.00
合著篇数	2	5	42	91	173	229	227	245	326	377	1717	—
合作率（%）	40.00	23.81	43.30	41.94	35.82	35.95	36.32	34.90	38.22	38.31	37.13	—

从表1.7的统计可以看到，近十年以来，留守儿童研究者的合作率最低为23.81%（2004年），最高为43.30%（2005年），除以上两年外，其余八年的合作率都比较平稳，平均合作率为37.13%，也就是说，近四成的文章由两个及以上的研究者完成。根据前文统计的作者数量和文章数量对比可以计算出，近十年中国留守儿童研究的平均合作度为1.22。相比较而言，西方国家研究人员的合作情况要高一些：据1977年统计，美国的科学事业中，欲完成一项成果的话，物理学、工程学、生命科学"占有"人力较多，平均每篇论文的作者数量为2.33、2.06、2.01，社会科学平均每篇论文作者数为1.85；获诺贝尔奖金的重大科学成果，1910—1925年合作率仅有41%，而1951—1972年则激增到79%。[①]

由此可见，中国留守儿童领域研究者的合作程度相较于西方国家的研究而言还不太高，这在一定程度影响了学者队伍的稳定性、持续性和相互支撑。但是，另一方面，从国内社会科学研究的情况来看，留守儿童研究的合作度与其他领域相比差距不大：1994—1998年在《中国社会科学》杂志发表文章的作者合作度仅为

---

① 罗式胜：《文献计量学概论》，中山大学出版社1994年版，第175页。

1.26①，近三十年我国社区教育研究领域合作度为 1.32②。由此可见，国内社会科学研究中，研究人员之间的合作程度总体上都不太高。

（四）留守儿童研究的内容分析

留守儿童的相关文献主要关注哪些热点问题？这些热点又是如何随着时间的延续而变化的？为了回答这些问题，本书对检索到的文献进行了内容分析。

在前文中，本书依据研究成果的数量变化将 12 年来中国留守儿童研究历程划分为三个阶段，分别是初步发展期（2001—2004年）、发展期（2005—2008 年）和发展持续期（2009 年以后）。通过 CNKI 的"学科类别"分类工具，我们在阶段或年度的范围内，对研究成果所属学科类别进行了统计。在此基础上，课题组从每个阶段核心期刊（也包括部分普通期刊）刊发的留守儿童论文中，按照等距抽样的方法，分别抽取若干篇文章，分别提取文章的主题词③，通过探讨不同阶段主题词的发展变化情况，探索国内留守儿童领域研究热点转换的脉络。

1. 初步发展期

2001—2004 年，中国留守儿童研究仅涉及 8 个学科领域，主要是"教育理论与教育管理""中国政治与国际政治"以及"政党

---

① 崔旺来：《中国社会科学 1994—1998 年作者及引文的统计分析与评价》，载《中国社会科学》1999 年第 3 期。

② 张文丰：《近三十年我国社区教育研究进展之文献计量分析》，载《中国远程教育》2010 年第 6 期。

③ 在这里本书用主题词而不是关键词对我国近 12 年留守儿童研究热点的变迁进行探讨，主要原因是关键词来源于具体文献，不同的学者对同一问题有不同描述，例如探讨解决留守儿童问题途径的论文中，有的学者使用"对策"作为关键词，有的使用"应对方式"作为关键词，而事实上，以上两个关键词可以合并为"对策"，在统计数据上可以加在一起作为"主题词"。

及群众组织"，心理学和社会学的成果不多。从主题词所体现的研究内容上来看，学者们主要探讨留守儿童教育、心理健康、成长及环境、亲子关系，并呼吁人们重视留守儿童。由此可见，本阶段我国留守儿童研究的主要特点包括：首先，最初的探索者主要来自教育学、政治学等学科，而不是我们通常认为的社会学或心理学学科；其次，该阶段的成果很大比例上是对留守儿童开展直观描述，并呼吁公众关于关爱和关心；再次，虽然存在一定学科差异，最初的探索者们对留守儿童的研究还是集中在了教育、心理、环境、关系等方面，而这些方面同样属于心理学和社会学的重要领域。所以，教育学和政治学的学者出于对特殊群体的敏感性走在了研究的前列，率先迈出了我国留守儿童研究的步伐。

2. 发展期

2005—2006 年，中国留守儿童研究由前期的 8 个学科领域发展为 24 个，军事、公安、计生等领域也有学者探讨留守儿童，但主要还是"教育理论与教育管理""政党及群众组织"以及"中国政治与国际政治"三个领域，这两年的文献数量是前四年总和的近 13 倍。值得一提的变化是这阶段社会学和心理学的成果均超过 35 篇，接近中国政治与国际政治学科（48 篇）。与前一阶段相比，这两年的特点主要有：留守儿童教育和心理健康问题仍然是最主要的研究内容；从较多学者探讨留守儿童形成的原因并提出为其寻找"代养人"这一对策上来看，这两年在研究深度上有所提高；特别是自 2006 年 10 月中国共产党第十六届中央委员会第六次全体会议通过《中共中央关于构建社会主义和谐社会若干重大问题的决定》以来，在当年就有较多学者提出在构建"和谐社会"背景下探讨留守儿童问题。

2007 年，中国留守儿童研究由前一时期的 24 个学科领域发展为 28 个，主要学科领域的分布没有变化，文献数量有大幅度增加。在研究的主要内容上，更关注留守儿童问题的对策，在原因分析上也有进一步深化。"和谐社会"这一主题词由 2006 年的 5 个上升为 24 个，说明在中共十六届六次会议通过决议的后一年有更多学者从构建和谐社会的背景下深入研究留守儿童问题，同时也说明该领域的学者较好的把握了时代热点。

2008 年中国留守儿童研究由前一时期的 28 个学科领域发展为 40 个，达到了顶峰，文献数量进一步增加，主要学科领域的分布有很大变化，排名前四位的分别是"教育理论与教育管理""政党及群众组织""心理学"和"社会学及统计学"，可见，本年度心理学和社会学相对于以前在留守儿童研究方面的贡献进一步加大。在研究的主要内容上，与前几年相比没有太大变化。需要指出的是，有较多学者提出"社会支持"，相对于 2005—2006 年学者们提出的"代养人"而言，前者的范畴无疑更宽泛、研究更为深入。

表 1.8　留守儿童研究近 12 年来主题词变化分布表

排序	初步发展期	发展期		发展持续期	
	2001—2004	2005—2006	2007—2008	2009—2010	2011—2012
第一	教育	教育	教育	教育	教育
第二	关注/关爱	心理健康	对策	对策	心理健康
第三	心理健康	原因	心理健康	心理健康	对策
第四	成长	代养人	和谐社会	社会支持	社会支持
第五	亲子关系	和谐社会	社会支持	社会化	社会工作
文献总数	20	50	50	50	50

注：在对主题词进行年度排序时，删除了带有研究对象指示性的词语，例如：留守儿童、留守子女、儿童、农村等，突出的是研究内容和方向，由此才能反映出研究热点的变化。

3. 发展持续期

2009—2010 年，中国留守儿童研究所涉及的学科领域保持在40 个以上，文献数量也大幅增加。主要学科领域的分布有一定变化，排名前四位中少了"社会学及统计学"，取而代之的是"初等教育"学科。可见，本阶段教育学领域对留守儿童研究的贡献进一步加大。在研究的主要内容上，与前一阶段相比没有太大变化，但是在某些领域有所拓展，例如排名靠前的主题词中出现了社会化、新农村建设、社会工作等词语，说明在研究方向上面，留守儿童研究领域既结合了新农村建设等热点问题，也尝试使用了社会工作等新的研究视角。

2011—2012 年，中国留守儿童研究所涉及的学科领域仍然保持在 40 个以上，文献数量进一步增加，主要学科领域的分布有较大变化，"心理学"和"社会学及统计学"的排名分别上升到第二和第四位，对留守儿童研究的学科贡献有所加大。在研究的主要内容上，与前一阶段一样，仍然主要集中在教育、对策、心理、社会支持等方面，然而，相比较于前一阶段而言，出现了较多开展非留守儿童、流动儿童与留守儿童的比较研究，也有更多学者从社会工作这一新兴方法的视角探讨留守儿童服务的机制。由此可见，本阶段中国留守儿童研究在内容和方法等方面获得了进一步的发展。

从总体上来看，近 12 年中国留守儿童研究内容有如下特征：

首先，留守儿童的教育问题、心理健康问题、解决对策是贯穿在十二年研究中的主线，任何一个阶段都非常强调这三个方面。可以预测，今后留守儿童问题的研究仍然会以这三个方面为主要内容。

其次，每个阶段都有一定的研究侧重点，且内容上逐步深入。第一阶段有较多的学者呼吁对留守儿童给予关注，这也是研究起步阶段的重要特征；第二阶段侧重于研究留守儿童心理健康及探讨该问题产生的原因；第三阶段的研究中侧重于具体对策及群体间的对比分析。三个阶段的逻辑主线是现象—原因—对策，从内容上看是逐步深入的。当然，在研究的深入程度、研究方法的科学性等方面在今后还应该有所加强。

最后，从研究的趋势来看，新视角、新方法、新学科（尤其是交叉学科）的运用逐步加强。教育学、心理学、政治学、社会学等学科在近 12 年留守儿童研究中产出了大量成果，如果还要继续深入和创新，那么，多学科交叉、多方法结合、新视角的运用将是必然的。尤其值得提出的是，随着时间的推移，社会工作在留守儿童研究领域开展的探索越来越多，其体系化、深入型的研究越来越受到学术领域的重视。

以上，作者从文献计量的角度，对我国近年来有关留守儿童研究的总体情况，以定量为主的方法进行了比较详实的介绍。从总体上来看，我国留守儿童研究的进展，仍然会保持在当前的"发展持续期"，每年的研究成果也会保持在一个较高的数量上。这个基础整理工作，为本书研究提供了一个较为清晰的脉络。当然，除了文献计量的定量分析以外，作者同时也对留守儿童研究中，与本课题直接相关的、社会工作服务于留守儿童的成果进行的梳理，形成了文献综述，以便为后续研究进一步奠定基础。

三、留守儿童的社会工作服务研究

（一）留守儿童的学校社会工作服务研究

2002 年 5 月，由上海浦东新区社会发展局牵头，在浦东 38 所学校开始试行学校社会工作，按照香港模式，推行"一校一社工"

制度，拉开了大陆地区发展专业学校社会工作的序幕。2003 年上海第一家专门从事民工子弟学校社会工作服务的社会工作机构——上海乐群社工服务社成立。学校社会工作作为一个新生事物，试点工作经过了学校确认、专业服务培训、资金和设施保障、政府监管部门成立等环节，标志着其作为一项制度正式介入学校体系。①

目前，针对留守儿童的学校社会工作服务研究的成果比较少，具体研究现状如下：宏观制度设计上，谢文媛认为，政府有关部门应采取措施鼓励专业社会工作者到落后地区的学校工作、对农村教育工作者开展培训等，以此开展留守儿童学校社会工作服务。② 崔效辉、晏凤鸣认为，应该在农村义务教育中引入社会工作服务，设置专门的学校社工岗位，聘请专业的社会工作者为农村儿童、学校老师、监护人及家长提供服务；把社会工作的理念与方法引入到学校教育中来，建立学校社会工作制度，即把社会工作制度作为农村义务教育中一个不可或缺的组成部分，从岗位职责、人员招募、资金来源等方面做出制度性、专门性的安排。③ 在学校社会工作者的角色研究方面，早期的学校社会工作者充当"就学管理员"和"访问教师"的角色，后又被称为学生援助计划员（Student Assistance Programmers），他们应该同时兼备预防计划专家、危机管理者、评价专家、转介员（Referral Agents）和案例管理者等角色，主要任务是提高就学率、咨询、与家庭联络、和教师磋商、预防、

---

① 孙跃：《我国高等院校学校社会工作介入模式研究》，南开大学博士学位论文，2009 年。

② 谢文媛：《浅析留守儿童的专业社会工作介入》，载《社会工作（理论）》2008 年第 11 期。

③ 崔效辉、晏凤鸣：《农村留守儿童现状及引入社工服务的必要性——基于苏北农村学龄儿童的对比研究》，载《社会工作》2013 年第 4 期。

干预、为学生寻求支持等，同时需要密切观察干扰学生学校活动的行为、情绪、家庭和社区问题。① 学校社会工作作为一种制度安排，除了能在一定程度上替代农村留守儿童缺失的父母角色外，更重要的是学校社工将会承担起服务传递者、资源动员者、教育者、倡导者与促进者的角色，是沟通学校、社区、外出务工的父母与农村儿童之间的桥梁。② 学校社会工作者并不承担日常教学任务，承担的只是学校、家庭、社区之间的各种资源、矛盾的沟通协调任务。③

（二）留守儿童的农村社会工作服务研究

通过文献查阅发现，关于留守儿童农村社会工作服务的文献研究和实践研究相当少，这也是我国目前农村社会工作发展现状的体现：农村社会工作的社会认知度较低，社会对其专业性、技术性、科学性和适应性理解存在偏差。从发展环境来看，农村社会工作缺乏政策支持和激励机制，缺乏资金和其他相关资源的投入；从发展所需的基本人才条件来看，农村社会工作者队伍总量偏少、结构欠缺，特别是职业的、专业化的社会工作人才数量非常少，服务于农村的社会工作机构发展也存在不足。④ 针对这一现状，陈成文等提出要推进农村社会工作的发展，就必须摆正社会工作在农村社会管理中的地位，逐步推进农村社会工作者的职业化进程，不断提高农

① 闫广芬、耿庆辉：《美国学校社会工作体系架构及其启示》，载《外国教育研究》2008 年第 4 期。

② 崔效辉、郭安：《农村留守儿童现状及引入社会工作方法的必要性——基于两所小学的对比研究》，载《南京人口管理干部学院学报》2011 年第 4 期。

③ 崔效辉、晏凤鸣：《论农村留守儿童成长中的社工介入》，载《社会工作》2009 年第 12 期。

④ 张华、李小容：《试论我国农村社会工作的现状及其在新农村建设中的作用》，载《西南农业大学学报》2010 年第 8 期。

村社会工作者的专业化水平，为农村社会工作者提供良好的成长环境①；刘美玲等认为，社会工作介入农村留守儿童问题的模式，应该是在农村建立非营利性的留守儿童服务中心，引入社会工作者作为机构运行的组织者和引导者，争取各种资源，建立长效机制，从而可以更好地保障留守儿童健康成长的权益。② 马润生等提出，社会工作介入农村留守儿童问题的途径主要从专业农村社工队伍、留守儿童父母、个人、外部的社区组织等几个方面着手开展实务性操作，在具体服务的实施过程中，要灵活地运用个案、小组、社区和社会工作行政的专业工作方法。③

（三）留守儿童社会工作服务的方法和技巧研究

在社会工作服务留守儿童的策略方面，王章华等认为，社会工作方法有助于留守儿童教育问题的解决，其介入可以从两个方面进行：一方面是直接针对留守儿童自身在教育中存在的问题进行社会工作介入；另一方面是对影响留守儿童教育的社会支持体系进行社会工作介入，从而达到为留守儿童服务的目标。前者是直接介入方式，后者是间接介入方式。④ 李序科认为，在留守儿童社会工作服务中，可以利用学校这一平台，通过个案工作方法介入、小组工作方法介入、代理家长及其能力提升、增强学校对社区生活的干预能力等途径，发动家长、学校和农村社区共同参与，形成联动机制，

---

① 陈成文、孙嘉悦等：《农村社会管理创新与社会工作研究》，载《社会工作》2012 年第 1 期。

② 刘美玲、李忠伟：《社会工作对留守儿童成长问题介入的模式探索——在农村建立留守儿童服务中心》，载《成都信息工程学院学报》2007 年第 8 期。

③ 马润生、尹书强：《论社会工作对农村留守儿童问题的介入契合性困境与途径探索》，载《黑河学刊》2008 年第 6 期。

④ 王章华、戴利朝：《社会工作在农村留守儿童教育问题中的介入模式探索》，载《现代教育管理》2009 年第 7 期。

解决农村留守儿童问题。① 郜凯英认为，学校社会工作者介入留守儿童服务时，可以学校为依托建立留守儿童档案，同时加强与家庭、社区、政府各种资源的联系，使农村留守儿童问题在学校社工的介入下得到有效解决。②

检索相关文献发现，目前，针对留守儿童开展社会工作服务的应用研究和实务探索以小组工作为主，个案工作、社区工作应用研究相对较少。譬如：段鑫星等认为农村留守儿童交往不适主要是安全感缺乏、性格与行为偏差、社会知识不足或扭曲造成的，小组工作可以帮助儿童获得归属感和社会支持、宣泄不良情绪、形成正确认知、学习交往技巧。③ 在介入视角的研究方面，有学者认为，目前在留守儿童社会工作服务研究中有问题视角和优势视角两种观点，基于优势视角的社会工作介入理念强调赋能、抗逆力、整合资源；同时，介入方法以小组介入为主，个案介入为辅。张剑也认为应构建从优势视角出发，以儿童为本的社会工作服务模式。④

许多国外的研究还表明，留守儿童与父母长期分离，会感到孤独、愤怒、悲伤、躯体化反应，影响身心发育，增加了劳动或家务

① 李序科：《学校社会工作视阈下的农村留守儿童问题》，载《重庆理工大学学报（社会科学）》2010 年第 5 期。

② 郜凯英：《学校社工介入农村留守儿童问题的必要性与可行性探讨》，载《郑州航空工业管理学院学报（社会科学版）》2012 年第 3 期。

③ 段鑫星、马亚静、刘桂智：《小组工作对农村留守儿童交往不适的介入研究》，载《中国矿业大学学报》2010 年第 2 期。

④ 张剑：《社会工作介入农村留守儿童问题的行动研究》，载《社会工作》2011 年第 9 期。

量，对学习造成负面影响①。某些学者利用新劳动力迁移经济学理
论研究国际移民对留守子女教育的影响，发现移民汇款能使留守国
内的子女获得更多受教育机会，显著降低辍学率，改善生活与健康
状况②。而随父母一同移民去国外的儿童在忠诚品质的养成、自我
同一性发展、自律性和权威性等方面的表现更好③。所以，有些学
者也提出了一些建议和干预方法，如团体咨询和治疗，开设父母教
育课程，加强学校之间的连通性，给儿童推荐书籍以及提供生活上
的"代理妈妈"等④。

---

① 这方面的研究成果较多，具体可以参见 Amuedo - Dorantes, Catalina and Pozo,
Susan. International Migration, Remittances and the Education of Children: The Dominican
Case. Working paper, Department of Economics, Western Michigan University; Jones, A.,
Sharpe, J., & Sogren, M. "Children's experiences of separation from parents as a consequence
of migration". *Caribbean Journal of Social Work*, (2004) 3; Pottinger, A. M. "Children's expe-
rience of loss by parental migration in inner city Jamaica". *American Journal of Orthopsychiatry*,
(2005) 4。

② 这些研究成果可以具体参见 Borraz, Fernando, 2005, "Assessing the Impact of Re-
mittances on Schooling: the Mexican Experience", *Global Economy Journal*, Vol. 5, No. 1, Ar-
ticle 9. http://www. bepress. com/gej/vol5/ iss1/9; Bryant, John, 2005, Children of Interna-
tional Migrants in Indonesia, Thailand and the Philippines: A Review of Evidence and Policies,
Innocent Working Paper; Cox Edwards, Alejandra and Ureta, Manuelita, 2003, "International
Migration, Remittances, and Schooling: Evidence from El Salvador". *Journal of Development E-
conomics*, Vol. 72, No. 2; Yang, Dean. International Migration, Human Capital and Entrepre-
neurship: Evidence from Philippine Migrants' Exchange Rate Shocks, Ford School of Public
Policy Working Paper Series, University of Michigan, 2004.

③ Panksepp, J. "Why does separation distress hurt? Comment on MacDonald and
Leary". *Psychological Bulletin*, (2005) 11; Pottinger, A. M., Stair, A. G., Brown, S. W. "A
counseling framework for Caribbean children and families who have experienced migratory separa-
tion and reunion". *International Journal for the Advancement of Counseling*, (2008) 30.

④ Tully, L. Early intervention strategies for children and young people 8 to 14 years. Re-
search report. NSW Department of Community Services"; Murray, J. S. Collaborative practice:
Helping child cope with separation during war. *Journal for Specialists Pediatric Nursing*, (2002)
2: 127.

通过对上述文献的梳理不难发现，国内外学术界从不同学科角度对留守儿童的社会工作服务开展了研究，成果数量不断攀升，研究视角呈多元化。整体而言，呈现出以下特点：在研究方法上，大部分为定量研究，大多为片区调研数据的分析；在研究工具的选择上，问卷（社会支持问卷等）、量表（儿童孤独量表、自尊量表、心理健康状况量表等）、访谈等是学者们较为信赖的选择；在研究领域方面，对留守儿童的单一学科分析比较多，既有心理学、教育学，还有社会学、政治学等；从研究结论来看，研究中负面结论比较普遍，学者的研究与社会各界的过度关注，有可能会夸大留守儿童自身问题的严重性，而忽视其面临的外界困境。

虽然近些年对留守儿童的研究已经取得不少丰硕的成果，但在留守儿童社会工作服务研究方面仍然存在着以下不足，具体表现为：对留守儿童社会工作服务的实践研究不足，特别是留守儿童的农村社会工作的理论研究和实务探索非常少，尚有很大的提升空间；在服务方法上，研究大多为单一工作方法的呈现和展示，而综合性、通用的社会工作模式未成型；社会工作服务介入视角仍大部分集中在留守儿童的"问题"，而忽视了他们的"需求"和"优势"；在探讨为留守儿童提供社会工作服务时，多数是从服务理念、技巧等层面开展，少有从服务总体框架、体系构建的角度来展开。

留守儿童是社会治理创新中急切需要社会工作服务介入的弱势群体，社会工作作为社会的润滑剂有责任在实现个人潜能、维护社会稳定、促进社会发展目标的指引下，构建一个以留守儿童需求为本的社会工作综合服务体系，为留守儿童搭建一个良好社会环境，促进留守儿童健康成长。基于以上认识，课题组将以我国西部地区留守儿童为对象，开展调查研究，总体上反映我国西部留守儿童的生活状况;同时,系统性反思我国对儿童、留守儿童的认识,从福利哲学的层面,提出该如何正确认识这个群体;系统性梳理我国儿童福利政策、西部地区当前为留守儿童提供的服务类型,并通过实地考察的方式探索服务成效。在此基础上,课题组将开展留守儿童社会工作专业服务的行动研究,从留守儿童、外出务工的父母、照料者、同伴、老师、社区等角度探索契合西部留守儿童需求的社会工作综合服务体系。

四、本章小结

本章是本书的准备部分,总体上介绍了如下内容:

第一,系统介绍了我国农民工、留守儿童的总体数据和特征,结合儿童时期的发展特点,突出强调了提升留守儿童福利水平、开展留守儿童服务的重要性。同时,课题组提供了一个新的问题分析视角,强调从地区的均衡化发展角度看待留守儿童服务,指出了健全西部留守儿童社会工作服务体系,有利于欠发达地区的人力资源积累,从而阻断贫困的代际文化传递、缩小区域性发展差距。另外,课题组分析了社会工作的专业特性与留守儿童服务的契合性,指出开展社会工作综合服务,是解决我国留守儿童问题的一个重要路径。

第二,本书通过文献计量和内容分析的方法对近12年来中国留守儿童研究的文献进行统计和分析发现:与"普赖斯文献指数增长规律"相比较,该研究领域已经经历了初步发展期、发展期和发展持续期;成果的发文范围比较宽泛,但是也有比较明显的集中分布和研究阵地;研究者的增量、复量、合作度、合作率较高,但核心作者群尚未完全成熟;研究成果利用率较高,也同时存在一定的学术资源浪费；研究内容上贯穿了从现象调查到原因探讨，再到对策分析的研究主线；新兴方法和学科的运用将逐步加强。这个文献梳理工作是从量化数据上回顾我国留守儿童研究的特点和状况，为本课题的研究提供了坐标。

第三，作者对我国留守儿童社会工作服务进行了文献综述，从留守儿童的学校社会工作、农村社会工作、社会工作服务方法等角度梳理了当前的研究成果，指出了其中的优势和不足，在此基础上提出了本课题研究的内容框架，包括：对西部留守儿童的调查，对儿童及留守儿童自身价值的反思，对当前我国儿童福利政策的梳理，对西部地区留守儿童社会服务的总结和效果考察；在以上基础上提出并构建理想型的西部留守儿童社会工作综合服务体系，并通过直接实施留守儿童社会工作服务的行动研究方式，对以上构建的服务体系进行检验和完善。

第二章 | 研究设计

从导言部分可以看出，我国农村留守儿童问题产生于改革开放以来社会转型背景下的城乡二元经济社会结构：区域经济发展的差异、就业政策的放松，使得农村剩余劳动力有需要也有条件进入城市务工，以赚取高于农村收入水平的报酬；而农民工在城市的生活条件限制、市民化的门槛、子女就学的障碍以及医疗、社保等各方面的不利因素，导致大量农民工不得已将子女留在农村。留守儿童这个群体的规模庞大，其面临的生活、安全、教育、亲情缺失、资源匮乏等方面的困境一直以来都受到了学术领域的关注，也产生了大量的研究成果。正如谭深所指出的："留守儿童问题不单纯是留守所带来的问题，而是与更广泛、更深层的社会问题关联在一起，不可能通过一揽子行政措施和零散的项目解决。它是一个既紧迫又持久的问题，因此，对于政府、社会组织和每一个关注者来说，都任重而道远。"[①] 所以，开展留守儿童研究、探讨解决留守儿童问

---

① 谭深：《中国农村留守儿童研究述评》，载《中国社会科学》2011 年第 1 期。

题的对策，需要从一个系统化、层次化的视角来进行。

一、本书研究的内容体系

从总体上说，本书是从社会工作的角度，探讨西部留守儿童的综合服务体系。为了探索这一服务体系，本书将从以下几个方面开展研究：

第一，西部留守儿童的需求及其满足情况。需求评估是制定社会工作服务对策体系、开展社会工作服务的前提。作者将从社会生态系统的视角，探索西部留守儿童的社会支持体系以及社会网络。这部分的研究可以区分为留守儿童的非正式支持体系和正式支持体系，前者为留守儿童所处微观生态系统中所获得社会支持情况，考察的是留守儿童最直接的生活环境，其中社会支持缺乏的部分就可以认定为留守儿童的微观需求；后者为政府和社会针对留守儿童所提供的政策性、扶持性社会支持，可以通过社会政策和社会服务的行动分析予以探讨，以分析留守儿童宏观和中观社会支持的现状。以上两个方面的分析综合在一起，可以粗略绘制留守儿童社会需求及其所享受到的社会服务、社会支持的"现状图"，为后续研究奠定基础。

第二，怎样看待留守儿童。面对西部留守儿童的需求及社会支持情况，怎样从整体上而不是基于个别化的视角看待留守儿童，是开展对策性研究的起点。本课题探讨的是西部留守儿童社会工作综合服务体系，属于具体的对策化研究，所以，首先应该对留守儿童有一个基本的认识。围绕这个方面，本课题将从留守儿童的公众形象认知着手，从留守儿童的媒介形象角度，探讨当前公众印象中的留守儿童是如何被塑造的；基于此，课题组将结合儿童、留守儿童的价值，通过哲学、社会福利学的视角，分析应该怎样认识儿童，从而为留守儿童的社会福利政策、社会服务政策制定提供理论依据。

第三，西部留守儿童社会工作综合服务体系。在明确了西部留守儿童社会需求、满足情况，以及如何看待这个群体之后，可以结合当前我国对于留守儿童所制定的关爱、扶助政策，从政府有关社会发展政策、教育政策、人力资源培训政策等宏观层面，从农村社会工作、学校社会工作、社会组织服务等中观层面，从留守儿童个体、同伴群体、在外务工的父母、监护人、农村社区营造等微观层面，探讨构建"理想型"的社会工作综合服务体系，以便促进西部留守儿童问题的解决，同时为其他地区解决留守儿童问题提供参考。

第四，西部留守儿童社会工作的行动研究。在探讨西部留守儿童社会工作综合服务体系的基础上，针对留守儿童的现实需求，开展具体的社会工作服务，并在服务行动中不断总结提升服务方法，形成解决留守儿童具体问题的社会工作有效路径。本部分的研究将结合课题组具体实施的留守儿童社会工作服务项目来开展：一是于2012—2013年实施的中央财政资助"农村留守儿童社会工作服务项目"，在该项目中，课题组甄选了六所留守儿童非常集中的农村小学及当地农村社区，开展了从筹备、选点、服务实施、反思总结共计约一年的服务。在服务过程中，课题组充分运用行动研究的理念，针对留守儿童亲情缺失、人际交往能力不足等六类问题，不断开展直接社会工作服务，并在持续总结反思的基础上改进服务方法，形成了经过实践检验的、可以有效解决留守儿童问题的社会工作实务方法。二是于2013—2014年实施的、由四川省民政厅资助的"三留守人员社区工作服务项目"，对四川省YB县MJ社区的留守老人、留守妇女和留守儿童开展了为期一年的服务，课题组将结合留守儿童服务部分，介绍通过社区层面开展留守儿童服务的可行方法。本部分的研究是第三部分的延续，是以专业社会工作机构的身份，介入农村社区、农村学校和城市社区，形成了西部留守儿童社会工作综合服务体系研究中的行动探索部分，着重从实践层面对之前提出的"理想型"留守儿童社会工作综合服务体系予以检验。

　　课题组期望通过以上四个方面内容的研究，回答这样几个基本问题：西部留守儿童是怎样的一个群体？我们该如何看待这个群体？他们在自身的社会生态环境中面临哪些问题？当前的社会设置中为留守儿童提供了怎样的服务体系，这个体系存在什么问题？在当前的社会现实中，可以通过怎样的变革来改进并形成西部留守儿童社会工作综合服务体系？在这个体系中，可以为西部留守儿童提供哪些微观的服务，以便形成有效的服务方法？对这些问题的回答，也就是本课题研究的结论。

二、本书核心概念界定

　　出于学术研究自身的规范性需要，作者在开展具体研究之前，将本书涉及的核心概念予以如下界定。

（一）西部地区

　　我国西部地区主要是指中国西南、西北一带，由西南五省市（重庆、四川、云南、贵州、西藏），西北五省市（陕西、甘肃、青海、新疆、宁夏）和内蒙古、广西，以及湖南的湘西、湖北的恩施土家族苗族自治州组成，即通常所指的"10＋2＋2"地区。我国西部地区国土面积538万平方公里，占全国国土面积的

71.4%。据第六次人口普查显示，西部地区共有人口约3.6亿，占全国人口总数的26.9%。人口相对稀少、经济欠发达、多民族聚居是西部地区的三大总体特征。作为传统的主要劳务输出地区，西部地区的留守儿童规模庞大，已经引起了学术领域的高度关注。

（二）留守儿童

通常认为，留守儿童是由于父母外出务工而被留在家乡生活的儿童。当前，我国学术领域对留守儿童的界定并不统一，主要分歧表现在以下三个方面：第一，留守儿童的必要条件是父母双方都外出，还是仅一方外出务工即可？这一问题基本达成了共识[①]，那就是父母双方外出或单方外出，其留在家乡生活的儿童都可以算作是留守儿童。只不过，罗国芬认为，双亲均外出和单亲外出对儿童的影响显然是不同的，其子女虽然都可以认定为留守儿童，但是在开展留守儿童研究时，最好能够区分开来，并适当开展对比研究。[②] 第二，父母外出多长时间，留在家乡的孩子才算是留守儿童？周福林等学者认为留守经历的持续时间最好以半年为界[③]，由于近年来我国人口普查认定流动人口的时间节点为六个月，所以持"半年论"观点的学者占多数；也有部分学者将时间界定为一年、三个月，甚至有的学者不予界定留守时间。[④] 第三，留守儿童的年龄范围界定在多大合适？罗国芬总结发现，学术领域存在18岁以下、6—18岁、16岁以下、15岁以下、6—14岁、14岁以下等多种不

---

① 范兴华：《家庭处境不利对农村留守儿童心理适应的影响》，湖南师范大学出版社2012年版，第4页。

② 罗国芬：《农村留守儿童的规模问题评述》，载《青年研究》2006年第3期。

③ 周福林、段成荣：《留守儿童研究综述》，载《人口学刊》2006年第3期。

④ 罗静、王薇、高文斌：《中国留守儿童研究述评》，载《心理科学进展》2009年第5期。

同区分①，但是在最近的研究中，许多学者认为应该与国际接轨，遵循《联合国儿童公约》中 18 周岁以下的标准②。当然，也有学者指出，当前学龄前的留守儿童和 15 至 18 周岁的留守儿童没有给予足够的关注。③

综合以上研究成果，本书将留守儿童界定为：父母双方或一方外出务工后，将其不满 18 周岁的子女留在家乡生活达半年以上，这些不能长期与父母生活在一起的未成年人称为留守儿童。

一个有趣的现象是，国内学术领域一提起留守儿童，虽然没有添加定语，但是全部都默认为"农村留守儿童"，乃至学者们撰写农村留守儿童文章时，不加"农村"二字，编辑或读者也不会奇怪，均不假思索地理解为农村留守儿童。虽然这个现象看起来没什么大不了的，但是我们完全有理由反思：留守儿童全部来自农村？城市就不能有留守儿童？很显然，城市的市民中也有很多长期离家、在其他省市务工的，其未成年子女自然也可以看作是留守儿童。事实上，由于城市生活环境比农村更复杂，缺少家长监管、教育和照料的城市留守儿童，相对于农村留守儿童而言，有着更大的生活诱惑、更多的发生"状况"的可能性。由此可见，城市留守儿童是一个"被遗忘的角落"。本书在对留守儿童进行界定时是不区分农村和城市的，既可以指代农村留守儿童，也可以指代城市留守儿童。当然，在研究的侧重面上，本书主要探讨农村留守儿童。在这个基本认识框架下，课题组专门针对城市留守儿童进行了社会支持问题分析，还在服务体系中专门提出了城市留守儿童社区社会

---

① 罗国芬：《农村留守儿童的规模问题评述》，载《青年研究》2006 年第 3 期。

② 潘小娟、卢春龙：《中国农村留守群体生存状况研究》，北京大学出版社 2013 年版，第 41 页。

③ 周福林、段成荣：《留守儿童研究综述》，载《人口学刊》2006 年第 3 期。

工作服务，以作为当前我国留守儿童研究的补充。

（三）社会工作

国际社会工作者联合会和国际社会工作学院联合会通过了新的社会工作的定义：社会工作是一种致力于促进社会变化和发展、社会凝聚力、赋权和解放的基于实践的职业和学术准则；社会正义原则、人权、集体责任和尊重多样性是社会工作的中心；社会工作理论、社会科学、人文科学和地方性知识都是社会工作的支撑；社会工作运用人本身和社会结构来应对生活挑战、提升生活质量。[1] 这一定义强调社会工作的基本职能是致力于问题的解决、激发人们的权能，并以此推动社会变革。王思斌认为："社会工作是以利他主义为指导，以科学的知识为基础，运用科学的方法进行的助人服务活动。"[2] 这个定义强调"科学地助人"是社会工作的本质，在此过程中要注意运用社会工作的价值理念、理论和方法。事实上，国内外学术领域有关社会工作的定义很多，本书无意于参与这项争论，而是期望结合构建西部留守儿童综合服务体系的研究，在参照权威定义的基础上，设置一个本课题探讨问题的起点。

基于此，本书中的社会工作是指：针对在人与环境的交互作用中产生困境的社会个体、群体或组织，由各种力量共同推动以促进这一问题的解决过程；在该过程中，问题的解决是短期目标，人、群体或组织的增权是中期目标，增进社会福祉、促进社会协调运行是终极目标；推动这一变革的力量主要来自于具备维护公平正义等专业价值观念、掌握人与社会交互作用的理论、懂得提供专业助人

---

① Global Definition of Social Work / Review of the Global Definition. http://www.iassw-aiets.org.

② 王思斌：《社会工作概论》，高等教育出版社 2006 年版，第 12 页。

方法的人员、组织和政府部门。

本课题所下的社会工作定义除了传统上包括运用专业方法对个体和社会群体问题的解决、增能之外，还强调以下三点：第一，突出社会工作的价值哲学。在社会工作中，人是关注的主要对象，尤其是处于弱势地位的人群；而人与人之间是相互依存的，个别群体的弱势会延缓整个社会的发育和发展，反过来会制约当前处于优势地位人群的发展；故而，个人对他人应该承担社会责任。第二，突出社会工作的体系化范畴。社会工作不能仅仅着眼于专业社工对服务对象的实务工作，从价值连续统中看，这只是实现初步价值的一个过程。政府部门社会政策的设计和实施、社会组织的协同参与、社区互助与扶持等，都可以纳入到社会工作服务实施体系之中。第三，突出社会工作目标的渐进性。社会个体和群体面临的问题往往是复杂的，这取决于社会生态环境内部交互影响的复杂性。从问题的解决、潜能的发掘到社会个体融入社会生活并促进社会协调运行，是一个从微观到宏观的渐进式调适过程。所以，社会工作既要关注问题的解决，也要着眼于促进社会的和谐发展。

（四）社会支持

社会支持研究发端于 20 世纪 60 年代的社区心理学领域，主要探讨与个体健康相关的影响因素。[①] 柯布将社会支持作为缓解个体压力、保护健康的节制变量，以帮助人们抵御负面压力所带来的影响。[②] 至 20 世纪 80 年代，社会网研究的兴起推动社会支持研究向实证化方向发展，形成了多种测量社会支持程度的方法。就社会支

---

① Barreram M, Ainley S. "The Structure of Social Support：A Conceptual and Empirical Analysis". *Journal of Community Psychology*,1983：2.

② Cobb S. "Social Support as a Moderator of Life Stress". *Psychosomatic Medicine*, 1976：38.

持的测量而言，有学者汇总后发现①，其测量工具包括了 Cutrona 和 Russel 编制的"社会支持量表"（SPS）、Zimet 等编制的"领悟社会支持多维量表"（MSPSS）、Harte 编制的"儿童社会支持量表"（SSSC）、Nolten 编制的"学生社会支持量表"（SSSS）、Malecki 等编制的"儿童和青少年社会支持量表"（CASSS），特别是肖水源根据我国实际情况编制的"社会支持评定量表"（SSRS），得到了广泛的应用。

有学者梳理国内外有关社会支持定义后发现，针对社会支持的界定可以分为以下几类：一类将其理解为一种外部资源；一类将其界定为一种社会联结；一类将其看成是一种主观知觉；一类将其定义成一种动态过程。② 从本质上来看，社会支持是社会个体在所处社会结构中获得的一种帮扶力量。所以，我们可以做出如下界定：社会支持是个体在从其自身社会网络中获得物质支持、精神帮助的过程及体验。这个定义强调以下三点：第一，虽然社会支持本身是客观存在的，但是在描述个体获得社会支持程度的时候，往往是根据个体的自述予以评判的，所以社会支持本质上是主观的，类似于"幸福感"一样，是人们的一种主观体验。第二，社会支持来源于个体所处的社会结构，既有个人和家庭，也有同伴和邻里，事实上，社会支持应该被理解为一种物质或精神相互交换的过程，即个体在给予他人支持的时候，也往往会获取从他人那里所得到的支持。第三，从定义本身来看，社会支持不应该全部被认定为积极正面的，例如，在留守儿童受同伴影响迷恋网络的现象中，留守儿童

---

① 全宏艳：《社会支持研究综述》，载《重庆科技学院学报（社会科学版）》2008 年第 3 期。

② 范美琴：《社会支持研究述评》，载《江苏技术师范学院学报》2009 年第 3 期。

获得了同伴的友谊、心理支持，但正是这种支持使得留守儿童受情感驱动而出现一定的行为偏差。当前的学术领域中很少关注到这类负面的社会支持。

（五）社会生态系统

生态系统理论（Ecological Systems Theory）强调个体嵌套于相互影响的一系列环境系统之中，在这些系统中，系统与个体相互作用并影响着个体发展。[①] 该理论有如下基本观点：第一，人自身具备与环境和其他人互动的能力，在正常情况下，个人能够与环境形成良好的调适关系。第二，个人的行动带有一定目的，并且遵循适者生存的法则，要理解个人行动的意义，就必须将其置于所处环境之中。第三，个人的问题是在一定生态环境中形成的，对个人问题的理解和判定也必须在其生存的环境中来进行。[②] 这一理论强调的是个体与社会生态环境的交互作用，将人嵌入于其所处社会环境之中予以理解和评判，并强调问题的解决也要依赖于社会力量的推动和社会环境的变革。

基于以上认识，本书认为，社会生态系统是包括个体自身在内的生活环境的主体构成结构，具体包括如下内容：第一，微观系统，指的是个体自身的生物、心理和角色扮演状况；第二，中介系统，指的是两个以上个体在交互情境间所发生的关联及其历程；第三，外在系统，指的是超出中介系统以外的小群体之间的相互关联状况；第四，宏观系统，指的是影响个体行为的社会生活中的文化、政策及社会结构。在社会工作的视野中，不论服务对象的问题

---

① 〔美〕谢弗：《发展心理学：儿童与青少年》，邹泓译，中国轻工业出版社 2009年版，第 124 页。

② 刘杰、孟慧敏：《关于布郎芬布伦纳发展心理学生态系统理论》，载《中国健康心理学杂志》2009 年第 2 期。

和需求表现在哪个方面，其背后都与各层次的生态系统有着不可分割的联系。所以，在构建社会工作服务体系、推行社会工作服务时，要深入理解个体在同伴群体、家庭、组织及社区中社会角色的扮演和社会生活功能的实现情况，多从服务对象不同层次的生态系统之间的关联处入手。

（六）行动研究

社会工作的研究本质上是为了实践而研究，其最终目的并非理论构建，而是进一步改进工作方法和服务结构。从这个意义上来说，行动研究是最适合社会工作的一种研究方法。行动研究最早由列温（Lewin）于 1944 年提出，至今已有 70 年。这种研究方法（事实上也是一种社会工作的服务范式）关注行动与研究的结合，也就是在行动过程中考察什么样的动力和条件将会带来什么样的结果与改变。苏梅克和列温界定了行动研究应该遵循八个原则[①]，分别是，行动研究结合了研究和行动；是研究者和参与者的协同研究；必须建构一定的理论知识；起点是希望社会变迁和致力于社会正义；必须有高度的反身性；要探索各种各样的实用性知识；对于参与者而言必须产生强有力的学习，必须将对知识的探究放在更宽广的历史、政治和意识形态脉络下。里森和布拉勃里也指出，行动研究的过程事实上是将行动与反思、理论同实践共同结合在民众的参与当中以探寻更有效的服务解决方案。所以，行动研究不仅仅是研究的方法，更是系统的证据收集与实验，以探究提升专业服务质量的实务过程。[②]

---

① Somekh, B. & Lewin, C. *Research Methods in Social Science*. London：Sage,2005：45 −60.

② Reason, R. & Bradury, H. *Handbook of Action Research：Participative Inquiry and Practice*. ThousandOaks, CA：Sage, 2005：57.

由此可见，在社会工作的范畴内，行动研究是指社会工作者在推行社会工作服务的过程中，强调服务对象自身及相关人群同社工一起参与到服务内，开展行动的同时进行反思，在行动中获得知识以便进一步促进服务质量的提高。共同参与是基础，反思改进是核心，服务模式的形成是结果。基于此，行动研究的基本过程可以设定如下：首先，在充分调研基础上，结合服务对象自身的意见和感受，形成问题的预估；其次，根据预估中发现的问题，在服务对象共同参与的基础上形成初步服务方案；第三，推动服务规划的落实；第四，在服务实施过程中，服务提供者不断反思服务方法的针对性和有效性，并从服务对象那里收集反馈信息，进一步改进服务方案，完成再评估的过程；第五，继续推动新服务方案的实施，并进入行动研究的第二个周期。

三、本书的主要研究方法

当前，学术领域针对留守儿童研究的方法主要是实证调查，主要工具是问卷测量和深度访谈。应该说，实证取向的研究在留守儿童领域是非常适用的，既能从个体、群体层面收集资料予以分析，并反映其现状和问题，又可以通过假设检验等手段归纳形成理论解释，以保障结论的客观性和普遍性。然而，在开展西部留守儿童社会工作综合服务体系的研究中，仅靠问卷和访谈尚不足以从系统化的角度反映问题，基于此，本课题针对不同的研究内容，采用了多学科交叉的不同研究方法，但总体研究取向仍然是实证研究。

（一）内容分析法

内容分析法是对文献内容进行客观、系统、量化分析的一种科学研究方法。所谓内容，是指各种语言符号的意义，根据信息处理

46

过程中的主观理解规则对其加以系统化分析。[①] 所有的内容分析都有一个前提假设，即广义的文化是可以通过文本形式来表达的，这就意味着对文本的内容分析是与社会文化现实有关的，分析的结果及其解释也应具有现实意义。内容分析始于第二次世界大战期间的军事情报研究，在情报战中成效显著。战后，新闻传播学、政治学、图书馆学、社会学等领域的专家学者与军事情报机构一起，对内容分析方法进行了多学科研究，扩展了其应用范围。[②] 20 世纪 50 年代美国学者贝雷尔森（Berelson）发表了具有权威性的著作《内容分析：传播研究的一种工具》，确立了内容分析法在传播学中的地位。而真正使内容分析方法系统化的是奈斯比特（Naisbitt），他主持出版的《大趋势》就运用了内容分析法研究美国社会变化的动态和趋势。20 世纪 70 年代计算机进入内容分析法领域，对该方法的发展产生了实质性影响，建立起了基于定性分析基础之上的定量内容分析法，从而使内容分析法的应用越来越广泛[③]。

在本课题中，从文献计量的视角分析我国留守儿童研究的发展阶段、研究群体成熟程度、研究成果的利用等方面时，已经结合使用了内容分析的方法。事实上，文献计量与内容分析是两种各具特色的研究方法：前者从文献的外部特征出发，后者从研究的内容和主题出发。但两者的分析对象都是文本中所蕴含的知识和信息，只

---

① Kinberly A. Neuendorf. *The Content Analysis Guidebook*. Thousand Oaks，CA：Sage Publications，2002：23.

② Wilfried Bos，Christian Tarnai. "Content Analysis in Empirical Social Research". *International Journal of Educational Research* 1999（8）：659－671.

③ 邱均平：《文献计量与内容分析：2004 信息化与信息资源管理研讨会论文选集》，吉林科学技术出版社 2005 年版，第 127 页。

不过是从不同角度、不同出发点解读知识集合中的一些现象和规律。"文献计量和内容分析在知识解读过程中存在相互补充、相互验证的关系，可以综合运用。"① 为了探讨公众是如何看待留守儿童的，本书开展了留守儿童公众形象研究，这项研究以内容分析法为框架，从媒介有关留守儿童的报道中收集资料，探索留守儿童给公众留下了什么印象、这个印象是如何形成的，最后形成社会应该如何认识留守儿童的结论，为后续研究奠定基础。

（二）问卷调查与实地研究法

问卷调查是实证研究的主要工具。研究西部留守儿童社会工作综合服务体系，前提是要弄清楚西部的留守儿童生活状况怎么样、有着怎样的服务需求，以回答"社会工作需要从哪些角度予以介入"的问题。在本研究中，课题组设计了西部留守儿童及其监护人的调查问卷并在八个省市实施了调查（具体实施过程见第三章），以了解留守儿童的基本生活状况、与外出务工父母的沟通交流情况、社会支持以及社会网等信息，并对留守儿童所在地区的学校、社区、基层政府部门开展了实地研究，对开展留守儿童服务较好的典型地区实施了个案研究。通过以上研究方法，探讨两个核心问题：一是西部地区留守儿童的生活状况如何，二是西部地区留守儿童需要什么社会工作服务。

（三）政策分析法

从中央政府到地方政府、民间经济社会组织，针对留守儿童都实施了各种各样的政策措施和关爱行动，例如免费午餐、寄宿学校、心理咨询、代理家长、亲情电话、民间公益服务等，这些政策

---

① 王曰芬等：《文献计量与内容分析综合应用软件的开发与实验》，载《图书情报工作》2005 年第 6 期。

措施和关爱行动较好地营造了关心、关爱留守儿童的社会环境，也在一定程度上切实解决了西部留守儿童亲情缺失、教育不足所引发的各种问题。但是众多研究也发现，这些政策措施和关爱行动存在系统化不足、形式化明显、持续能力欠缺等问题。本课题运用政策分析的方法，探讨当前我国政府和社会对西部留守儿童实施的各类服务政策和关爱举措，深入分析其中存在的问题，从社会工作与社会政策的视角，针对西部留守儿童服务的制度化、体系化提出相应对策，为提出理想的西部留守儿童社会工作综合服务体系奠定基础。

（四）行动研究法

行动研究既是社会工作的一种实务范式，也是一种研究方法。在本研究中，课题组结合 2012—2013 年实施的中央财政资助"农村留守儿童社会工作服务项目"和 2013—2014 年实施的四川省民政厅购买的"三留守人员社区工作服务项目"，通过行动研究的五个实施步骤，深入、系统地发现留守儿童面临的问题，检验并提升社会工作的服务技巧，以形成切实可行的服务模式，为以上构建的西部留守儿童社会工作综合服务体系提供实证基础。

四、本章小结

本章详细介绍了本书的研究内容体系、核心概念的界定和研究方法，具体内容如下：

第一，将本课题的内容体系分为四个部分，分别是：对西部地区留守儿童及各相关方开展调查，分析留守儿童的需求及现有服务状况，为完善服务体系指明方向；留守儿童的公众形象及怎样看待留守儿童，为留守儿童服务政策的制度提供现实和理论依据；根据调查结果、发达国家和地区的经验以及对儿童价值的理论反思，构建理想化的西部留守儿童社会工作综合服务体系；在这个构建的体系下，实施留守儿童社会工作服务的，并在行动研究中进行反思，证实西部留守儿童社会工作综合服务体系的有效性。

第二，对本课题涉及的西部地区、留守儿童、社会工作、社会支持、社会生态系统、行动研究等核心概念给予界定。

第三，针对不同的研究内容，介绍了本书所采用的研究方法体系，包括了内容分析法、问卷调查与实地研究法、政策分析法和行动研究法。

第二部分

西部留守儿童的
基本认识

　　本部分为本书的基础部分，包括第三、四、五章，共三章。第三章以问卷调查和实地研究的方法概述了当前我国西部留守儿童的生活状况；第四章从社会支持的角度分板了留守儿童的社会支持情况及其需求。第五章通过内容分析的方法，以媒介调查的方式分析了当前留守儿童的公众形象及其形成机制，并从福利哲学的视角分析了应该如何认识儿童、认识留守儿童，进而分析了留守儿童的社会工作服务的理念。本部分的三章试图呈现西部留守儿童的基本情况，在分析如何看待儿童的基础上，为社会工作综合服务体系的提出做好准备。

第三章 | 西部留守儿童一般情况概述

　　本章旨在通过对问卷数据的统计、访谈信息的呈现以及现有研究成果的介绍，反映西部留守儿童在性别分布、年龄、文化程度、居住方式、与外出务工父母的日常交流等基本面的大致情况。事实上，目前我国学术领域针对全国或者西部地区留守儿童的全面性调查很少，近年来全国妇联组织北京师范大学、中国人民大学等单位的学者开展了全国性的留守儿童研究，分别于 2008 年和 2013 年发布相关调查报告，其数据经常被引用以反映我国留守儿童总体的特征，特别是其中指出的全国农村留守儿童总人数分别为 5800 万、6102 万，更是被相关媒体和学者所关注。本章将使用作者的问卷调查数据，结合全国妇联的相关研究报告[①]，勾勒出我国西部地区留守儿童的基本特征。

---

　　① 全国妇联课题组：《全国农村留守儿童、城乡流动儿童状况研究报告》，载《中国妇运》2013 年第 6 期。

一、调查样本的基本信息

课题组于自 2011 年起采用组织调查分队和委托调研的方式，对我国四川、重庆、云南等八个西部省份的留守儿童开展了问卷调查。由于作为抽样对象的留守儿童总体不明确，没有这方面的权威统计数据，各个西部省份分别有多少留守儿童的情况不明。所以，本次调查是按照 2005 年全国百分之一人口抽样调查来分配的（资料来源：2006 年《中国统计年鉴》第 274 页）。具体做法是：首先选择了西部 12 个省、市、自治区中的 8 个（分别是广西、重庆、四川、贵州、云南、陕西、甘肃、青海，人口共计 30680 万），然后根据各省人口比例分配调查问卷，其中广西 600 份、重庆 400 份、四川 1000 份、贵州 500 份、云南 600 份、陕西 500 份、甘肃 300 份、青海 100 份，共发放问卷 4000 份，回收有效问卷 3929 份。具体抽样过程为：八个省市区分别抽出 2—4 个县，每个县抽出 2 个乡镇，每个乡镇抽出 2 个村（社区），由此每个省市区分别抽出 8—16 个村（社区）。然后将确定好的各省样本量分摊到各村，组织调查员入户实施调查。

本次调查共发放问卷 4000 份，回收有效问卷 3929 份，有效回收率为 98.23%。另外，在开展问卷调查的同时，课题组在四川、贵州、重庆、广西、陕西、新疆等省市区运用深度访谈和参与式观察等实地研究的方法开展了留守儿童的质性研究，以弥补问卷调查、定量分析在方法论层面的不足。调查样本的基本信息见表3.1。

表 3.1　西部留守儿童问卷抽样调查基本信息表（n＝3929）

分类		样本数	比例（%）
年龄	6 周岁及以下	145	3.69
	7—13 岁	2126	54.11
	14—17 岁	1658	42.20
性别	男	2022	51.46
	女	1907	48.54
民族	汉族	3565	90.74
	少数民族	364	9.26
文化程度	未入学	224	5.70
	小学	1377	35.05
	初中	1517	38.61
	高中	811	20.64
区域	农村	3095	78.77
	小城镇	639	16.26
	城市	195	4.96

　　从年龄分布来看，6 岁及以下的留守儿童 145 名①，占比 3.69%；7—14 岁的留守儿童 2126 名，占比 54.11%；14—17 岁的留守儿童 1658 名，占比 42.20%。从性别分布来看，男性留守儿童 2022 名，占比 51.46%，女性留守儿童 1907 名，占比 48.54%，性别比为 106。全国妇联课题组的《全国农村留守儿童、城乡流动

---

　　① 样本中 6 岁及以下的留守儿童较少，其原因并不是留守儿童中的幼儿较少，事实上，根据全国妇联《我国农村留守儿童、城乡流动儿童状况研究报告》显示，学龄前农村留守儿童达 2342 万，在农村留守儿童中占 38.37%，可见农村留守儿童中 6 岁以下的占有相当比例。本抽样调查中之所以留守幼儿较少，其主要原因是在根据抽中的样本实施调查时发现，即便是监护人在场的情况下，留守幼儿沟通能力有限，部分被抽中的样本难以实施问卷调查，故而舍弃并补充了其他年龄段的留守儿童。

儿童状况研究报告》显示，全部农村留守儿童中，男孩占54.08%，女孩占45.92%，性别比为117.77。两者数据差距的主要原因有两个方面：第一是由于本调查在留守幼儿实施中遇到较大困难，故而补充了一部分其他年龄段的留守儿童样本，而留守幼儿的性别比很高，达到了120.6，是所有年龄段中性别比例最失衡的，这使得性别比例与总体不相符合；第二个原因是，全国妇联的数据是来自第六次人口普查中的农村数据，而本调查除了在农村实施以外，同样在西部地区的小城镇和城市也实施，事实上，从样本户籍分布来看，全部3929名留守儿童中，农业户口3325人，占比84.6%，无户籍（即通常所说的"黑户"）的52人，占比1.3%，非农业户口552人，占比14.1%，城市和农村的地区差异也使得本调查中的性别比与全国妇联的数据有一定差距。从民族分布来看，样本中的汉族留守儿童3565名，占比90.74%，少数民族留守儿童364人，占比9.26%。从文化程度来看，未入学的留守儿童224人，占比5.7%；小学阶段的留守儿童1377人，占比35.05%；初中阶段的留守儿童1517名，占比38.61%；高中阶段的留守儿童811人，占比20.64%。从区域分布来看，目前生活在农村的留守儿童3095人，占比78.77%；生活在小城镇的留守儿童639人，占比16.26%；生活在城市的留守儿童195人，占比4.96%。①

---

① 需要说明的是，本调查中留守儿童在城镇、农村的区域分布数据和非农、农业户籍数据不能一一对应，这是因为目前生活在城镇中的留守儿童，并非就一定具有非农户口。本课题中所指的城镇留守儿童，是指户籍所在地为城市或城镇，由于父母单方或双方外出工作，无法与父母双方或单方共同生活超过半年的城市家庭中18岁以下的未成年人。

二、西部留守儿童的家庭生活状况

1. 西部留守儿童父母外出务工情况

从表 3.2 可以看出，调查样本中，仅父亲在外务工的留守儿童有 1409 人，占比 35.9%；仅母亲在外务工的留守儿童有 266 人，占比 6.8%；父母都在外务工的有 2254 人，占比 57.4%。全国妇联 2008 年调查数据显示，在全部农村留守儿童中，父母一方外出留守儿童占 47.14%，父母双方外出留守儿童占 52.86%。[1] 两组数据比较接近。

表 3.2　西部留守儿童父母在外务工情况统计表

	频率	有效百分比	累积百分比
仅父亲在外务工	1409	35.9	35.9
仅母亲在外务工	266	6.8	42.6
父母都在外务工	2254	57.4	100.0
合计	3929	100.0	

2. 西部留守儿童家庭的子女情况

从表 3.3 可以看出，西部留守儿童中，独生子女有 1087 名，占比 27.7%；有两个子女的共计 1737 名，占比 44.2%；有三个及以上子女的共计 1105 人，占比 28.1%。以上数据说明，留守儿童中独生子女比例较低，占家庭总数不到三分之一，也就是说超过三分之二的留守儿童家庭不是独生子女家庭。

---

[1]　参见全国妇联：《全国农村留守儿童状况研究报告》，载《中国妇运》2008 年第 6 期。需要说明的是，全国妇联在 2013 年发布的《全国农村留守儿童、城乡流动儿童状况研究报告》中，没有公布留守儿童父母外出务工情况的统计数据，而其他研究成果中没有全国性的权威数据，故而本处引用了 2008 年的数据以做参照。

表3.3　西部留守儿童家庭子女情况统计表

	频率	有效百分比	累积百分比
独生子女	1087	27.7	27.7
两个子女	1737	44.2	71.9
三个及以上子女	1105	28.1	100.0
合计	3929	100.0	

课题组无意探讨计划生育政策在农村地区和相对弱势家庭的实施情况，仅就以上数据做一些简单分析：一方面，子女较多，给家庭增加了经济负担，父母更有驱动力外出务工以改善家庭经济条件，为子女提供更好的生活质量和教育资源，从推拉理论来说，这无疑构成了父母外出务工的推力；另一方面，有多个子女对于留守儿童本身而言，又是一个很重要的资源：作为一种近端支持因素，多子女共同生活能够有效克服留守儿童的孤独体验，对其反社会行为及抑郁情绪有良好抵抗作用①，同时可以帮助留守儿童对父母外出打工这一事件形成积极认知，有利于疏导其消极情绪，扩展朋友网络，使其主动感知外界支持，并采取积极的应对方式，从而提高生活适应能力②。

　　我今年17岁，父母在我记忆中就一直在广东一家电子厂工作，一年最多回来一次。我从3岁就一直和爷爷、奶奶一起生活。我从14岁高二就退学了，本身学习就不好、贪玩，还老是和同学打架，差一点被学校劝退，而且想到父母打工挣钱

---

① 申继亮、武岳：《留守儿童的心理发展：对环境作用的再思考》，载《河南大学学报（社会科学版）》2008年第1期。
② 赵景欣、张文新：《农村留守儿童生活适应过程的质性研究》，载《河南大学学报（社会科学版）》2008年第1期。

不容易，于是就不读书了，帮助爷爷奶奶干活。15 岁时带着妹妹寄宿到了新疆的姑姑家，我在一家电子厂打工，收入很少，只能供自己生活费用；妹妹上小学六年级，学习成绩在四川是挺不错的，但转到新疆来时却严重下滑。而且我们从小在四川长大，对四川的水土和饮食有了很强的依赖性，现在一下转到新疆，突然感觉水土不服，妹妹说两边的讲课方式不太一样，有点不适应，于是成绩下滑得厉害，但又害怕父母担心，所以一直没告诉他们。我在学习上帮不了妹妹什么，只是鼓励她，给她一些零用钱。

（访谈个案编号：XJ - W - 20120719 - 02）①

我今年 14 岁，家里有 6 口人，爷爷、奶奶、爸爸、妈妈和 10 岁的妹妹。父母在上海打工差不多十年了，每个月按时给家里寄钱，每年过年回一次家。爷爷奶奶在家里照顾我们两个，还要做农活。我在镇上上初中，平时住在学校，每周五回家。妹妹学习成绩不稳定，我每周回家时，做完自己的作业后就帮妹妹看一下功课，或者帮爷爷奶奶做些事情。妹妹小一些，经常会念着爸爸妈妈，我已经习惯了，就常常安慰她，给她看喜欢的电视。只是说，我自己有时候在学习上有什么困难，就找不到人帮忙了。

（访谈个案编号：SC - Y - 20120728 - 06）

---

① 个案访谈采取四级编号的规则：第一级大写字母表示省份，第二级大写字母表示访谈实施的具体县份的首字母，第三级数字表示访谈实施的时间，第四级数字表示访谈个案在所在省份的实施顺序。

从以上两个访谈资料可以看出，有兄弟姐妹在一起共同生活的留守儿童，在相互支持、心理慰藉甚至物质支持等方面，在一定程度上要优于没有兄弟姐妹的独生留守儿童。当然，通常的情况是，留守儿童中的年长者给年幼者提供学业帮助或情感支持，而前者自身要承担更多的生活和精神压力，且寻求帮助的渠道少于后者。

3. 西部留守儿童的共同居住成员情况

统计发现（详见表3.4），与留守儿童共同居住的成员中奶奶的比例最高，62.48%的留守儿童共同居住成员中有奶奶，其次的比例为爷爷，占比为56.63%；外公、外婆与留守儿童共同生活的情况不多，分别占比为12.01%和14.81%。这与中国传统生活、居住方式紧密相关：农村青年婚后通常与男方父母而不是女方父母共同居住，城市青年婚后多数也是单独居住或与男方父母居住，其子女由男方父母照料的比例高于由女方父母照料的比例，尤其是共同生活的长期照料。

表3.4 留守儿童共同居住成员统计表（多选题）

选择项	频数	选项百分比	个案百分比
爷爷	2225	23.87	56.63
奶奶	2455	26.34	62.48
外公	472	5.06	12.01
外婆	582	6.24	14.81
父亲或母亲	1620	17.38	41.23
兄弟姐妹	1473	15.80	37.49
叔或婶	339	3.64	8.63
其他	155	1.66	3.95
总计	9321	100.00	237.24

　　41.23%的留守儿童共同生活成员中有父亲或者母亲，前文统计发现，42.6%的留守儿童仅父母一方外出务工，这两者有一定的数据差距，其主要原因是部分留守儿童的父母处于离婚或亡故状态，本来仅有父母一方与孩子共同生活，所以在问卷中虽然填写了仅父亲或仅母亲外出务工，但是共同生活成员中不一定有母亲或父亲，于是出现了上述数据差距。近四成的留守儿童共同生活成员中有兄弟姐妹，前文统计发现，超过三分之二的留守儿童家庭不是独生子女家庭，这里面差距的主要原因在于相当比例的留守儿童处于在学校寄宿状态，日常生活并不在家中，故而没有被纳入"共同居住"的统计之中。与叔婶或其他成员共同生活的留守儿童较少。

　　4. 西部留守儿童的共同居住成员对留守儿童的照料和教育

　　表3.5显示，92.2%的共同生活成员能够照顾留守儿童的饮食起居，71.0%的能够负责留守儿童的人身安全，由此可见，留守儿童的这两项最基本的生活需求能够从共同居住成员中得到满足。54.7%的共同居住成员可以对留守儿童开展道德教育。

表3.5　共同居住成员对留守儿童的照料和教育情况统计表（多选题）

选择项	频数	选项百分比	个案百分比
照顾饮食起居	3587	32.8	92.2
辅导功课	1047	9.6	26.9
心理慰藉	1232	11.3	31.7
道德教育	2128	19.4	54.7
负责人身安全	2762	25.2	71.0
其他	195	1.8	5.0
总计	10951	100.0	281.5

但是从学业辅导和心理慰藉两个方面的需求来看，分别仅有26.9%和31.7%的共同居住成员能够提供。全国妇联课题组研究指出，所有隔代照顾留守儿童的祖父母，平均年龄为59.2岁，56%的年龄在60岁以下，绝大部分在50—59岁之间，甚至有12%的祖父母年龄在50岁以下，能够为留守儿童提供基本的生活照料。但是，隔代照料农村留守儿童的祖父母的受教育程度很低，绝大部分为小学文化程度，甚至有8%的祖父和25%的祖母未上过学。由于受教育水平的限制，祖父母在抚养和教育留守儿童时面临诸多的困难和挑战。[①] 也有研究者指出，父母外出与否和孩子的学习成绩并没有很大的相关性，其原因是农村父母比较普遍的教育观念淡薄，而且事实上很多农村父母没有也无力对孩子的学习进行辅导，尤其是对那些高年级的留守儿童。[②] 以上数据说明，留守儿童在日常生活照料方面面临的问题并不严重，但是在学业辅导和心理慰藉两个方面，存在明显的不足，是今后开展社会工作服务的重点内容。

> 我爸爸妈妈都在重庆市里打工，基本上半年回来一次，哥哥在北京读大学，平时就是我和奶奶一起生活。奶奶65岁，身体还不错。我今年13岁，上小学六年级。我基本可以照顾自己，也可以帮奶奶做家务和一些农活。我的学习一般，平时都是自己做作业，不懂的就先放着。虽然觉得爸爸妈妈对我关心比较少，回来看我次数也少，但是我还是很想他们。奶奶觉得我是个女孩，有些不喜欢我，爸妈又不在身边，所以常常感

① 全国妇联：《全国农村留守儿童状况研究报告》，载《中国妇运》2008年第6期。
② 朱科蓉等：《农村留守儿童学习状况分析与建议》，载《教育科学》2002年第4期。

觉有些心酸，有时候跟其他孩子比，觉得很自卑，很嫉妒别的同学，觉得别人比自己幸福，这些想法又不好跟别人说。

（访谈个案编号：CQ - M - 20120811 - 12）

上述案例在留守儿童、尤其是女童中较为常见，在缺乏近端支持的情况下，虽然日常生活不存在大的问题，但是留守儿童的学业辅导缺乏资源，心理慰藉也缺乏渠道。

三、西部留守儿童与外出务工父母的日常沟通问题

本部分综合社会心理学、社会语言学的相关理论，从两个方面开展探讨：首先，从人际关系三维理论（包容需要、支配需要和情感需要）的视角，研究外出务工父母与留守儿童日常沟通的现状，并且在此基础上分析双方日常沟通存在的一般性问题。其次，从交际社会语言学的理论视角（包括"交际基本原则""交际能力""语境化"和"会话策略"四个维度），探讨外出务工父母与留守儿童日常沟通中存在的技术问题。

（一）西部留守儿童与外出务工父母的日常沟通现状

1. 较低的沟通频率影响留守儿童包容需要的满足

表 3.6 从外出务工父母与留守儿童见面间隔及联络间隔反映了双方沟通的频率。从见面间隔来看，半年能见一次面的不到五分之一，一年能见一次的超过四成，两年能见一次的超过四分之一，还有 7.5% 的留守儿童两年以上才能见父母一次。从联络的间隔来看，8.7% 的外出务工父母每天会与留守儿童联络一次，过半数的每周联络一次，近两成的半个月联络一次，超过一成的一个月才联络一次，还有 8% 的父母与留守儿童联络非常少。从以上数据可以

发现，外出务工父母与留守儿童见面间隔较长，直接交流沟通的时间非常有限；双方联络的频率总体上来说不太高。

表3.6　外出务工父母与留守儿童沟通频率统计表

见面的间隔			联络的间隔		
分类	频率	比例（%）	分类	频率	比例（%）
半年以内	907	23.6	基本每天一次	336	8.7
半年到一年	1629	42.4	大概每周一次	1984	51.2
一年到两年	1020	26.5	差不多半个月一次	762	19.7
两年以上	289	7.5	大概一个月一次	484	12.5
总计	3845	100.0	两三个月一次	228	5.9
缺省值	84		基本不联系	83	2.1
			总计	3877	100.0
			缺省值	52	

爸爸妈妈都在重庆打工，差不多半年回来一次，平时联系的主要方式就是打电话，基本上一个礼拜打2、3次电话。

（访谈个案编号：CQ－M－20120811－12）

父亲在我记忆中就一直在广东一家电子厂工作，一年最多回来两次。一般一星期给母亲打一次电话，母亲为了省几角钱的电话费总是接几分钟电话就让父亲赶紧挂了，我有的时候带母亲到别人家里用电脑和他视频聊天。

（访谈个案编号：XJ－W－20120719－02）

父母很少和自己联系，联系的主要方式就是打电话，基本上一个星期打一次电话，其他很少直接交流，每次打电话就是问几句，很少有长时间交流。

（访谈个案编号：GS－M－20110812－01）

人际关系三维理论指出，包容需要指个体想要与人接触、交往、隶属于某个群体，与他人建立并维持一种满意的相互关系的需要。在个体的成长过程中，若是父母与孩子之间缺乏正常的交往，那么，儿童的包容需要就没有得到满足，容易与他人形成否定的相互关系，产生焦虑情绪，于是就有可能形成低社会行为，在行为表现上倾向于内部言语、倾向于摆脱相互作用而与人保持距离，拒绝参加群体活动。相反，如果个体在早期能够与父母或他人进行有效的适当的交往，他们就不会产生焦虑，会形成理想的社会行为，这样的个体会依照具体的情境来决定自己的行为，决定自己是否应该参加或参与群体活动，形成适当的社会行为。① 与非留守儿童相比，留守儿童与父母的日常沟通频率相对要低得多，这种日常沟通往往较难满足留守儿童的包容需要，由此，留守儿童的焦虑情绪、低社会行为均容易产生，也影响其群体参与及团队合作精神。从人才质量的角度看，这种日常沟通频率导致包容需要较难满足的生活情景，不利于留守儿童情商、社会参与及团队精神的培养，对个体能力和职业发展均会造成一定影响。

2. 沟通方式单一化容易导致对留守儿童的过分控制

从表3.7可以看出，外出务工父母与留守儿童日常沟通的主要方式是打电话和发短信，分别占总样本量的89.6%和16.6%，以上两种方式占所有被选沟通方式总量的76.9%和14.3%。上网、写信和带口信等较现代化或较具传统色彩的沟通方式使用均较少。

在非面对面沟通里，打电话属于直接口语沟通，信息传递及反馈均最及时，再加上较高的沟通成本要求限定沟通时间，所以留给

---

① 〔美〕戴维·迈尔斯：《社会心理学》（第八版），张智勇等译，人民邮电出版社2006年版，第33—120页。

双方（尤其是留守儿童）思考的时间很短，往往是在比较仓促的时候，父母交代留守儿童在家应该注意的事项，哪些该做、哪些不该做，语言表达的方式通常带有命令而不是协商色彩。人际关系三维理论指出，支配需要指个体控制别人或被别人控制的需要，是个体在权力关系上与他人建立或维持满意人际关系的需要。个体在早期生活经历中，若是成长于既有限定又有自由的民主气氛环境里，个体就会形成既乐于顺从又可以支配的民主型行为倾向；而如果个体早期生活在高度控制或控制不充分的情境里，他们就倾向于形成专制型的或是服从型的行为方式。专制型行为方式的个体表现为倾向于控制别人，但却反对别人控制自己，喜欢为别人做出决定；服从型行为方式的个体，表现为过分顺从、依赖别人，不愿意对任何事情或他人负责任，在与他人进行交往时，这种人甘愿当配角。①由此可见，个体在交往过程中，需要接受一定的控制，同时对他人也要施与一定的控制，由此才能保持限定与自由的平衡，形成民主型的行为倾向。而在外出务工父母与留守儿童较单一且受时间和情景控制的日常沟通方式里，父母出于对子女的关心，叮嘱和交代留守儿童在家生活和学习的注意事项，可以保持居高临下的话语优势，所以支配需求得到了很好的满足；而留守儿童则相反，是生活在一个被控制的话语环境里，如果持续时间较长，那么容易导致专制型行为倾向。

---

① 〔美〕戴维·迈尔斯：《社会心理学》（第八版），张智勇等译，人民邮电出版社2006年版，第33—120页。

表 3.7　外出务工父母与留守儿童日常沟通方式统计表（多选题）

选择项	频数	选项百分比	个案百分比
打电话	3487	76.9%	89.6%
写信	50	1.1%	1.3%
带口信	69	1.5%	1.8%
发短信	646	14.3%	16.6%
上网	104	2.3%	2.7%
其他	176	3.9%	4.5%
总计	4532	100.0%	116.4%

3. 沟通内容功利化不足以满足留守儿童情感需求

从表 3.8 可以看出，在外出务工父母与留守儿童日常沟通的话题里面，留守儿童的学习（考试）成绩、在家是否听话、饮食状况、人身安全、钱是否够用是排在前五位的，分别占样本总量的 89.3%、71.6%、47.7%、39.8% 以及 39.6%，而对留守儿童的心情状况、青春期爱情状况、照顾者的态度等交流较少。从两个极端的交流内容来看，外出务工父母最关心的是留守儿童的学习成绩，最不关心的是孩子的心情。

　　母亲基本上会一个月给家里打一次电话，因为家里没有电话，所以每次母亲都是打电话到邻居家，然后等一会儿我去接电话，弟弟妹妹都没有接电话，所以对母亲没有什么印象。母亲打电话都是问一些我们的学习和生活方面，读书怎么样啊、吃的怎么样啊之类的，对我们在想什么并不会问多少，我也习惯了，每次都是这些，没有别的什么话题。

（访谈个案编号：GX - Y - 20110722 - 08）

爸爸和妈妈在外打工的时候，差不多一周给家里通一次电话。而且就因为这个原因，家里才装了电话（本来用手机要更方便一些，不过由于奶奶不太会用、觉得麻烦就装的座机）。每一次都是妈妈打回来，说好多话，爸爸不怎么说话。说话的内容基本是问奶奶和我们在家还好吗，我和弟弟有没有闯祸，让我们放学回家过马路时要小心车子（看见没有车时再通过），还让我们要听奶奶的话（有什么可以帮着做的就帮着奶奶，也不要让奶奶太累），问家里有没有生活费什么的。每次听着妈妈的声音就特别的想他们，放学的时候看到有些小孩有家长接，就觉得特别羡慕他们。

（访谈个案编号：GX - Y - 20110724 - 09）

表 3.8　外出务工父母与留守儿童日常沟通内容统计表（多选题）

选择项	频数	选项百分比	个案百分比
学习、考试成绩	3500	25.1%	89.3%
是否听话	2807	20.1%	71.6%
是否打架	902	6.5%	23.0%
人身安全	1560	11.2%	39.8%
饮食状况	1867	13.4%	47.7%
钱够不够用	1550	11.1%	39.6%
有没有谈恋爱	510	3.7%	13.0%
心情好不好	488	3.5%	12.5%
照顾者对你好不好	774	5.5%	19.8%
总计	13958	100.0%	356.3%

人际关系三维理论指出，情感需要指个体爱别人或被别人爱的需要，是个体在人际交往中建立并维持与他人亲密的情感联系的需

要。当个体在早期经验中没有获得爱的满足时，个体就会倾向于形成低个人行为，他们表面上对人友好，但在个人的情感世界深处却与他人保持一定距离，避免形成亲密的人际关系。① 虽然说关心孩子的学习是很正常的事情，但是可以想象，父母每次打电话过来首先问的（或问得最多的）都是学习情况或考试成绩，留守儿童对这类信息接触过多，容易导致抵触心理或逆反情绪，其后果是将父母关心的内容做功利化解读（即不是关心自己，而是关心成绩）。相反，能够直接体现关怀的留守儿童心情状况交流最少，这无疑很难满足孩子的情感需要，持续时间过长容易形成留守儿童的低个人行为。

（二）外出务工父母与留守儿童日常沟通中存在的技术问题

以上是对外出务工父母与留守儿童日常沟通的现状及一般问题进行的分析，实际上，在微观的沟通过程中，双方（尤其是外出务工父母）还存在很多技术性问题，而这些微观层面的分析，对于理解双方沟通的现状和一般性问题是一个很好的补充。

1. 外出务工父母及留守儿童对语言交际原则的理解比较欠缺

合作原则、礼貌原则和得体原则是交际社会语言学理论倡导的人类语言交际基本原则。通过实地访谈发现，外出务工父母及留守儿童对于语言交际基本原则的理解比较欠缺。以下是一位留守儿童提供的与父母通电话的一般内容：

> 父/母："喂，某某（孩子姓名）吗？你吃了吗？在干什
> 么呢？某某（通常是指照顾者）呢？在学校怎么样啊？考得

---

① 〔美〕戴维·迈尔斯：《社会心理学》（第八版），张智勇等译，人民邮电出版社2006年版，第33—120页。

怎么样哦？要听某某（通常是照顾者）话啊，不要出去打架，放学早点回来，不要去上网，钱够不够用哦？……"

子/女："嗯，吃过了。在看电视。他/她（通常指照顾者）在……在学校还正常，成绩还是那样。嗯，知道了……"

（访谈个案编号：CQ - L - 20110112 - 08）

从双方的对话来看，外出务工父母在与留守儿童的沟通中，往往是询问和叮嘱性叙述，处于一种居高临下的话语地位；留守儿童与外出务工父母的语言沟通往往是回复性陈述，较少描述性（个人生活、心理状况）和反诉性陈述（对父母生活、工作情况的了解），在语境中处于较低地位。从表面上来看，双方交流中合作、礼貌和得体原则都有一定体现，但是如果深入分析则会发现，存在一定问题：首先，合作的基础来源于双方对事件的共同理解或谅解，以及对话题持续下去的兴趣，而外出务工父母与留守儿童沟通中的合作来源于双方对于亲子关系的明确认知，这种合作是不牢固的。其次，部分留守儿童在与外出务工父母通电话的时候没有使用称呼语（在年龄稍大的留守儿童中更为常见），这种省略既是对通话内容情绪化的一种隐性表现，又是对礼貌原则的一种破坏。最后，通话中父母的优势地位以及子女的弱势地位似乎是得体的，但是强化关系地位的同时弱化了亲情因素，影响了留守儿童对关怀的直接感知。由此可见，外出务工父母及留守儿童双方对语言交际原则的理解存在一定欠缺，这种欠缺对于日常沟通的效果会产生不利影响。

2. **外出务工父母及留守儿童的语言交际能力总体较弱**

有学者指出，在自然的语言习得过程中，不仅有语法方面的能力习得，而且还有语言使用的恰当与否这个使用层面的学习，这就是语言交际能力。个体获得的语言交际能力包括学会什么时候该说，什么时候不该说；应该说什么，不应该说什么；应该对谁说，不应该对谁说；应该在什么场合说，不应该在什么场合说；应该以何种方式说，不应该以何种方式说等等。[①] 这就是说，人在自然的语言使用过程中，不仅应该注意语言自身的规则（语法），还要注意语言行为的规则（用法），并能根据别人的反应评估及改进自己的言语行为。外出务工父母及留守儿童对于语法规则有着基本的掌握，不存在较大问题，关键在于语言的具体使用环节。这在留守儿童身上有所体现，但是在作为成年人的外出务工父母身上同样有明显体现。显然，后者对于沟通效果的影响更大。这个问题主要表现在以下几个方面：

首先，外出务工父母对于留守儿童的关爱往往通过简单的叮嘱和命令式语气表达，这种方式将有损表达效果，换句话说，"好心不得好报"；其次，外出务工父母在沟通中较少介绍自己的状况，认为孩子不需要知道这些，而恰恰是对父母生活状况的感知和想象能够让子女体验父母的难处；最后，深入话题的能力比较欠缺，根据问卷统计发现，外出务工父母与子女通话时间每次平均3分钟以下的占8.3%，5分钟以下的占23.5%，10分钟以下的占55.0%，这种较短的时间不足以保证话题深入，往往都是常规性、简单化的交流。

3. 语境化要求的忽视容易致使留守儿童的反感情绪

根据前文中的统计，过半的外出务工父母与留守儿童交流时，每次必谈的包括学习（考试）成绩、在家是否听话。而从表3.9

---

① 〔英〕布伦特、约翰逊：《交际法语言教学》（第一版），外语教育出版社2000年版，第198页。

可以看出，虽然有超过五分之一的留守儿童没有对父母日常沟通的话语产生反感情绪，但是近半数（49.1%）的留守儿童反感同父母谈学习成绩，34.4%的反感同父母谈"在家听大人话"的话题。该两项恰恰就是外出务工父母最喜欢询问和交代的。

言语受到语法规则约束的同时，还与社会因素相关，更与当事各方所处社会结构、具体情境密切相关，这就是交际的语境化要求。语境化要求在不同会话场合、时间、人物关系中交流的内容和方式均应有一定变化。过频繁的交流某些固定话题，容易引起留守儿童的反感情绪及矛盾心理：一方面希望父母打电话过来，可以和父母说说话；另一方面又害怕，尤其是考试之后，担心父母询问这些信息。

表3.9　留守儿童与外出务工父母日常沟通中
反感的话题统计表（多选题）

选择项	频数	选项百分比	个案百分比
学习成绩	1905	27.4%	49.1%
在家听大人话	1335	19.2%	34.4%
人身安全	749	10.8%	19.3%
不能贪玩	1182	17.0%	30.5%
父母打工很辛苦	810	11.6%	20.9%
其他	128	1.8%	3.3%
没有	844	12.1%	21.8%
总计	6953	100.0%	179.3%

4. 对留守儿童需求的误读致使外出务工父母不太注意会话策略

应该承认，外出务工父母了解留守儿童的学习情况、在家是否听话、饮食状况、人身安全、钱是否够用等等都是关心子女的表现，这些也是留守儿童本身就需要的。然而，常规性话题每次都说（而且几乎每次都是重点）、关爱的表达策略都不容易让留守儿童接受。

表 3.10 留守儿童期望的沟通内容及方式统计表（多选题）

选择项	频数	选项百分比	个案百分比
学习的方法	1051	11.2%	27.1%
营养健康	1085	11.6%	27.9%
人身安全	800	8.5%	20.6%
表扬和鼓励	2555	27.2%	65.8%
我的心情	1717	18.3%	44.2%
人际交往的方法	873	9.3%	22.5%
生活习惯的养成	947	10.1%	24.4%
总计	9381	100.0%	241.5%

从表 3.10 可以看出，留守儿童最希望父母用表扬和鼓励的方式，与之交流心情状况、营养健康、学习方法、生活习惯的养成、人际交往的方法等方面的内容。这说明，留守儿童希望外出务工父母以平等的姿态，用赞赏和鼓励的语言与之交谈，多看孩子的优点和进步，多了解孩子的心情，多谈谈方法层面的内容。这些谈话策略才是留守儿童能够接受的，双方才可以扮演"理想的言者"和"理想的听者"[1] 的角色。

由于长时间在外务工，外出务工父母对留守儿童的教育主要通过电话联系的方式进行，这些日常沟通方式在沟通频率、内容和效果方面往往存在一定欠缺。儿童时期是身心发展的关键时期，个体

---

[1] Jandt, Fred E. *An Introduction to Intercultural Communication*：*Identities in a Global Community*. London：Sage Publications. 2003：111.

的生理、认知和社会发展等许多最复杂的变化都发生在这一阶段，其发展的水平、速度和方向受到个性差异、遗传因素、社会生活条件和教育的影响，而最重要的影响则是来自父母。事实上，父母在外务工为留守儿童提供了较好的经济保障，许多留守儿童经济生活条件比同区域的其他儿童要好，但是由于父母缺位导致的隔代教育是摆在留守儿童人生发展面前的重大问题。这更加凸显了进城务工父母与留守儿童日常沟通的重要性。

四、本章小结

本章根据问卷调查和访谈，呈现了西部留守儿童的一般生活状况，主要内容包括：

首先，从调查数据发现，仅父母一方外出务工的西部留守儿童占比42.6%，父母都在外务工的占比57.4%。西部留守儿童中，独生子女占比不到三分之一，非独生子女超过三分之二；子女较多一方面推动父母外出务工，一方面为西部留守儿童提供了近端支持。与留守儿童共同居住的成员中主要是奶奶、爷爷、父亲或母亲、兄弟姐妹，这些成员为留守儿童提供了基本生活照料，但是在学业辅导和心理慰藉等方面显得不足。本调查发现为开展西部留守儿童社会工作服务提供了如下启示：多关注留守儿童中的独生子女；发挥留守儿童家庭中的兄弟姐妹之间相互支持的作用；留守儿童日常生活照料不存在太多问题，多提供学习辅导和心理慰藉层面的服务。

其次，从日常沟通的角度来看，外出务工父母与留守儿童日常沟通中存在的一般问题包括：较低的沟通频率影响留守儿童包容需要的满足，沟通方式单一化导致对留守儿童的过分控制，沟通内容功利化不足以满足留守儿童情感需求。其技术层面的问题包括：外出务工父母及留守儿童对语言交际原则的理解比较欠缺，语言交际能力总体较弱，对语境化要求的忽视导致留守儿童产生反感情绪，对留守儿童需求的误读致使外出务工父母不太注意会话策略。本调查发现为开展西部留守儿童社会工作服务提供了如下启示：应充分关注留守儿童与其外出务工父母的日常沟通；在条件允许的情况下，应该利用农民工返乡的机会，开展一些沟通能力提升服务。

最后，综合以上基本情况，作者分析认为，西部留守儿童存在的最基本需求包括：学业辅导、心理慰藉、沟通交流能力提升（外出务工父母也普遍缺乏这方面的能力）、主动向他人寻求帮助及资源链接的能力。

第四章 西部留守儿童的社会支持与需求

　　本章旨在通过对留守儿童社会支持的测量，回答两个基本问题：第一，西部留守儿童社会支持总体情况如何；第二，社会支持视角下，西部留守儿童的需求有哪些，这些需求为开展社会工作服务提供了哪些启示。上一章已经从西部留守儿童基本生活情况的角度分析了其需求，本章将从社会支持的测量及其分析视角，探讨西部留守儿童由于支持欠缺而引致的需求，为后续分析社会工作服务模式提供基本靶向。之所以选择社会支持的理论范式，主要基于如下两点考虑：第一，由于父母外出务工，将家庭生态系统中的近端支持转化成了远端支持，这无疑会在一定程度上降低西部留守儿童的支持力度，由此可能引发满足其需求的某些"资源真空"；第二，社会支持的理论范式在社会工作领域使用较多，有着比较成熟的理论框架和信度、效度较高的测量工具，便于开展研究。需要指出的是，考虑到农村和城市生活环境的差异，本章在统计西部留守儿童社会支持得分情况时，将城镇留守儿童和农村留守儿童分开处理，毕竟，即便是社会支持的某个部分都有欠缺，但是农村留守儿童和城镇留守儿童在因此而引致的需求方面也是有所不同的，延伸开去，其可能提供的社会工作服务内容也会有所不同。

一、留守儿童社会支持的研究回顾

（一）社会支持的研究历程

1. 社会支持研究的源起与发端

社会支持的理论视角基于如下认识：人是生活在社会交往的群体之中的，个体与他人的互动形成自身的结点，社会资源也附着于结点之中，这些结点对个体行为、心理均会产生影响。支持结点的缺乏有导致个体获取社会资源能力不足、支持力量不足从而影响个体生活协调。相反，足够的支持结点会蕴含大量的社会资源，这些资源可以协助个体满足需求。当然这些需求的满足可能是正面的、会促进个体协调发展；也有可能是负面的、将个体引致不良的生活状态。在社会学的学科体系内追寻社会支持的研究，最早可以溯源到迪尔凯姆 19 世纪后期对自杀的研究。迪尔凯姆根据社会整合（事实上就是群体内部的社会联结，落实到个体层面，就是由每一个个体的社会支持体系重叠交叉而形成的状态）的程度分析利己型自杀时指出：整合性强、社会支持体系紧密的社会群体可以通过共同的规范和相互支持，使成员形成较强的群体归属感，在个人遇到挫折时，可以得到群体的保护和支持，因此群体的整合是遏制成员利己型自杀倾向的社会因素；相反，个人主义的兴起增强了个人的独立性，削弱了群体对个人的约束和控制，降低了成员对群体的归属感，松弛了成员之间的相互联系。在这种情况下，那些遭遇不幸的人很容易陷入沮丧、绝望而难以自拔，进而采取自杀以求个体解脱①。这种通过社会整合、社会支持网络来分析自杀这一社会事实的尝试，虽然是在群体层面的探讨，但是开辟了学术界分析群体联结、个体与社会关系的新领域，可以看作是社会支持研究的源起。

柯布（Cobb）认为，社会支持研究发端于 20 世纪 60 年代的社区心理学领域，主要探讨与个体健康相关的影响因素，将社会支持作为缓解个体压力、保护健康的节制变量，以帮助人们抵御负面压力所带来的影响。② 60 年代后期，约翰·鲍比（John Bowlby）在精神病学研究中提出了依附理论，该理论强调早期关系的重要性，特别是与父母的关系，其核心观点是：幼童因为社会与情感需求，而至少要与一名主要照顾者发展出亲近关系，否则将造成其在后期的心理与交际功能长久不健全。③ 此后，社会支持作为一个学术问题被正式提出，并得到众多学者的关注和持续研究。

2. 社会支持研究的发展与繁荣

20 世纪 70 年代，部分学者开始尝试用定量测量的研究方法，对心理健康与社会支持的相关性开展研究，但是由于对社会支持内涵的界定不一致，定量研究成果没有引起更多的关注和认可。即便如此，在实务应用方面，美国学者斯佩克特（Ross V Spect）开始从社会网络干预的角度训练治疗者，推广社会支持网络介入理论，强调通过干预个人的社会支持网络来改变其在个人生活中的作用。④ 也

---

① 〔法〕迪尔凯姆：《自杀论》，孙立元、滕文芳译，北京出版社 2012 年版，第 83—92 页。

② Cobb, S. "Social Support as a Moderator of Life Stress". *Psychosomatic Medicine*, 1976 (3):300 – 314.

③ Bowlby, J. *Attachment* [*Vol. 1 of Attachment and Loss*]. London: Hogarth Press,1969: 31 – 35.

④ 倪赤丹：《社会支持理论：社会工作研究的新"范式"》，载《广东工业大学学报（社会科学版）》2013 年第 3 期。

是在这一阶段，部分学者就社会支持的界定展开了深入探讨，众多的学者就社会支持的内涵提出了自己的理解，如卡普兰（Caplan）认为，社会支持本质上是一种持续的社会集合体，这种集合体为个体的自我实现提供机会，由个体周围具有支持性的他人所构成，通过为个体提供信息、认知指导、实际帮助以及情感支持等方式，帮助个体走出困境[①]；柯布（Cobb）认为，社会支持主要指的是个体的主观感受，这种感受来自个体对其所在的社会群体、社会支持网络和他人所感知到的支持和帮助程度[②]。两相比较，前者更看重社会支持对个体的实际帮助，客观色彩较强；后者则侧重于个体自身感知到的帮助，主观色彩更浓。

20世纪80年代后，由于社会支持的理论研究和实务应用并行发展，促进了社会支持研究的整体繁荣。倪赤丹梳理后发现，在这一时期，美国社区支持计划（Community Support Program，CSP）迅速发展，特别是针对精神病患者离开治疗机构回归社区所提供的社会支持，帮助患者学习社交技巧和参与休闲活动，从而帮助精神病患者真正回归社区。在这个过程中，非正式支持网络发挥了正式支持网络所无法代替的作用。1987年，美国国家心理卫生组织（National Institute of Mental Health，NIMH）将非正式网络支持纳入精神病人的康复计划中，强调在自然网络中而非治疗机构中康复，其最终目标则是自然地回归社区。对非正式网络的重视，是因为任何正式网络的服务都无法覆盖精神病人的全部生活。而这一点恰恰是非

---

① Caplan, G., Killiea, M. *Support System and Mutual Help: Multidisciplinary Explorations*. New York: Grune & Stratton,1974:19.

② Cobb, S. "Social Support as a Moderator of Life Stress". *Psychosomatic Medicine*, 1976 (3):300 – 314.

正式网络的优势所在。① 在理论研究方面，更多学者就社会支持是什么提出新的观点：索茨（Thoits）指出，社会支持是来自重要的他人，如家庭成员、朋友、同事、亲属和邻居等所给予的各个方面的资源或帮助②；巴瑞拉（Barrera）等学者指出，社会支持从客观上主要包括帮助他人应对情感压力、提供建议、分担责任、给予物质援助、传授技能等各种活动，提供实际支持是前提，被个体所感知到是基础。巴瑞拉进一步认为应当从个体的社会处境、知觉的社会支持和行动化支持三个方面来综合界定社会支持③，这一认识为该领域的后续研究提供了相当大的启示；科恩（Cohen）和马凯（Makay）指出，社会支持指的是保护人们免受压力事件的不良影响的有益人际交往④。林南认为，社会支持是由社区、社会网络和亲密伙伴所提供的、感知的和实际的工具性或表达性支持，他将社会支持分为工具性支持和表达性支持两个维度。⑤

3. 社会支持研究在中国

20 世纪 80 年代，社会支持研究进入中国。早期，肖水源将社会支持归纳为三个方面：一是客观的或可见的支持，包括物质上的援助和社会网络、团体关系的参与和存在；二是主观的、体验到的情绪上的支持，包括个体在社会中被尊重、被支持和被理解的情绪

---

① 倪赤丹：《社会支持理论：社会工作研究的新"范式"》，载《广东工业大学学报（社会科学版）》2013 年第 3 期。

② Thoits，P. "Conceptual，Methodological and Theoretical Problems in Studying Social Support as a Buffer Against Life Stress". *Journal of Health and Social Behavior*，1982(23)：145 – 149.

③ Barrera，M.，Ainlay，L. "The Structure of Social Support：a Conceptual and Empirical Analysis". *Journal of Community Psychology*. 1983(7)：11.

④ Cohen，S.，Makay，G. "Social Support，Stress and the Buffering Hypothesis：A Theoretical Analysis". *Handbook of Psychology and Health*. 1984(4)：253 – 263.

⑤ Lin，N. Social Support，*Life Events and Depression*. FL：Academic Press，1986：28.

体验及对这种体验的满意程度；三是个体对所能得到的社会支持的利用情况。根据以上归纳和分析，肖水源编制了社会支持评定量表，并在社会学、心理学乃至医学研究等领域应用广泛。[①] 自 90 年代开始，国内社会支持研究开始蓬勃发展。从总体来看，这些研究大致分为两个类型：第一是介绍国外社会支持研究的理论、方法，尤其是对测量工具的介绍；二是运用社会支持的理论范式开展理论检验和实证研究。所有类型中，社会支持的实证研究最为常见，涉及不同的群体及主题，包括：阮丹青等开展的天津与美国城市居民社会支持网的比较研究[②]、徐安琪探讨中国城市的家庭支持网络[③]、边燕杰探讨求职过程中的社会支持[④]、李强开展的社会支持与心理健康的研究[⑤]、丘海雄等学者开展的下岗职工社会支持结构变迁研究[⑥]、刘精明等学者开展的北京与英国利物浦老年人社会支持网的比较研究[⑦]。还有进入新世纪以来，学者们开展了艾滋病人、流动儿童、留守儿童、大学生群体、残障群体等各个领域的社会支持研究，凡此种种超过一千篇（部）研究成果。大量的实证研究不仅丰富了我国社会支持理论，而且从不同层面对西方学者提出的研究范式及研究工具进行了拓展和本土化工作，为开展本领域

[①] 肖水源：《社会支持对身心健康的影响》，载《中国心理卫生杂志》1987 年第 4 期。

[②] 阮丹青、周路等：《天津城市居民社会网初析——兼与美国社会网比较》载《中国社会科学》1990 年第 2 期。

[③] 徐安琪：《城市家庭社会网络的现状和变迁》，载《上海社会科学院学术季刊》1995 年第 2 期。

[④] 边燕杰：《社会网络与求职过程》，载《国外社会学》1999 年第 4 期。

[⑤] 李强：《社会支持与个体心理健康》，载《天津社会科学》1998 年第 1 期。

[⑥] 丘海雄、陈健民、任焰：《社会支持结构的转变：从一元到多元》，载《社会学研究》1998 年第 4 期。

[⑦] 珂莱尔·婉格尔、刘精明：《北京老年人社会支持网调查——兼与英国利物浦老年社会支持网对比》，载《社会学研究》1998 年第 2 期。

的国家间交流奠定了基础。

（二）留守儿童的社会支持研究

国内留守儿童社会支持研究起始于 2006 年，至今已经形成了百余篇研究成果。从最初比较粗略地探讨社会支持的欠缺导致留守儿童教育、心理等方面的问题，并据此提出从国家、学校、家庭和社区合力构建社会支持体系[①]，到中期从微观层面、运用测量工具、通过数据分析的方法探讨留守儿童心理弹性与社会支持的关系[②]，再到近期运用社会工作的增权视角，开展行动研究，在实践中探索出建构留守儿童社会支持体系的具体路径[③]，其总体脉络是从宏观研究到微观探讨、从质性研究到实证研究、从更关注支持体系的构建到侧重政策支持和非正式支持。从研究领域来看，主要涉及了教育学、心理学和社会学（含社会工作）等学科。

1. 教育学领域的留守儿童社会支持研究

教育学领域主要从教育政策、学校教育、家庭教育和社区教育等方面对留守儿童教育的社会支持体系进行了研究，探讨了留守儿童教育各支持体系的现状及问题。学者们普遍认为，留守儿童教育支持体系不完善，存在普遍的弱化现象，不论是教育的国家支持系统，还是学校与社区支持系统，乃至个人与群体支持系统，都难以保证留守儿童获得良好的教育条件。具体表现为留守儿童家庭教育的缺失、弱化及不合理，学校教育的乏力和社区教育的缺位，政策

---

① 殷世东、朱明山：《农村留守儿童教育社会支持体系的构建——基于皖北农村留守儿童教育问题的调查与思考》，载《中国教育学刊》2006 年第 2 期。

② 李志凯：《留守儿童心理弹性与社会支持的关系研究》，载《中国健康心理学杂志》2009 年第 4 期。

③ 姚进忠：《立体赋权：农村留守儿童社会支持网络的建构》，载《当代青年研究》2012 年第 12 期。

体系不健全以及法律法规执行不完善，从而导致了留守儿童在学习和行为上出现了不少问题。① 与此同时，学者们提出了一些解决措施，包括从法律、政策上保护留守儿童教育权利的实现、政府对留守儿童教育开展舆论支持、家长与亲属加强对留守儿童的教育监护；加强农村社区教育，推进留守儿童监护的专业化、制度化建设②；坚持以政府为主导、广泛动员社会力量，共同构建政府、学校、家庭、社会四位一体的教育监护网络，确保留守儿童学业有教、亲情有护、安全有保。

2. 心理学领域的留守儿童社会支持研究

心理学领域主要是运用相关量表测量留守儿童的社会支持与其心理状况的相关性，主要研究包括以下几个层面：第一，有关留守儿童社会支持与孤独感的研究。刘宗发和张连云的对比研究表明，留守儿童和非留守儿童在社会支持的各个项目和孤独感上不存在显著差异。研究同时指出，提高留守儿童对主观支持的感知和对支持的利用度，是改善其孤独感状况的重要方法③。但是，吴文春对比调查潮汕地区小学和初中留守儿童发现，留守儿童的孤独感与社会支持总分、客观支持、主观支持和对支持的利用度都呈显著负相关④。结论的不一致应该与抽样方法的科学性、研究对象的差异等因素有关。第二，留守儿童心理弹性与社会支持关系的研究。通过

① 李根寿、廖运生：《农村留守儿童教育问题及对策思考》，载《前沿》2005年第12期。
② 朱江：《农村社区教育与留守儿童》，载《广西教育学院学报》2010年第5期。
③ 刘宗发：《农村小学留守儿童社会支持与孤独感研究》，载《教育评论》2013年第2期。张连云：《农村留守儿童社会支持与孤独感的关系》，载《中国特殊教育》2011年第5期。
④ 吴文春、陈洵等：《潮汕地区农村留守儿童孤独感与社会支持的关系研究》，载《中国健康心理学杂志》2010年第10期。

比较小学和初中留守儿童、留守儿童与非留守儿童后，研究者们发现①，留守儿童的心理弹性与社会支持之间存在显著的正相关关系，来自家庭、同伴、社会的支持有利于留守儿童形成良好的心理弹性，有利于保持心理健康②。第三，社会支持对留守儿童心理健康的影响研究。研究者发现，留守儿童社会支持总分、主观支持和支持利用度的得分较低；留守女生较男生获得较多社会支持，对支持的利用度较高；留守儿童得到的社会支持越多，尤其是感受到的主观支持越多，越能充分利用社会支持，越不容易引发情绪性问题行为③，主观幸福感越强④。社会支持是一个重要的应对困境的资源，既可以提高个体的自我评价水平、增强其应对不良环境的心理能力，也可以直接缓冲外在压力事件的消极影响，对心理和行为适应具有一定的保护性作用，建议要在进一步关注个体内部的变量的基础上，注重对留守儿童近端环境的研究和建构⑤。

3. 社会学领域的留守儿童社会支持研究

社会学领域的研究侧重于关注留守儿童社会支持体系的建构及介入策略。研究者指出，留守儿童家庭内部支持严重不足、家庭外

① 许松芽：《留守儿童心理弹性与社会支持关系的调查研究》，载《集美大学学报》2011 年第 3 期。陈惠惠、刘巧兰、胡冰霜：《农村留守初中生社会支持、同伴关系与心理弹性的关系研究》，载《现代预防医学》2011 年第 16 期。

② 王玉花：《从心理弹性理论视角看留守儿童的社会支持网络》，载《教育学术月刊》2010 年第 10 期。

③ 刘晓慧、杨玉岩等：《留守儿童情绪性问题行为与社会支持的关系研究》，载《中国全科医学》2012 年第 28 期。

④ 胡心怡、刘霞等：《社会支持、应对方式对湖南省留守儿童幸福感的影响》，载《心理研究》2008 年第 4 期。

⑤ 申继亮、武岳：《留守儿童的心理发展：对环境作用的再思考》，载《河南大学学报（社会科学版）》2008 年第 1 期。

部支持空白点还很多①；在少数民族中，非正式支持在留守儿童的社会支持系统中占有主要地位②。有学者提出构建留守儿童社会支持系统的干预模型，该模型由留守儿童个体、与个体日常生活紧密接触的近端支持，与个体有直接或间接联系的远端支持构成，并且这些支持能被个体感知、评价和利用③；有学者认为，应该依托家庭网、学校网以及居住地所在的社区网，以留守儿童为中心来建构"三位一体"的社会支持网络模式④；还有学者从更微观的层面提出，通过增强留守儿童个体自我效能感、提升建构支持的内在能力，倡导留守儿童在集体中参与、多中心地构建近距离的社会支持，倡导创造建构社会支持网络的良好社会与制度环境，可以有效促进留守儿童社会支持体系的改善⑤。

以上研究在很大程度上促进了我们对留守儿童社会支持情况的了解，尤其是深化了留守儿童社会支持与心理健康、教育、行为等方面的认识，特别是提出了构建和完善留守儿童社会支持体系的相关措施，有利于促进留守儿童问题的解决。但是从现有文献来看，大多数实证研究成果来自于小范围的问卷测量，很难全面反映留守儿童社会支持的实际情况，所得结论缺乏说服力；部分研究者带有明显的先入为主倾向，有夸大父母外出务工给留守儿童社会支持造

---

① 马良：《构建留守儿童的"多元"社会支持系统——对温州市义务教育阶段留守儿童的实证研究》，载《华东理工大学学报（社会科学版）》2011 年第 3 期。

② 杨竹：《贵州农村少数民族留守儿童社会支持系统研究》，载《贵州民族学院学报（哲学社会科学版）》2010 年第 5 期。

③ 雷鹏、陈旭、关幼萌：《留守儿童社会支持系统干预模型的建构》，载《教育导刊》2010 年第 12 期。

④ 卢利亚：《农村留守儿童社会支持网络模式研究》，载《湖南师范大学社会科学学报》2012 年第 6 期。

⑤ 姚进忠：《立体赋权：农村留守儿童社会支持网络的建构》，载《当代青年研究》2012 年第 12 期。

成影响的嫌疑，对社会支持欠缺背后的留守儿童需求研究很少；多数研究所得出的对策仅仅停留在政策倡导层面，缺乏具有实践操作价值的研究。

二、西部农村留守儿童的社会支持与需求

如前文所述，考虑到农村和城市生活环境的差异，本章在统计西部留守儿童社会支持得分情况时，将城镇留守儿童和农村留守儿童分开处理。在具体分析之前，有必要介绍本课题对社会支持的界定及所采用的测量方法。

有学者梳理国内外有关社会支持定义后发现，针对社会支持的界定可以分为四类，分别从外部资源、社会联结、主观知觉和一种动态过程等角度予以定义。① 从本质上来看，社会支持是社会个体在所处社会结构中所获得的一种帮扶力量。综合其他研究我们可以做出如下界定：社会支持是个体在从其自身社会网络中获得物质支持、精神帮助的过程及体验。这个定义强调以下四点：第一，虽然社会支持本身是客观存在的，但是在描述个体获得社会支持程度的时候，往往是根据个体的自述予以评判的，所以社会支持本质上是主观的，类似于"幸福感"一样，总体上是人们的一种主观体验。第二，既然是社会支持，也离不开实实在在的物质方面的帮助，但是这些"物质"能够给留守儿童问题的解决带来多大程度的帮助，最后还是要落脚于留守儿童自身的感受；从这个角度来看，测量留守儿童社会支持的时候，主要应该考察儿童的主观支持体验。第

---

① 干伟溢、陈璐：《流动少年儿童的社会支持研究述评》，载《中国青年研究》2012年第5期。

三，社会支持来源于个体所处的社会结构，既有个人和家庭，也有同伴和邻里，事实上，社会支持应该被理解为一种物质或精神相互交换的过程，即个体在给予他人支持的时候，也往往会获取从他人那里所得到的支持；从这个角度来看，考察留守儿童的社会支持，也应该适当考虑儿童向他人寻求帮助的意愿及自身给予他人帮助的意愿。第四，需要特别指出的是，从定义本身来看，社会支持不应该全部被认定为积极正面的，例如，在留守儿童受同伴影响迷恋网络的现象中，留守儿童获得了同伴的友谊、心理支持，但正是这种支持使得留守儿童受情感驱动而出现一定的行为偏差。当前的国内学术领域中很少关注到这类负面的社会支持，值得深入研究。

就社会支持的测量而言，有学者汇总后发现[1]，其测量工具包括了 Cutrona 和 Russel 编制的"社会支持量表"（SPS）、Zimet 等编制的"领悟社会支持多维量表"（MSPSS）、Harte 编制的"儿童社会支持量表"（SSSC）、Nolten 编制的"学生社会支持量表"（SSSS）、Malecki 等编制的"儿童和青少年社会支持量表"（CASSS），特别是肖水源根据我国实际情况编制的"社会支持评定量表"（SSRS），得到了广泛的应用。在改编的量表中，社会支持划分为主观支持、客观支持和支持利用三个方面，其中主观支持（也可称为"体验"或"领悟"到的社会支持），是指个体在社会生活中受到关心、尊重、理解而产生的情感体验及其满足程度，同个体对群体生活中的融入、接纳等主观感受密切相关；客观支持（也可称为"现实"或"实际"支持），是个体所获得的物质方面的直接援助以及在社会网络和群体生活中的直接参与状况，体现个

---

① 全宏艳：《社会支持研究综述》，载《重庆科技学院学报》（社会科学版）2008年第 3 期。

体的生活、心理和资源等客观方面的满足状况；支持利用是个体将心理体验到的主观支持和实际获得的客观支持应用于生活的程度，也反映了个体在社会生活中寻求帮助和支持的心理倾向以及实际能力[1]。经刘继文等学者检验发现，该量表具有良好的信度和效度，适合国内研究使用。[2] 本研究根据西部留守儿童的实际情况，对SSRS量表中的一些条目进行了适当修改，例如，将"同事"改为"同学"，"配偶"改为"父母"，"工作单位"改为"学校"，使得量表的陈述与留守儿童生活情境相匹配。这种修改在学术领域内已经有所使用，并被证明不会因为修改而影响量表的信度与效度[3]。

（一）西部农村留守儿童社会支持的总体测量及需求分析

全部 3929 份调查问卷中，居住在农村的留守儿童共 3095 人，居住在小城镇的留守儿童共 639 人，居住在城市的留守儿童共 195 人；其中农业户口 3325 人，无户籍（主要是通常所指的农村"黑户"儿童）的 52 人，非农业户口 552 人，本部分认定为"农村留守儿童"的依据不是"现居住地"，而是户籍。所以，本部分统计的对象是 3377 名农业户口和无户籍儿童。

在改编的 SSRS 量表中，如上文所述，主观支持在测量中所占比例最大，主要依据留守儿童对在外务工的父母、身边的家人、朋友（同学）、老师、邻居、其他亲属为自己提供帮助和支持的直接感知和评价来测量；客观支持的测量是假设留守儿童面临各类困难

---

① 干伟溢、陈璇：《流动少年儿童的社会支持研究述评》，载《中国青年研究》2012 年第 5 期。

② 刘继文、李富业、连玉龙：《社会支持评定量表的信度效度研究》，载《新疆医科大学学报》2008 年第 1 期。

③ 刘霞、范兴华、申继亮：《初中留守儿童社会支持与问题行为的关系》，载《心理发展与教育》2007 年第 3 期。

时，寻求帮助的渠道有多少；支持利用考察的是留守儿童在生活中寻求帮助和支持的心理倾向以及实际能力，主要从遇到烦心事、生活困难、各类活动时的求助方式及参与意愿等维度来测量。SSRS量表共 10 个条目，总分为 66 分；其中主观支持 4 个条目，共 32 分；客观支持 3 个条目，共 22 分；支持利用 3 个条目，共 12 分。

测量发现，西部农村留守儿童社会支持的总平均得分为 37.42 分，其中主观支持平均得分为 23.04 分，客观支持平均得分为7.28 分，支持利用平均得分为 7.09 分。[①] 按照百分比换算，西部农村留守儿童社会支持总分、主观支持、客观支持、支持利用得分率分别为 56.70%、72.00%、33.09% 及 59.08%，其中客观支持得分率最低。

从主观支持来看，72.00% 的得分比说明，虽然父母在外务工，缺乏父母的直接照料和关爱，但是西部农村留守儿童还是能够很大程度上感知到父母、家人、同学、老师，乃至邻居或农村社区对自己的关心。这起码说明了以下问题：第一，父母虽然外出务工，但并未忽视对留守在家的子女的关心，这种时空区隔背景下的"牵挂"，西部农村留守儿童能够感知得到，这对于留守儿童坚定自身的生活信心、保持良好的心理状况有很大帮助；第二，虽然本课题并未对比测量非留守儿童的主观支持，但是目前学术领域多数研究成果表明，留守儿童与非留守儿童在孤独感等直接与主观支持相关的心理体验上并无显著差异，所以，不能简单地将留守儿童面临的各种问题归结为父母外出务工所致，事实上，父母外出务工能够为

---

① 说明：由于统计计算中四舍五入的原因，主观支持、客观支持和支持利用三个维度加总后的分数，与社会支持总分存在小数点后两位的些许误差，后续文中也会出现这类问题，特此说明。

留守儿童提供更好的经济、教育、生活条件，无疑会增加其他维度的支持情况；第三，虽然在访谈中发现，几乎每个孩子都表达出自己最大的愿望是父母能够留在家里陪伴自己，但是，主观支持的较高得分，也意味着西部农村留守儿童总体上能够体谅和理解父母外出务工的初衷和良苦用心。当然，以上分析并不代表西部农村留守儿童在主观支持方面就不存在问题、就没有自己的需求。

> 陈某，男，13 岁，广西博白县人，家里共有 5 人，母亲在家务农，父亲在湛江做木工。我有一个哥哥和一个姐姐，哥哥在外打工，姐姐在上高中。爸爸大概每个月给家里打两次电话，都是打给妈妈，虽然很少跟我说话，但在电话里面都是问家里情况和我们几个的学习情况。我知道爸爸很关心我们的，但是不出去做事，我和姐姐读书就成问题。我和姐姐关系挺好，她帮我辅导作业，我有时候跟同学闹矛盾就跟姐姐说。我希望爸爸在外面做事不要太辛苦，要照顾好自己身体，少抽点烟，过年的时候能够回家看我们。
>
> （访谈个案编号：GX - B - 20130122 - 03）

结合第四章可以看到，外出务工的父母与留守儿童交流的频率不高、回家探望的次数较少，从主观支持的角度来看，西部农村留守儿童不仅有加强与父母沟通交流的需求，更有构建自己的主观支持系统、感知到各方关爱的需求。从社会工作的角度看，应该开展社区倡导工作，促使留守儿童的社会生态系统成员多多予以行为、语言的关心，使其能够多方位地感知到这些关心，从而增强主观支持，促进身心健康发展。

从客观支持来看，33.09% 的相对最低得分比说明，西部农村留守儿童的客观支持来源确实较少，面临的实际困难不容易通过社会支持体系予以很快解决。这说明了以下问题：第一，父母外出务工作为一种客观事实，确实对西部农村留守儿童的日常生活造成了不小的影响；第二，从影响的具体途径来看，无论是遇到经济困难还是面临烦心事，由于父母在日常生活中的缺位，西部农村留守儿童在急需客观帮助的时候，相对于父母在家的儿童来说，少了一些"紧急救济"的渠道；第三，这种客观影响不同于留守儿童的主观支持体验，也就是说，虽然孩子们能够感受到外出务工父母对自己的关心，但这不代表自身客观需求难以满足的事实可以被忽视。

> 吴某某，男，12岁，家里共5人，长子，下有一个弟弟一个妹妹，目前和爷爷奶奶一起吃住。我妈妈在广东的一家电子厂打工，爸爸在珠海的建筑工地做泥工。我爷爷对我们管教很严，能监督我们做作业，但是当我们遇到不懂的问题时，不知道该问谁，以前妈妈在家的时候还可以教我们一下，但是爷爷奶奶不识字，没办法。我喜欢看漫画书，以前问爷爷要钱买书，爷爷都不肯，现在都不问了，妈妈在家的话会给我一些钱买书。在学校里经常有一些大村的同学欺负我，我打也打不过他们，说也说不过他们，不知道怎么办才好。妹妹经常吵着要妈妈，我也不知道怎么跟她说，我也没办法带她去找妈妈呀。
>
> （访谈个案编号：GX - B - 20130124 - 08）

由此可见，很低的客观支持得分，意味着西部农村留守儿童有很强的建设社会支持圈，以促进解决家庭教育、校外教育、人际交往能力提升等方面的需求。从社会工作的视角来看，这个支持圈应该围绕留守儿童周边生活的人群来着手，主要包括临时监护人、朋友（同学）、老师、邻居、其他亲属、农村社区，属于近端支持体系。在构建支持圈的基础上，通过专业社会工作者的协调努力，为西部农村留守儿童提供生活安全教育（例如预防溺水、安全用电、自然灾害逃生等）、人际交往指导（例如合理调适同伴关系、识别人际交往中的不良因素等）、家庭教育支持（例如组建以村组为单位的课外学习小组、相互辅导作业，开展留守儿童家长及监护人课堂、辅导确立良好的教育观念等）、日常生活互助体系建设（协助留守儿童家庭建立互助体系，在面临突发事件或紧急可能时提供相互帮助）等方面的服务，应该都是非常必要的。

从对社会支持利用的得分来看，59.08%的得分比说明，西部农村留守儿童对在社会生活中寻求帮助和支持的心理倾向以及实际能力接近及格。这给我们以下启示：第一，由于客观支持体系的不健全（这种不健全体现在本研究中就是西部农村留守儿童客观支持得分较低），留守儿童主动需求支持的渠道有限，而其自身实际能力的锻炼也显得不足；第二，拓展分析一下可以看出，社会支持利用得分偏低，证明西部农村留守儿童的资源链接能力训练的需求很大，换句话说，在以上主观支持、客观支持研究中所提出的完善西部农村留守儿童社会支持体系的基础上，还要教会儿童主动向这些体系寻求帮助，积极参与社会各种活动，甚至通过为这些支持体系中的成员提供力所能及的帮助，以进一步稳固这些支持系统。从社会工作服务的视角来看，上述研究要求社会工作者注意培养西部农村留守儿童积极参与社会生活（例如积极参加学校、村社组织的各种活动）、主动寻求帮助（在面临生活困难、有情绪问题的时候，主动向监护人、同学、老师求助，而不是压制在心里）、主动帮助他人（在发现他人困难的时候，主动提供力所能及的帮助，以给予他人支持的方式促进自己社会支持体系的稳固）等各方面的能力。

（二）西部农村留守儿童社会支持的分类测量及需求分析

1. 不同背景的留守儿童社会支持得分比较及需求分析

课题组按照性别、学龄段、是否独生子女、父母外出务工情况等几个自变量，使用均值统计的方法，分类统计了其主观支持、客观支持、支持利用和支持总分的情况，详见表4.1。

从性别来看，主观支持、客观支持、支持利用和支持总分在西部农村男女留守儿童中有显著差异，女性的得分情况明显高于男性。这一结论与段玉香研究农村留守儿童的结论基本一致。[①] 由此可见，西部农村留守儿童中，女性相对更容易获得客观的社会支持，其自身对社会支持的主观感受也相对更为敏感，寻求帮助的主动性和能力方面更强。这其中可能有性别感知差异的原因，也应该有父母在外出务工期间对留守在家的女孩子更为不放心的原因。这一结论给需求研究带来的启示是：社会工作者在构建西部农村留守儿童社会支持体系的时候，应该更关注男性留守儿童；在开展具体服务工作的时候，可以利用女性留守儿童在社会支持上的相对优势，为农村男性留守儿童提供榜样和操作指导。

从学龄段来看，西部农村留守儿童在主观支持、客观支持、支持利用和支持总分的差异不存在统计上的显著性，但是一个有意思的规律是，小学及以下年龄段和高中段的得分，总体上要高于初中学龄段。由此可见，低龄和大龄的西部农村留守儿童更能够从自身生活支持体系中感受到支持和帮助，活动的客观支持也更多，在遇到困难寻求帮助方面也更为主动。这一结论给需求研究带来的启示

---

① 段玉香：《农村留守儿童社会支持状况及其与应付方式的关系研究》，载《中国健康心理学杂志》2008年第4期。

是：13—15 岁的西部农村留守儿童完善社会支持体系的需求更强，相应的，在开展社会工作服务时，应该更关注该年龄段的儿童，一方面协助他们改善主观支持、客观支持，另一方面训练他们参与社会活动、主动寻求支持的积极性和能力。

表 4.1　不同背景的农村留守儿童社会支持得分比较分析表（$\bar{X}\pm S$）①

留守状况	选项	统计值	主观支持	客观支持	支持利用	支持总分
性别	男		22.68 ± 4.63	7.13 ± 2.67	6.96 ± 1.90	36.84 ± 6.87
	女		23.42 ± 4.18	7.43 ± 2.50	7.23 ± 1.82	38.08 ± 6.21
		F 值	13.06 **	11.02 **	18.14 **	15.43 **
学龄段	小学及以下		23.10 ± 4.02	7.38 ± 2.56	7.22 ± 1.98	37.48 ± 5.89
	初中		22.82 ± 4.61	7.29 ± 2.73	6.99 ± 1.85	37.22 ± 7.17
	高中		23.46 ± 4.78	7.54 ± 2.35	7.11 ± 1.60	38.46 ± 6.35
		F 值	2.62	4.15	4.85	4.77
是否独生子女	是		23.18 ± 4.49	7.44 ± 2.63	6.97 ± 1.96	37.99 ± 6.99
	否		22.98 ± 4.41	7.21 ± 2.58	7.14 ± 1.82	37.19 ± 6.41
		F 值	0.74 *	4.50 *	5.27 *	5.18 *
父母外出务工情况	父母均外出		22.69 ± 4.46	7.12 ± 2.96	6.85 ± 1.75	36.55 ± 6.58
	仅母亲外出		22.82 ± 4.65	7.14 ± 2.66	7.06 ± 1.88	37.11 ± 6.77
	仅父亲外出		23.42 ± 4.18	7.56 ± 2.39	7.24 ± 1.86	38.12 ± 6.32
		F 值	3.18 *	10.21 **	0.67 *	8.23 **

注：* P < 0.05，** P < 0.01。

---

① 本表的数据需要做出一定说明：不能简单地将每行中的主观支持、客观支持和支持利用的平均分加总成为支持总分的平均分，其原因在于每一单元格的统计中都存在四舍五入的情况，且交叉统计中会有一定数量的缺省值存在，所以简单加总的结果往往与支持总分的平均分不一致；支持总分一列中，不能将某一变量取值的支持总分的平均分再次计算均值，认为是样本支持总分的均值，其原因在于每个变量取值的频次不一样，即权重不一样，这种简单计算均值、试图以此推断总分均值的做法会产生较大误差。下文中的同类表格也适用本说明。

从是否为独生子女这个变量来看，主观支持、客观支持、支持利用和支持总分在西部农村留守儿童中有显著差异（当然，显著程度不高），其中，独生子女在主观支持、客观支持和支持总分三个方面的得分更高，但是非独生子女在支持利用的得分上更为优秀。这起码说明了这样两个事实：由于没有兄弟姐妹的存在，外出务工的父母给予了西部农村独生留守儿童更多的关爱，这些关爱在客观方面有所体现，在主观方面被儿童感知到；另一方面，由于有兄弟姐妹的存在，留守儿童中的非独生子女在寻求帮助方面更为便利，所以其支持利用的得分更高。这一发现给需求研究带来的启示是：应该更重视帮助西部农村留守儿童中的非独生子女完善社会支持体系，对独生子女寻求社会支持的能力加强训练。在开展社会工作服务时，可以将留守儿童中的独生子女和非独生子女组合成小组，既构建了支持体系，又可以促进相互交流学习；在完善社会支持结构的服务过程中，稍微侧重于非独生子女。

从父母外出务工类别来看，主观支持、客观支持、支持利用和支持总分均存在统计差异的显著性，而父母均外出务工和仅母亲外出务工的得分差异较小，仅父亲外出务工的得分情况最好。这说明父母双方外出和仅母亲外出给西部农村留守儿童的社会支持造成的影响均较大，母亲留在家中对儿童各方面的社会支持有明显帮助。所以，从对社会支持需求的急迫程度来看，双亲外出务工和仅母亲外出务工的留守儿童更强。这也提示我们，在开展社会工作服务时，多多关注这类群体。

2. 与父母不同联系情况的留守儿童社会支持得分比较及需求分析

从理论上说，父母与儿童的联系情况对于儿童感知社会支持有重要影响。课题组从见面间隔和联系间隔两个方面分析了西部农村留守儿童社会支持的各项得分情况，详见表4.2。

从见面间隔来看，除了支持利用之外，不同间隔的西部农村留守儿童在主观支持、客观支持和支持总分等方面均有显著差异，见面间隔越短，支持得分越高。从支持利用得分来看，虽然不同间隔下有一定差异，基本也遵循了间隔越短、得分越高的规律，但是在统计上不具有显著性，其主要原因可能是西部农村留守儿童在很长时间与父母不能见面的境况下，自身在寻求社会支持的主动性和能力上面反倒得到了提升。本结论告诉我们这样一个基本事实：不论农民工在外务工情况如何，长时间不回家，不利于西部农村留守儿童的社会支持，换句话说，留守儿童有强烈的与父母见面，得到情感支持、实际支持以及能力支持等方面的需求。事实上，长时间不回家看望子女的农民工，通常都是面临一些特殊情况的。课题组在实地调研中偶尔会碰到这样的情况，令人心酸：父母离异，孩子跟父亲生活，母亲远走他方或者另嫁他人。由于家庭经济困难，父亲不得不外出打工，在外打工期间认识了其他女性，于是结合在一起过上了家庭生活，除了偶尔给孩子寄一点钱之外，通常都不回家。父亲母亲各自一个家，只是苦了留守在农村的孩子。这种情况虽然不多见，但是这类被深深烙下"遗弃感"的留守儿童却应该引起我们的足够注意。

本部分的探讨，为开展西部农村留守儿童社会工作提出了以下启示：充分关注父母长期不回家的儿童，可以运用资源链接的方法，为其构建包括"代理家长"在内的社会支持体系；利用春节农民工返乡的时机开展农民工培训，告知其定期回家对于儿童成长的重要性。

表 4.2　与父母不同联系情况的农村留守儿童社会
支持得分比较分析表（$\bar{X} \pm S$）

联系情况	选项	统计值	主观支持	客观支持	支持利用	支持总分
见面间隔	半年以内		23.58 ±5.14	7.63 ±2.96	7.23 ±1.93	38.54 ±7.42
	半年至一年		22.91 ±4.18	7.32 ±2.31	7.16 ±1.88	37.31 ±5.97
	一年至两年		22.05 ±4.09	7.25 ±2.72	6.95 ±1.77	36.39 ±6.42
	两年以上		21.72 ±4.13	6.73 ±2.41	7.01 ±1.81	35.63 ±7.59
		F 值	5.30 **	7.61 **	2.57	5.71 **
联系间隔	约每天一次		23.68 ±5.90	7.79 ±2.56	7.69 ±2.36	38.48 ±8.71
	约每周一次		23.45 ±4.50	7.59 ±2.67	7.26 ±1.76	38.33 ±6.49
	约半月一次		23.08 ±3.12	6.98 ±2.52	6.72 ±1.86	36.82 ±4.57
	约一月一次		22.45 ±4.14	6.85 ±2.21	6.98 ±1.63	36.32 ±6.31
	两三月一次		21.78 ±3.95	6.48 ±2.39	6.39 ±1.82	35.04 ±6.78
	极少联系		21.03 ±6.23	5.98 ±2.08	6.44 ±1.93	33.55 ±8.38
		F 值	5.88 **	17.01 **	21.35 *	10.41 **

注：* P < 0.05，** P < 0.01。

　　相对于见面间隔而言，联系间隔对西部农村留守儿童社会支持的影响力更大。主观支持、客观支持、支持利用和支持总分四个方面，外出务工的父母与留守在家的儿童联系间隔越短，儿童的社会支持情况越好。该研究发现说明，西部农村留守儿童对父母与自己的联系需求很大，这为开展农村留守儿童社会工作服务提出了如下要求：第一，深入了解留守儿童与父母联系情况，密切关注联系较少的留守儿童，为这些儿童和外出务工的父母恢复链接，促进其良好交流；第二，多层次搭建留守儿童与父母的沟通平台，利用学校、农村社区建设留守儿童公共服务平台，配备电话、网络视频等沟通设备，为留守儿童与其外出务工父母的联系沟通打好基础；第三，利用留守儿童与父母沟通的机会，社会工作者可以告知外出务工父母加强与留守儿童沟通的重要性，敦促其多与子女联系；第四，加强留守儿童监护人的教育，告知其当外出务工的父母打电话回家时，让子女与父母也要通话，而不是仅仅由监护人和外出务工的农民工通话。

三、西部城镇留守儿童的社会支持与需求

在第三章中，课题组介绍了西部留守儿童的一般状况，出于将该章作为总述功能的考虑，没有区分介绍农村与城镇留守儿童。本部分在分析西部城镇留守儿童的社会支持之前，先将调查到的 552 名非农业户口的城镇留守儿童做一些基本介绍。

（一）西部城镇留守儿童生活状况的一般描述

课题组在问卷中设计了父母外出工作的类型、父母外出工作时城镇留守儿童的居住状况、父母外出工作给城镇留守儿童带来的影响、父母与留守儿童的日常交流等方面的问题，来描述城镇留守儿童生活的基本状况，以作为社会支持研究的一种铺垫。

1. 西部城镇留守儿童父母外出工作的类型

在调查的 552 名西部城镇留守儿童中，53.4% 的父母都在外地工作，仅母亲外出工作的占 8.3%，仅父亲外出工作的占 38.2%。将"性别""学龄段"以及"是否独生子女"与"父母外出工作类型"进行交叉分析与卡方检验发现（详见表 4.3），这三个自变量对因变量有显著影响，说明女性、高学龄段、非独生子女的城镇留守儿童，其父母双方均外出工作的可能性更高。另外，根据对比统计发现，西部农村留守儿童中，35.5% 的仅父亲外出工作，6.5% 的仅母亲外出工作，父母双方均外出工作的占到了 58.0%。可见，西部城镇留守儿童家庭中，父母双方均外出工作的比例较农

村留守儿童家庭稍低，而父母单方外出工作的稍高。特别值得提出的是，城镇留守儿童的母亲单独外出工作比例较高，这与当前城镇化发展、职业流动加速、城镇女性就业率较高应该是有所关联的。

表 4.3　西部城镇留守儿童父母外出工作的类型交互分析表

父母外出工作类型	性别		学龄段			是否独生子女	
	男(%)	女(%)	小学及以下(%)	初中(%)	高中(%)	是(%)	否(%)
仅父亲	118(43.4)	93(33.2)	71(37.4)	91(44.2)	45(30.0)	73(32.0)	117(42.4)
仅母亲	11(4.0)	35(12.5)	22(11.6)	16(7.8)	6(4.0)	7(3.1)	31(11.2)
父母双方	143(52.6)	152(54.3)	97(51.1)	99(48.1)	99(66.0)	148(64.9)	128(46.4)
合计	272	280	190	206	150	228	276
卡方检验	$X=15.6\ P=0.000$		$X=16.3\ P=0.003$			$X=63.6\ P=0.000$	

注：在学龄段和是否独生子女的调查中，缺省值分别为 6、48。

2. 西部城镇留守儿童的共同居住状况及生活照料

调查西部城镇留守儿童的居住状况发现，其共同居住成员中，排在前四位的分别是奶奶、爷爷、父或母（结合表 4.3 可以推测，主要是母亲）、兄弟姐妹，真正同外公、外婆生活在一起的比例并不高，对比统计发现，西部农村留守儿童的居住状况与此类似。另外，课题组还调查了共同居住成员能够为城镇留守儿童提供帮助的情况，统计发现，95.3% 的家庭能够提供饮食起居照顾、71.0% 的家庭能够提供人身安全照顾、53.8% 的家庭能够给孩子家庭教育。但是，仅有约三成的家庭可以给孩子心理安慰、辅导功课。可见，相对于日常生活照料而言，学业辅导、心理慰藉是城镇留守儿童社会支持中更为缺乏、需求更大的内容。问卷中的另一调查数据也印证了该结论：分别有 34.8% 和 28.4% 的城镇留守儿童反映，父母外出工作后，自己的心理负担更重了、学习更困难了。

西部留守儿童 社会工作综合服务体系研究

表4.4 西部城镇留守儿童居住类型及监护内容分析表

共同居住的成员	响应		个案百分比	共同居住成员提供的帮助	响应		个案百分比
	N	百分比			N	百分比	
爷爷	290	23.5	52.5	照顾饮食起居	522	32.7	95.3
奶奶	308	25.0	55.8	辅导功课	190	11.9	34.7
外公	79	6.4	14.3	心理安慰	186	11.7	33.9
外婆	104	8.4	18.8	道德教育	295	18.5	53.8
父或母	254	20.6	46.0	保护人身安全	389	24.4	71.0
兄弟姐妹	157	12.7	28.4	其他方面	12	0.8	2.2
叔或婶	24	1.9	4.4	总计	1594	100.0	290.9
其他	17	1.4	3.1				
总计	1233	99.9	223.3				

3. 西部城镇留守儿童与外出工作父母的沟通状况

表4.5从城镇留守儿童与外出工作父母的见面间隔及联络间隔反映了双方的沟通状况。首先，从见面间隔来看，半年能见一次面的为31.8%（农村留守儿童对比调查数据为22.2%），一年能见一次的接近四成，两年能见一次的超过五分之一，还有8.2%的城镇留守儿童两年以上才能与父母见一次面。总体上，西部城镇留守儿童与父母见面的间隔比农村留守儿童要短很多。

其次，从联络的间隔来看，13.0%的城镇留守儿童每天可以与父母联系一次（农村留守儿童的此项数据为8.0%），过半数的每周联系一次，15.6%的半个月联系一次，还有4.8%的父母与留守子女联络非常少。总体上，西部城镇留守儿童与父母联络的次数比农村留守儿童更为频繁。从以上数据可以发现，虽然城镇留守儿童与外出工作父母的见面间隔、联络间隔稍好于农村留守儿童，但是总体上来说，双方见面间隔较长，直接的面对面交流沟通的时间仍

100

然比较有限；双方联络的频率也算不上很高。

表4.5　西部城镇留守儿童与外出工作父母沟通频率统计表

见面的间隔			联络的间隔		
分类	频率	有效百分比（%）	分类	频率	有效百分比（%）
半年以内	174	31.8	基本每天一次	71	13.0
半年到一年	207	37.8	大概每周一次	292	53.5
一年到两年	122	22.3	差不多半个月一次	85	15.6
两年以上	45	8.2	大概一个月一次	39	7.1
总计	548	100.1	两三个月一次	33	6.0
缺省值	4		基本不联系	26	4.8
			总计	546	100.0
			缺省值	6	

（二）西部城镇留守儿童社会支持的总体测量及需求分析

测量发现，城镇留守儿童社会支持平均分为 39.41 分，其中主观支持平均分为 23.85 分，客观支持平均分为 8.27 分，支持利用平均分为 7.30 分，按照百分比换算，城镇留守儿童社会支持总分、主观支持、客观支持、支持利用得分比分别为 59.71%、74.45%、37.59% 及 60.83%，其中客观支持得分率最低。课题组就西部城镇和农村留守儿童各项社会支持的得分情况分别做了独立样本 T 检验，详见表 4.6。

表4.6　西部城乡留守儿童社会支持得分的独立样本 T 检验统计表

	城乡	均值	标准差	F	t	df	sig.
主观支持	农村	23.04	4.43	4.29	-3.21	401	0.001
	城镇	23.85	3.89				

	城乡	均值	标准差	F	t	df	sig.
客观支持	农村	7.28	2.59	0.50	−7.86	3603	0.000
	城镇	8.27	2.54				
支持利用	农村	7.09	1.86	0.47	−2.39	3859	0.017
	城镇	7.30	1.93				
支持总分	农村	37.42	6.59	3.69	−6.55	1965	0.000
	城镇	39.41	6.92				

从表4.6可以看出，西部城镇留守儿童在主观支持、客观支持、支持利用以及支持总分四个方面的得分情况好于农村留守儿童，且呈现统计上的显著性。这说明西部城镇留守儿童社会支持情况好于农村留守儿童。所以，在开展社会工作服务的时候，应该侧重于农村留守儿童社会支持体系的构建。

西部城镇留守儿童社会支持总分、主观支持、客观支持、支持利用得分比虽然均高于农村留守儿童，但是结构非常类似。前文已经就农村留守儿童的每个支持得分情况都做了详细分析，这里就不再重复。但是，基于城镇和农村生活方式及生活环境的差异，结合西部城镇留守儿童社会支持的得分情况，此处简要分析西部城镇留守儿童社会支持得分对于开展社会工作服务所带来的启示：首先，由于城镇生活中没有农业劳动（或者说绝大多数没有），城镇留守儿童相对于农村留守儿童所承担的体力劳动更少，因此客观上需要的体力支持也要少一些。这一方面是好事情，但是另一方面也意味着向他人（邻里、朋友，也包括在外务工的父母）求助的缘由也要少一些，对于日常生活中通过相互帮助而形成的社会支持体系来说，这又不一定是好事情。此外，很多农村外出务工的父母在农忙的时候会回家务农，但是城镇留守儿童显然少了这种见到父母的机会。可见，这种差异虽然从表面上对城镇留守儿童有利，但实际上不一定能够促进其社会支持体系的构建。所以，开展社会工作服务时，应该从其他途径出发，构建城镇留守儿童的社会支持体系。

其次，城镇社区生活不如农村那么具有"人情味"，邻里接触也不如农村那么频繁，所以，城镇"熟人社会"的紧密程度不如农村。显然，感知社会支持、获得客观支持、利用社会支持都需要他人提供帮助，而不那么熟悉的邻里、不那么具有"人情味"的城镇社区，都不利于城镇留守儿童社会支持体系的构建。这种基于社区层面分析的城镇留守儿童的微观生态系统为社会工作服务提出了一个基本方向，那就是社区营造。通过组织开展邻里交流、集体活动、互助行动、社区公益、社区宣传、培养社区领袖等方式，帮助包括城镇留守儿童在内的社区居民营造一个良好的、相互"熟悉"的社区环境，使得留守儿童在需要求助的时候能够及时找到合适的渠道，促进其社会支持体系的构建。

再次，城镇生活环境相对于农村更复杂，城镇留守儿童面临的诱惑和生活风险也相对更多。复杂的商业环境和道路交通系统、随处可见且多样化的娱乐休闲场所、更为多元化的思想和价值环境、质量参差不齐的网络和媒体信息，都是城镇留守儿童需要面对的。这些异于农村生活环境的因素提醒我们，在开展社会工作服务的时候，要注意评估城镇留守儿童的生活环境，尤其是这些环境中潜在或显现出来的风险因素，进而有针对性地开展服务。同时，可以通过整合包括教师（开展校外教育）、民警（开展交通安全教育）、医生（开展急救培训）、社区管理人员（开展社区宣传）、志愿者（开展陪护服务、教育指导等工作）等多方面的资源，在帮助城镇留守儿童克服这些风险因素的过程中，促进其社会支持体系的构建。

当然，通常来说，城镇的生活质量、政策环境、硬件配置相对于农村更好，这无疑为城镇留守儿童提供了更好的生活资源，也是构建社会支持体系的重要力量。从社会工作服务的角度来说，可以充分利用这些资源，促进城镇留守儿童社会支持体系的构建。例如：利用城镇的社区服务中心，吸引社区内的退休知识分子及其他有能力的热心人士充当志愿者，开设四点半课堂、监护人教育课堂，为包括城镇留守儿童在内的中小学生提供照管服务和学业辅导，为监护人开展幼儿照顾知识辅导、亲子沟通技能辅导、教育能力提升服务；利用学校的师资资源和较好的硬件，建设"学生服务中心"，为包括城镇留守儿童在内的相对弱势儿童开展专业社会工作服务；利用更好的政策环境和人才积累，开展政策倡导工作，鼓励在城镇开办社会工作机构，实施社区服务、驻校社工服务。

（三）西部城镇留守儿童社会支持的分类测量及需求分析

从不同背景的城镇留守儿童与各类社会支持的均值比较发现（见表4.7），女性比男性获得的主观支持、客观支持更多，支持的总分也更高，但支持利用的得分则无显著差异。结合前面的数据可以发现，不论是农村还是城市的留守儿童，女性相对更容易获得客观的社会支持。前文已经针对西部农村留守儿童进行了该类别的分析，同样适用于西部城镇留守儿童，此处不再赘述。

从学龄段来看，低学龄段的城镇留守儿童，在客观支持和支持利用上得分更高，而在主观支持和支持总分方面没有显著差异。这一发现区别于西部农村不同学龄段留守儿童在社会支持各项得分无显著差异的结论，这意味着不同学龄段的城镇留守儿童都能够无差别地从自身生活支持体系中感受到支持和帮助；但在获得的客观支持方面，年龄越小（当然，这里说的小，也是相对而言的），事实上得到的支持越多；在遇到困难寻求帮助方面，年龄越小，越倾向于主动。这一发现为我们在开展城镇留守儿童社会工作服务时提供了一些启示：第一，继续保持低年龄段儿童的客观支持体系，同时继续发挥他们寻求社会支持、参与社会活动的积极性；第二，关注大龄儿童社会支持体系的建设，尤其是引导其主动寻求支持、积极参与社会活动等方面，需要做出更多努力。

表 4.7　不同背景的西部城镇留守儿童社会支持得分比较分析表（$\bar{X} \pm S$）

	选项	统计值	主观支持	客观支持	支持利用	支持总分
性别	男		22.91 ± 3.93	7.99 ± 2.74	7.19 ± 1.94	38.49 ± 7.45
	女		24.42 ± 3.76	8.55 ± 2.30	7.40 ± 1.92	41.75 ± 6.18
		F 值	10.37 **	5.96 *	1.67	13.94 **
学龄段	小学及以下		24.55 ± 3.79	8.41 ± 2.20	7.61 ± 1.85	41.20 ± 5.83
	初中		23.32 ± 4.50	8.60 ± 3.15	7.34 ± 2.07	40.72 ± 8.69
	高中		23.73 ± 2.84	7.81 ± 8.31	6.92 ± 7.32	39.57 ± 6.75
		F 值	2.80	4.16 *	5.48 **	2.92
是否独生子女	是		24.26 ± 3.91	8.20 ± 2.44	7.41 ± 2.28	40.19 ± 6.99
	否		23.57 ± 3.96	8.39 ± 2.57	7.24 ± 1.71	39.59 ± 6.41
		F 值	2.02	0.62	0.94	1.11
父母外出工作情况	父母均外出		22.44 ± 4.09	7.80 ± 2.21	7.03 ± 1.86	37.54 ± 6.04
	仅母亲外出		22.62 ± 4.67	8.70 ± 3.63	7.11 ± 2.75	38.71 ± 6.77
	仅父亲外出		24.51 ± 3.39	9.34 ± 2.60	7.72 ± 1.74	41.55 ± 6.58
		F 值	3.98 *	10.70 **	8.38 **	9.42 **

注：* P < 0.05，** P < 0.01。

西部城镇留守儿童中，是否为独生子女，在主观支持、客观支持和支持利用三个方面的得分均无显著差异，课题组认为其原因在于：我国当前的城镇总和生育率很低，多数城镇家庭仅有一个孩子，有多个子女的家庭较少，由此，父母对待一个子女和多个子女的态度，不一定有显著差异。

从父母外出工作类别来看，父亲外出工作的城镇留守儿童，在主观支持、客观支持和支持利用三个方面的得分显著高于母亲外出工作的儿童，而后者的得分又显著高于父母均外出工作的儿童。可见，父亲和母亲虽然都是儿童的"社会支持源"，但是母亲在家的城镇留守儿童获得社会支持的情况更好。这一发现为开展社会工作服务提出如下启示：多多关注父母均外出、母亲外出工作的西部城镇留守儿童，在促进其社会支持体系完善的过程中，尤其需要发挥母亲的支持作用。

此外，课题组比较了与父母不同联系情况下西部城镇留守儿童社会支持的得分情况，见表4.8。

表4.8 与父母不同联系情况的城镇留守儿童
社会支持得分比较分析表（ ±S）

联系情况	选项	统计值	主观支持	客观支持	支持利用	支持总分
见面间隔	半年以内		24.23±4.01	8.37±2.45	7.78±1.91	41.21±7.41
	半年至一年		24.33±3.52	8.44±2.59	7.41±2.06	40.71±6.96
	一年至两年		23.19±3.44	7.98±2.65	6.66±1.73	39.72±5.08
	两年以上		21.78±5.06	7.40±2.32	6.40±1.14	36.83±7.56
		F 值	10.37**	5.96*	1.67*	2.70*
联系间隔	约每天一次		22.24±3.14	8.27±1.79	8.06±1.96	41.46±6.36
	约每周一次		23.94±3.83	8.76±2.61	7.63±1.74	41.22±6.75
	约半月一次		22.91±4.15	7.10±1.91	6.75±1.96	37.33±6.55
	约一月一次		20.75±3.61	7.25±2.86	6.17±1.36	36.12±4.31
	两三月一次		20.00±3.59	6.28±2.77	6.15±2.07	33.04±4.78
	极少联系		19.00±2.75	6.25±1.44	5.54±1.86	30.71±4.38
		F 值	7.01**	10.86**	15.33**	8.69**

注：* P<0.05，** P<0.01。

从统计结果来看，不论是见面间隔还是联系间隔，时间间隔越短、联系越频繁，主观支持、客观支持和支持利用得分越高，具备统计上的显著性，这一结论同西部农村留守儿童社会支持情况类似。从见面间隔来看，主观支持得分的显著性更明显，说明在外工作的父母偶尔回家与孩子见面，能够给城镇留守儿童带来很强的心理支持体验；相反，回家间隔越长，孩子在主观支持体验上的落差也会更明显。从联系间隔来看，三种支持类型得分的显著度均较高，说明外出工作父母与留守在家的城镇儿童日常联系（通常是电话、短信或网络联系）非常重要，在空间分隔的状况下，哪怕是非面对面的、沟通成本较高且沟通时间受限的日常联系[1]，由于其信息传递和反馈的实时性、文字或语音的现场感，对于城镇留守儿童获取社会支持也是非常重要的。

四、本章小结

留守儿童父母外出工作而形成的职业流动，往往基于当事人本地资源相对不足而外界资源基础更为广泛且有着一定的资源链接，在摆脱生活压力或追求生活理想的嵌入下从而做出的工具理性选择。这种选择在为当事人获得经济回报、物质改善的同时，对当事人家庭的生活模式也造成了深刻影响。从大环境来看，随着社会流动加剧、社会生活多元发展，个体行动及人际交往更趋理性化，导致"现代人内在精神世界的崩塌、自然生活共同体的瓦解、原子化与物质化个体的出现，导致身份认同的危机、本体性安全的

---

[1] 詹海玉、陈世海：《农民工与留守子女日常沟通问题研究》，载《西北农林科技大学学报（社会科学版）》2012 年第 4 期。

缺乏"①。这种局面的形成，类似于哈贝马斯所指出的"生活世界的殖民化"：劳动作为一种带有目的的工具理性行为，往往通过"计算"来达到目的，其基础是以权力和金钱为媒介的政治和经济系统；而社会的"生活世界"则由人们的文化传播、社会一体化、社会化等交往行为主导，构建人们的生活意义和文化价值。以上两者的目标均是社会整合，前者通过金钱和权力媒介来推动社会发展以促进整合，后者的整合手段则主要是人们的日常交往。在当前的现代化过程中，以劳动为基本手段的物质再生产在工具理性的驱动下不断波及生活世界，损坏了生活世界中原来的价值、意义和行为准则，甚至影响到生活世界的文化再生产发生变异或无法顺利进行，这就是"生活世界的殖民化"②。就本研究的对象来看，工具理性及经济追求入侵到西部城乡留守儿童家庭的生活世界，致使家长们选择外出工作而将孩子留守在家，在此过程中，原来家庭的交往行为模式和生活意义均会受到影响，从而打乱社会支持的联结体系。这既是本研究的理论背景，也是分析的逻辑起点。

大量研究表明（见前文的文献综述部分），社会支持水平与个体身心健康呈正相关关系。父母外出工作，将原来的"近端支持"关系转化成"远端支持"关系，在一定程度上弱化了西部留守儿童的社会支持，对儿童的家庭教育和身心成长会造成一定的不利影响。事实上，社会支持的核心理念是帮助当事人恢复、形成有效社会支持系统，以促进其形成健康的社会生活环境，从而抵御生活风险。换个角度来看，这其实也是一种恢复社会链接的视角，从社会

---

① 成伯清：《怨恨与承认——一种社会学的探索》，载《江苏行政学院学报》2009年第5期。

② 〔德〕哈贝马斯：《交往行为理论》（第1卷），上海人民出版社2004年版，第201—203页。

链接的理论来看，造成个体社会困境的根源在于社会链接的断裂，使得个体所处的社会生态环境难以对其发挥良好的"外界修复"功能，处于未成年阶段的城镇留守儿童自我修复功能本身也较弱，两者的交互作用更使得儿童困境难以化解。这种视角有别于传统的将服务对象视为"无能者"的问题视角，而是将注意力更多地放在重新帮助儿童构建或维护其社会支持体系。可见，协助城镇留守儿童构建良好的社会支持体系，是应对儿童家庭教育、行为不良、社会融入等问题的可行策略。

当然，从不同的理论视角来看，社会支持理论也存在一定缺陷，而这些缺陷也为社会支持视角下的城镇留守儿童服务提出了一些改进的要求。人本主义论者批评社会支持理论过多强调对当事人潜在或显在社会资源的重构与利用，有忽视当事人发掘自身潜力以应对不利处境的嫌疑；批评诠释理论担忧，社会支持体系的建立如果缺乏网络结点之间的沟通，难免会将社会网络作静态的、机械化的理解。① 以上两个理论视角要求开展西部留守儿童服务时应注意：一方面在协助构建社会支持体系的同时，不能忽视了留守儿童作为网络中心的自身优势和潜能，例如，可以引导留守儿童主动给外出工作的父母、身边的家人、社区邻里、老师和同学以关心和支持，从而加强网络联结的韧度，强化对方给予自身社会支持的意愿，这种可以视为以主动给予他人支持来强化获取对自身支持的"积极社会支持策略"，这种策略不但可以优化社会支持体系的运行，还可以提升城镇留守儿童感知社会支持、获取社会支持的能力，从而在主观支持、客观支持和支持利用三个维度均得到改善。

---

① 周湘斌、常英：《社会支持网络理论在社会工作实践中的应用性探讨》，载《中国农业大学学报（社会科学版）》2005 年第 2 期。

另一方面，在构建社会支持体系的同时，一定要强化支持结点之间的沟通，以促进支持作用更好的发挥，尤其是从近端支持变为远端支持的外出工作的父母，更应该通过各种方式，与城镇留守儿童频繁联系和深度沟通。

最后，直接的调查数据也对西部留守儿童社会支持服务有一些启示，从西部农村留守儿童社会工作服务来看：72.00%的主观支持得分比要求开展社会工作服务时，要着力开展社区倡导工作，促使留守儿童的社会生态系统成员多多予以行为、语言的关心，使其能够多方位地感知到这些关心，从而增强主观支持，促进身心健康发展；33.09%的客观支持得分比意味着西部农村留守儿童在有很强的建设社会支持圈，以促进解决家庭教育、校外教育、人际交往能力提升等方面的需求，这个支持圈的构建应该围绕留守儿童周边生活的人群来着手，主要包括临时监护人、朋友（同学）、老师、邻居、其他亲属、农村社区，属于近端支持体系。在构建支持圈的基础上，通过专业社会工作者的协调努力，为西部农村留守儿童提供生活安全教育、人际交往指导、家庭教育支持、日常生活互助体系建设等方面的服务；59.08%的支持利用得分比要求社会工作者注意培养西部农村留守儿童积极参与社会生活、主动寻求帮助、主动帮助他人等各方面的能力。在具体服务工作中，应该更关注男性、初中年龄段、非独生子女、双亲外出或仅母亲外出的留守儿童；充分关注父母长期不回家的儿童，可以运用资源链接的方法，为其构建包括"代理家长"在内的社会支持体系；利用春节农民工返乡的时机开展农民工培训，告知其定期回家、加强联络对于儿童成长的重要性；多层次搭建留守儿童与父母的沟通平台，利用学校、农村社区建设公共留守儿童服务平台，配备电话、网络视频等沟通设备，为留守儿童与其外出务工父母的联系沟通打好基础。

　　从西部城镇留守儿童社会工作服务来看：通过社区营造的方法，组织开展邻里交流、集体活动、互助行动、社区公益、社区宣传、培养社区领袖等方式，帮助包括城镇留守儿童在内的社区居民营造一个良好的、相互"熟悉"的社区环境，使得留守儿童在需要求助的时候能够及时找到合适的渠道，促进其社会支持体系的构建；在开展社会工作服务的时候，要注意评估城镇留守儿童的生活环境，尤其是这些环境中潜在或显现出来的风险因素，进而有针对性地开展服务；通过整合包括教师（开展校外教育）、民警（开展交通安全教育）、医生（开展急救培训）、社区管理人员（开展社区宣传）、志愿者（开展陪护服务、教育指导等工作）等多方面的资源，在帮助城镇留守儿童克服这些风险因素的过程中，促进其社会支持体系的构建；利用学校的师资资源和较好的硬件，建设"学生服务中心"，为包括城镇留守儿童在内的相对弱势儿童开展专业社会工作服务；利用更好的政策环境和人才积累，开展政策倡导工作，鼓励在城镇开办社会工作机构，实施社区服务、驻校社工服务；相对于女生而言，男生获得的主观支持和客观支持更少，所以更应该予以关注；年龄越大的城镇留守儿童，获取社会支持的主动性更低，对其主动性的引导比较重要；母亲的社会支持作用更为显著，所以对于稍微具备条件的家庭来说，尽量告知母亲不要长期离开子女外出工作；协助外出工作的父母与西部留守儿童保持密切联系，特别是要能够抽时间回家看孩子，直接见面对于孩子感知主观支持非常重要。

第五章 留守儿童的认知及社会工作服务理念

在对西部留守儿童基本生活情况、社会支持情况以及基本需求开展了研究后，课题组试图对这个群体进行认知分析，并据此提出对这个群体开展社会工作服务的总体理念，为构建社会工作综合服务体系提供理论基础。本章首先运用内容分析的方法，通过媒介研究，探索留守儿童公众形象的形成路径并开展反思；在这个基础上运用福利哲学的视角探索应该如何看待儿童、看待留守儿童；之后结合社会工作的价值观，提出开展留守儿童社会工作服务的总体理念。

留守儿童从最开始便是基于三农背景下的"社会问题"而提出的，多数学者开展的实证调查更倾向于了解留守儿童群体的负面问题，主要包括心理失衡、感情缺失、道德失范、性格抑郁、易出现反社会行为等。[①] 新闻传播领域对留守儿童"问题"的渲染也非

---

① 李艳红、刘晓旋：《诠释幸福：留守儿童的电视观看——以广东揭阳桂东乡留守儿童为例》，载《新闻与传播研究》2011年第1期。

常显著：如新华社一篇报道提到对农村小学调查结果中的一系列数字：有60%以上的"留守孩"成绩较差，相当一部分已对读书失去了兴趣；60%的"留守孩"存在心理问题，还有30%的"留守孩"直言恨自己的父母，援引心理咨询专家的评价认为，目前农村"留守孩"中已经出现了较严重的心理危机，对农村基础教育工作产生了较大冲击，给农村社会稳定埋下了诸多隐患。[①] 学术研究加上媒介宣传，使得留守儿童公众脑海里面形成了"问题儿童"的印象。这种留守儿童的"问题命题"也是当前该领域多数学术研究的基本视角。

　　不论是面对学者的研究成果，还是面对媒体的新闻报道，读者在择取信息并形成自觉议题时，往往会寻找文本中的"亮点"，以便形成刻板印象并予以传播。在这一点上，由于在受众的广泛性层面存在显著差异，媒体报道比学术研究成果的影响力无疑更大。事实上，媒体也大量报道了各地政府和民间组织关怀、关爱留守儿童的信息，与对留守儿童负面的报道相比，前者在数量上甚至更多。那么，大量的正面或中性报道，为什么在实际生活中，却在大众印象里为留守儿童构建了问题化的社会形象呢？

　　社会建构理论认为，我们所看到的社会现实，不仅仅是被客观状况所决定，同时也是被社会性地建构出来的。这种主张秉承了现象学本体论的一个基本预设，即社会现实是以解释过的事实（而非客观事实）呈现自身的，而对社会现实的解释在很大程度上又在不断地建构着新的社会现实。[②] 那么，媒体受众是如何在面对留

---

　　① 周伟：《三成"留守孩"直言恨自己父母 江西盘古山镇的这项调查揭示了解决"留守孩"问题的紧迫性》，载《新华每日电讯》2005年3月29日第6版。

　　② 闫志刚：《社会建构论：社会问题理论研究的新视角》，载《社会》2006年第1期。

守儿童信息的时候，解释留守儿童的"事实"、建构留守儿童"形象"并形成"新的社会现实"的呢？对此，课题组开展了留守儿童报道的媒介调查和内容分析。

一、留守儿童媒介报道的内容分析

（一）内容分析的具体操作方法

本研究采用内容分析的方法，对留守儿童的新闻报道进行编码及统计分析。具体操作方法如下：以"留守儿童"为主题，在中国学术文献网络出版总库"中国重要报纸全文数据库"中进行检索，共有报道记录8470条。在报道数量排名前60位的报纸中（占收录报纸种类的10.6%；排名靠后的报纸报道数量较小，未纳入抽样框），按照中央媒体、省级媒体、其他媒体三种进行分类，按照各类报道总量占总数量的比例（其中中央级报纸共15种，留守儿童报道量1699篇；省级媒体共13种，留守儿童报道量1017篇；其他媒体32种，留守儿童报道量1795篇。排名前60位的报纸总报道量为4511篇，占总量的53.26%；其中，中央媒体、省级媒体、其他媒体各占38%、22%、40%）实行PPS抽样（共分配20个抽样元素，每个元素对应50篇报道），预定样本量1000。最终抽取出29种报纸①、共1000篇报道作为内容分析的对象。

在抽取好媒体报道后，课题组完成了内容分析的编码工作。本

---

① 分别是《安阳日报》《甘肃日报》《农民日报》《团结报》《自贡日报》《遵义日报》《人民公安报》《广安日报》《连云港日报》《河南日报》《江苏教育报》《黄冈日报》《安康日报》《广西日报》《铜仁日报》《巢湖日报》《法制日报》《孝感日报》《安庆日报》《江苏法制报》《福建日报》《中国妇女报》《中国教育报》《重庆日报》《中国人口报》《人民日报》《新华每日电讯》《安徽日报》《贵州日报》，共29种。

次编码共设置了 8 个变量，分别是：

1. 报道来源（分为中央媒体、省级媒体、地方与其他媒体三类），以检测各层次媒体对留守儿童的关注程度。

2. 报道年份，以检测媒体历年对留守儿童的关注程度变化。

3. 报道月份，以检测是否在某些特殊时间点上媒体对留守儿童更为关注。

4. 报道中留守儿童的形象性质，分为正面、中性、负面三类，是指新闻报道正文（结合标题）勾画的留守儿童的公众形象，而并非新闻本身的形象性质。特别需要指出的是，负面形象的甄别是本文验证留守儿童"问题命题"的关键，所以特别慎重，在甄别中借鉴了部分学者的操作方法[1]，主要根据标题关键词、报道的关键词以及整体报道基调来判断，包括分析中采用主观和带有明显倾向性的议程设置内容。

5. 报道主题，分别是问题描述、呼吁关怀、政策宣传、对策介绍及其他。通常来说，报道主题应该是一个，但前提是报道的内容比较单一，而事实上，大多数留守儿童的新闻报道都涉及几个方面的问题。该变量的各选项均是简短的独立性描述，几个选项的结合才可以完整概括一篇报道的主题。所以，在研究设计中，将该变量设计为多项选择题。

6. 留守儿童自身问题关键词。该变量设计为字符串类型，如果新闻报道为被评判为负面，且介绍了留守儿童自身存在的问题，那么该变量则将问题的关键词提取出来，以检视留守儿童"问题命题"的"问题"所在。需要特别说明的是，本研究将"留守儿

---

① 王异虹、张晓玮等：《德国主流媒体重构的"西藏问题"——德国媒体涉藏报道内容分析》，载《新闻与传播研究》2010 年第 2 期。

童自身的问题"与"留守儿童面临的问题"区分开来，前者是指留守儿童本身存在的诸如撒谎、厌学、偷盗、道德失范等主要由于自身原因所导致的问题，后者是由于环境或家庭原因导致留守儿童事实面临的问题，例如人身安全、生活质量等。这种区分是学术领域长期忽视的。需要明确的是，留守儿童需要为"自身的问题"承担主要责任，而不应该为"面临的问题"承担责任。事实上，留守儿童面临的问题是广泛存在的，自身的问题则未必大量存在。如果将这两个内容混为一谈，那么很容易导致留守儿童的"污名化"，即"问题命题"。当然，将两者截然区分开是不太可能的，因为双方往往是交叉在一起的。本研究的划分也只能是在不太严格的意义上进行。

7. 报道提及留守儿童面临的问题，设置为多项选择题，选项分别为未提及、安全问题、教育问题、心理问题、生活问题、其他问题。以检视留守儿童在生活中需要面临哪些困难。

8. 新闻报道中采用的分析方式或手段，分别是泛泛而谈、运用个案分析、运用非正规调查资料分析、运用正规调查资料分析。如果报道中既运用了个案又运用了正规调查资料进行分析，我们就将其归到后者。

在实证研究的大前提下，本研究在解读文献时存在一定的"理解"问题，而这在某种程度上又带有主观倾向。由于个体认识不同，对于同一文献提取到的信息可能不完全一致。对此，本研究的解决方法是：研究团队历时近两个月，在同一编码的框架内尽可能取得共识，对每篇报道进行分工、交叉、综合研读；对于个人判断不明确的，进行集中商榷，从而确定信息类型，以确保实证研究的信度和效度。

（二）留守儿童媒介调查的研究结果

通过对样本中1000篇留守儿童新闻报道的统计分析，有如下直接发现：

1. 留守儿童新闻报道的时间规律

本研究收集的数据中，最早对留守儿童的报道是2001年，仅有一篇报道；报道数量较大规模的爆发是在2006年，达到了52篇，是上一年度的三倍多。2006年2月，中共中央、国务院下发《中共中央国务院关于推进社会主义新农村建设的若干意见》；10月，中国共产党十六届六中全会通过《中共中央关于构建社会主义和谐社会若干重大问题的决定》，这些关系到新农村建设、和谐社会建设的重要文件无疑促进了留守儿童关注度的提升，这种影响力伴随着我国对三农问题、民生问题的重视，在后续几年里延续了下来，直接表现是2007年留守儿童的媒体报道出现了164篇、2008年达到183篇、2009年184篇、2010年达到250篇，此后的报道量基本保持在这一数字。从月份上来看，3月和6月是报道比较集中的两个时间，分别是春节后父母外出务工、留守儿童上学比较集中的时间以及六一儿童节的时间，平均报道量分别为117篇和106篇，其余月份最高为97篇（5月），最低为64篇（4月）。这两个时间段内由于存在较突出的话题效应，所以留守儿童的新闻报道相对较多。

2. 新闻报道对留守儿童的总体形象刻画

1000篇留守儿童的新闻报道中，来自中央媒体、省级媒体、地方与其他媒体的分别为300份、320份、380份，数量上差距不大，表明各级媒体对留守儿童的关注程度不存在显著差异。从新闻报道对留守儿童形象的表述来看（见表5.1），反映留守儿童正面、积极形象的仅有9篇，占0.9%；反映留守儿童负面、消极形象的有 134 篇，占 13.4%；其余 85.7% 的报道都是中性的，没有积极宣扬，也没有污化贬损留守儿童。有意思的是，在对留守儿童正面报道的数量排序中，最多的是中央媒体，其次是省级媒体、地方与其他媒体；相对应的，对留守儿童的负面报道中，最多的是地方与其他媒体，其次是省级媒体、中央媒体。

表 5.1　不同层次新闻报道中留守儿童的形象性质

来　源		形象性质			总计
		正面	中性	负面	
中央媒体	频次	4	262	34	300
	百分比	44.40%	30.60%	25.40%	30.00%
省级媒体	频次	3	272	45	320
	百分比	33.30%	31.70%	33.60%	32.00%
地方与其他媒体	频次	2	323	55	380
	百分比	22.20%	37.70%	41.00%	38.00%
总计	频次	9	857	134	1000
	百分比	0.90%	85.70%	13.40%	100.00%

3. 留守儿童新闻报道的主题

课题组对留守儿童报道的主题进行了统计（详见表 5.2）。

表 5.2　留守儿童新闻报道的主题分布表（多选题）

主题	频次	选项百分比	个案百分比
问题描述	907	33.9%	97.6%
呼吁关怀	715	26.7%	77.0%
政策宣传	446	16.7%	48.0%
对策介绍	529	19.8%	56.9%
其他	79	3.0%	8.5%
总计	2676	100.1%	288.0%

可以看出，几乎所有的报道都对留守儿童面临的问题及自身存在的问题进行了描述，各自类型在下文中予以分析。77%的报道呼吁全社会要关注、关爱留守儿童；近六成的报道介绍了解决留守儿童问题的对策；48%的报道对各地解决留守儿童的政策进行了宣传。总体上来看，新闻报道最多的主题还是留守儿童的问题，当然，在文本内容中，作者基本都不会区分哪些问题是留守儿童自身存在的，哪些是由于环境或其他因素导致的。这种含混的报道无疑会增强受众对留守儿童的"问题"印象。

4. 留守儿童自身问题关键词

研究团队从134篇负面报道中提取了留守儿童自身问题的关键词，按照出现频率可以分为这么几个类型：第一，行为偏差型。关键词中排位最高的是"犯罪"，出现了31次；"行为失范"出现了19次，排名第四；"网瘾"出现了12次，"暴力"出现了9次，排名分别为第七、第八位。第二，学习偏差型。与"犯罪"出现频次相同的是"厌学"，并列排在首位；其次是"成绩差"，出现了9次，并列排位第八。第三，心理偏差型。主要的关键词为"孤僻"（出现26次）、"心理失衡"（出现22次）、"自卑"（出现14次）、"自闭"（出现8次），其他出现频次较少的关键词有"冷漠""内向""懒惰""自负""偏执"等。从数据上来分析，媒体通过对留守儿童自身问题的报道所勾画出来的形象主要是：容易出现犯罪行为、厌恶学习、成绩较差、内心孤僻，这也是留守儿童"问题命题"的核心内涵。事实上，以上形象比较符合普通公众对留守儿童的形象认知。

5. 留守儿童面临的主要问题

在媒体报道中，多数会提及留守儿童面临的困难。这种困难是根植于留守儿童的生活场域的，同时也是外在于留守儿童自身的，也是需要全社会予以关注和共同努力解决的。

表 5.3　新闻报道揭示的留守儿童面临的主要问题（多选题）

问题	频次	选项百分比	个案百分比
未具体分析	317	13.2%	31.7%
亲情缺失	413	17.2%	41.6%
人身安全问题	242	10.1%	24.4%
教育问题	593	24.8%	59.7%
心理问题	313	13.1%	31.5%
生活质量问题	401	16.7%	40.4%
其他问题	116	4.8%	11.7%
总计	2395	99.9%	241.0%

从表 5.3 可看到，在 1000 篇报道中，有 317 篇没有具体分析留守儿童面临的问题；59.7% 的报道介绍了留守儿童的教育资源欠缺、教育环境弱化的问题，41.6% 的报道介绍了留守儿童亲情缺失问题，40.4% 的报道介绍了留守儿童生活质量问题，31.5% 的报道介绍了留守儿童的心理问题。从数据上来看，媒体最为关注的依次是留守儿童的教育问题、亲情问题、生活问题和心理问题。

（三）留守儿童"问题命题"的建构路径分析

通过以上数据的浅层次分析我们可以得出一些基本结论：首先，在传播留守儿童的信息中，报纸媒体的负面形象传播并不多见，绝大多数都是留守儿童面临问题的描述、呼吁各方关怀、政府关爱留守儿童的政策宣传以及解决留守儿童问题的对策介绍，这些信息的最大作用在于吸纳公众注意力，而对于留守儿童公众形象而言，并不会产生直接的负面影响。其次，在宣传报道中，少数报道（13.4%）介绍了留守儿童自身存在的问题，主要包括容易出现犯罪行为、厌恶学习、成绩较差、内心孤僻，这些少量的报道勾画出了留守儿童的"问题命题"，为其"污名化"奠定了直接基础。最后，近七成的报道都从社会环境、资源分配等外在角度介绍了留守儿童面临的问题，主要包括教育问题、亲情问题、生活问题和心理问题等，是引起公众关注和关爱的基础力量。那么，以中性为主的留守儿童报道，如何在公众心目中塑造了"问题"的印象呢？

1. 媒体选择性的议题设置是留守儿童"问题命题"形成的基础

Nimmo 和 Savage 把印象界定为"人们对某一事物、事件或人的一系列被感知的特征所形成的构念"，他们还对传播者塑造的印象和接收者感知的印象做了重要区分，并认为二者不大一致。[①] 事实上，在留守儿童的公众印象中就出现了这种局面：媒介塑造的主要是中性形象，而接受者往往感知成了负面印象。斯图尔特·霍尔（Stuart Hall）的编码/解码（Encoding/Decoding）理论也指出，在信息生产—流通—分配/消费—再生产的新型传播模式中，信息生产者与信息消费者在发送和接收信息时的主体能动性非常重要。"世界并非精确或不精确地反映在语言之镜中，语言并不像镜子那样运作……意义是被表征（representation）的实践和'运作'生产出来的。它是经由实践（也就是意义的生产）而得以建构的。"[②] 媒体在选择留守儿童的新闻报道素材时，为了吸引公众注意，难免对留守儿童面临的问题（97.6% 的报道内容中提及）以及自身存在的问题（13.4% 的报道内容中提及）进行强化式的议题设置，这种强化通过编码的过程予以传递；公众在接受信息的同时，对留

---

① Nimmo, D. , &Savage, R. L. *Candidates And Their Images*: *Concepts*, *Methods And Findings*, Pacific Palisades: Goodyear. 1976:78.

② 〔英〕斯图尔特·霍尔：《编码/译码》，见张国良主编：《20 世纪传播学经典文本》复旦大学出版社 2003 年版，第 28、428 页。

守儿童的媒体信息"主动地"进行了表征式的解码，这种解码事实上是一种单一化、类型化的印象形成过程，最终将留守儿童"面临的问题"与"自身的问题"混同接纳，这是留守儿童"问题命题"形成的基础。

2. 拟态环境下的印象形塑是留守儿童"问题命题"的建构渠道

有了媒体的选择性议题设置以及公众解读信息的单一化、类型化过程作为基础，留守儿童的公众印象是在拟态环境中完成形塑的。沃尔特·李普曼（Walter Lippermann）提出"拟态环境"（pseudo-environment）的设想指出，"由于真正的环境总的来说太大、太复杂，变化得太快，难于直接去了解它"，因此，人类"必须先把它设想为一个较简单的模式，我们才能掌握它"，而新闻报道能够将复杂的外在世界简化为个人"脑海中的图像"（the pictures in our head），即拟态环境，而这种环境却不一定是真正的社会现实。① 有关留守儿童的信息非常多，对于公众而言是很难从总体上进行详细把握的，那么公众通常将这些信息设想为简单的模式，例如认为留守儿童是积极向上的、问题重重的、艰难困苦的或者是行为乖张的等，在接触到太多有关留守儿童问题（通常不区分"面临的问题"与"自身的问题"）的报道后，公众便容易将留守儿童等同为"问题儿童"放在脑中，形成负面的刻板印象。通过这个过程，留守儿童的"问题命题"得以形成。

3. 共同价值观上的"焦虑性引导"强化了留守儿童的"问题命题"

进一步来讲，新闻不是被新闻工作者简单传递（conveyed）而

---

① 〔美〕沃尔特·李普曼：《舆论学》，林珊译，华夏出版社1989年版，第10、16、240页。

是被再生产（reproduced）的，媒介在再现社会事件或议题时会根据他们自己的标准和规则进行选择、编辑和戏剧化的表现①，所以，新闻媒介通过一定的"技巧"使得吸引公众对留守儿童的关注比较容易。同时，新闻要发生作用，需要得到共同享有一般文化和价值观的解释共同体的认同和支持，（在这个共同体里）传统和一般理解是事件被常规化解释的基础②，在关爱弱势群体、祖国未来的共同价值理念下，公众的注意力被媒介对留守儿童各种问题的宣传所吸引，加强了解决留守儿童问题的紧迫性认知。事实上，这个过程可以看作是媒体对公众在共同价值观和关注心态基础上的"焦虑性引导"，这个引导的实现过程，便是留守儿童的"问题命题"的强化过程。

4. 生活世界与主体间性的交叉建构是留守儿童"问题命题"的延续逻辑

舒茨（A. Schutz）阐述现象学的"生活世界"（The life world）、"主体间性"（Inter – subjectivity）概念时指出，生活世界是按照人们的常识意义被加以理解、解释和建构起来的，而常识起源于人的社会性。社会行动者根据常识解释、界定情境，领会他人的意图和行动动机，实现主体间有效理解并协调行动，以达到把握社会世界的目的。③ 延续这两个概念，伯格（P. Berger）和拉克曼（T. Luckmann）认为社会实在可分为客观实在和主观实在，所谓"社会"

---

① Gouldner, A. W. *The Dialectics of Ideology and technology*, London: Macmillan. 1976: 119.

② Park, R, "News as a form of knowledge: a chapter in the sociology of knowledge", American Journal of Sociology. 1940(5): 67 – 72.

③ 杨善华主编:《当代西方社会学理论》，北京大学出版社 1999 年版，第 15、18 页。

也就是主观实在（意义）的客观化（外化）以及透过外化过程而建构出的互为主体性的常识世界。① 公众印象中的留守儿童可以看作为主观实在，其本身虽然来源于客观实在，但是这种客观实在是经由媒介等传播渠道予以加工之后、受众基于生活世界的常识予以理解和解释的（前者可以看作是"宣传性建构"，后者可以理解为"想象性建构"），多个受众的共同理解促进留守儿童印象的形成，以实现主体间的有效理解，并在自身舆论方面形成自觉的协调；反过来，这种协调一致又强化了公众对留守儿童的印象认知，于是，生活世界与主体间性的交叉建构得以完成。这也是留守儿童"问题命题"的延续逻辑。

（四）留守儿童"问题印象"的反思

以上通过内容分析，以定量的方法描述了报纸媒介的留守儿童的新闻报道特征，并在此基础上深入探讨了留守儿童"问题命题"的建构路径。事实上，有些更深层次的问题仍然有待解答：为什么大量有关政府部门关爱留守儿童的政策、措施的中性或正面宣传没有发挥应有的形象刻画作用？留守儿童的"问题印象"有什么样的影响？

1. 政治信任危机弱化了正面和中性传播的力度

由统计数据可见，留守儿童的负面报道并不太多，媒体宣传性建构和公众想象性建构（后者的重要性不可忽视，对政府宣传性报道的疏离和不信任增加了想象性建构的比重）的竞合共同构建了留守儿童的"问题命题"。由于传统的媒体行政化背景，公众对待政府关爱留守儿童的宣传往往予以消极认知，其背后是对报道内

① Berger, P. & Luckman,T. *The Social Construction of Reality*. NY: Doubleday, 1966: 76.

容和政府政策的不信任。帕利（Parry）指出，政治信任是社会信任（人际信任）的附属品，当一个社会缺乏共识时，社会信任的流失势必造成政府信任的流失，进而导致政治体系的不稳定[1]，在当前中国市场化的冲击下，人际信任越来越弱，很难以此为基础形成政治信任。事实上，有学者指出，"当前（中国）最大的治理危机在于民众对于政府的信任度有江河日下的趋势"[2]，在公众对政府不信任的大环境下，要让公众完全相信、接纳并内化政府部门通过媒体传递的关爱留守儿童的政策信息，是不太现实的。卓伯（Job）认为，公民参与提升了社会信任，而社会信任又催生了政治信任[3]，可以想象，极少有公民参与到了留守儿童政策的制定过程，多数公民的参与仅限于投入关注和呼吁，而这些仅仅是浅层次的，很难由此提升社会信任，更不可能由此催生出政治信任。可见，政治信任危机弱化了留守儿童正面和中性传播的力度，使得大量的政府部门关爱留守儿童的政策、措施的中性或正面宣传没有发挥应有的形象刻画作用。

2. 不太科学的媒体分析方式削弱了传播的可信度

媒体的文本表述方式通常是叙事性的，叙事的过程中比较强调报道对象的"典型性"而非"代表性"，而两者是有很大区别的：典型性更注重事物发展的完善程度，是一类现象成熟、发展充分的表现形式；代表性则强调某一部分对象在其所属总体中是否具有普

---

[1] Parry, G. "Trust, Distrust and Consensus". *British Journal of Political Science*, 1976 (6): 7 – 11.

[2] 刘米娜：《公民文化视野下的政府信任研究》，载《上海行政学院学报》2011年第1期。

[3] Job, J. "How is Trust in Government Created? It Begins at Home, but Ends in the Parliament". *Australian Review of Public Affairs*, 2005(6): 55 – 59.

遍意义，是一类现象中发展处于中间位置的表现形式。为了取得聚焦效应，媒体通常选择具有典型意义的而具有非代表性的事件进行报道，这种规律在留守儿童报道中也不例外。经过本研究的统计发现，一千份留守儿童报纸报道中，采用泛泛而谈的方式进行报道的占了51.9%，运用典型个案说明问题的占了30.1%，运用不科学、非正规调查（例如个别地区、少数群体的调查或访问）的方式进行报道的占了12.5%，能够采用科学、正规调查（或者是运用权威科研、统计数据说明问题的）进行报道的仅占5.5%。方法的不科学会影响结论的可信度，尤其是当不太科学的方法与正面、中性的宣传性报道相碰撞的时候，更不容易让公众接受。

3. 留守儿童"问题"印象的不良影响

很多公众脑海里的"留守儿童"等同于"问题儿童"，这在本质上是对留守儿童的一种"污名化"。污名化在一定程度上会加强媒体、公众对留守儿童的关注，但是该印象的形成会使得这一群体的社会价值、社会地位降低；同时，留守儿童的污名化会使其自我认知为弱势群体，产生比较强烈的羞耻感、不平感、社会隔离感，弱化向上流动的动机和欲望。污名的负面作用机制是舆论压迫下被污对象的自我默认，即将公众的印象内化为自己的特征，由此产生符合公众印象的污名行为。许多研究者在开展调查的时候会发现，留守儿童本身事实上并不喜欢这个称呼，厌烦在问卷调查或访谈中被提到包涵"留守儿童"信息的问题。这种现象在一定程度上说明了许多留守儿童已经意识到公众对这个群体形成了污名化的印象，这也是污名的负面作用机制发挥效力的前奏。当然，留守儿童的这种行为并不代表他们对自己生活状态的不认同，更多的是对公众口头上"留守儿童"的问题内涵不满意。

从总体上来看，本项探讨尚处于描述和解释层面，遵循了

"发现问题""分析问题"的逻辑。从科学研究对某一领域的发展历程来看，还有很多问题需要深入探讨，最直接的便是媒体如何扮演好自身角色，为留守儿童塑造一个符合其实际情况的公众形象，这属于对策研究。从间接层面来看，媒体塑造留守儿童形象需要公众对媒体的基本信任，而这种信任的建立机制仍有待探索。如何发挥媒体效力进行资源整合，为留守儿童服务政策的制定和完善贡献力量，也是需要深入研究的。

由此可见，虽然媒体有大量正面和中性的报道，但留守儿童仍被许多公众视为"问题儿童"。媒体选择性的议题设置是留守儿童"问题命题"形成的基础，拟态环境下的印象形塑是留守儿童"问题命题"的建构渠道，共同价值观上的"焦虑性引导"强化了留守儿童的"问题命题"，生活世界与主体间性的交叉建构是留守儿童"问题命题"的延续逻辑。在此过程中，政治信任危机、不太科学的媒体分析方式弱化了媒体正面和中性传播的力度，留守儿童的"问题"印象有较大负面影响，是对留守儿童的一种"污名化"解读，而其实质是促使形成一种排斥性的社会关系网络。可以这么认为，当前，社会各界对留守儿童各种问题的关注，虽然基本不存在对他们进行污名化的"主观故意"，但是如果媒体、民众一味盯着其问题，久而久之会造成污名化的结果。这样持续下去，可能会导致教师、服务提供者、留守儿童家长及监护人失去教育信心，反过来也可能给留守儿童的自尊心、自信心带来不利影响，不利于其健康成长。

那么，我们应该如何认识留守儿童这个群体？

二、怎样认识儿童和留守儿童

本书主要是探讨西部留守儿童社会工作综合服务体系，在体系构建之前，我们首先要解决的问题是，我们应该怎样看待儿童？更进一步来说，怎样看待留守儿童？课题组从哲学、社会福利学等视角进行了反思。

1. 儿童是人类自身生产的承载

马克思和恩格斯在《德意志意识形态》中指出："生命的生产，无论是通过劳动而达到的自己生命的生产，或是通过生育而达到的他人生命的生产，就立即表现为双重关系：一方面是自然关系，另一方面是社会关系。"[①] 儿童的诞生，既是人类自然繁衍的产物，又预示着原生家庭新一层社会关系的产生。恩格斯在《家庭、私有制和国家的起源》第一版的序言里写道："根据唯物主义的观点，历史中的决定性因素，归根结底是直接生活的生产和再生产。但是，生产本身又有两种。一方面是生活资料即食物、衣服、住房以及为此所必需的工具的生产；另一方面是人自身的生产，即种的繁衍。"[②] 马克思主义把"生产"看作是"一切人类生存的第一个前提"，而生产包括了物质生产、精神生产和人类自身生产三个部分，事实上，这三类生产又以人类自身生产为基础。从这个意义上来说，人类自身生产是社会发展的根源。

---

① 《马克思恩格斯选集》（第 1 卷），人民出版社 1995 年版，第 79 页。
② 《马克思恩格斯选集》（第 4 卷），人民出版社 1995 年版，第 2 页。

以连续形态①出现的儿童构成了社会发展的未来希望，他们是人类自身生存的承载对象。这个过程遵循了这样的逻辑：在社会生产资料的积累和家庭发展的背景下，儿童得以产生，家庭的生态系统和社会关系得以拓展，家人既要为抚育儿童而更加辛勤地劳动，还要为其成才而提供适当的教育和熏陶。从亲子关系的原始属性来看，这个过程不一定遵循着工具理性的指引，可能更多的还是从人自身繁衍和家族发展的原始驱动力而来。随着家庭和社会的不断抚育，儿童逐渐成长，与父辈并肩作战乃至替代父辈，成为社会生产和人自身生产的主要力量，并进而完成代际更迭，人类社会的发展也一步一步得以延续。所以，如果我们从人类最原始的动物属性和社会属性的角度来看待儿童，可以得出的一个基本结论就是，儿童是人类自身生产的承载。

2. 儿童是国家的财富

2010年首届国际幼儿教育和保育大会以"构筑国家财富"为主题，突显了对幼儿、儿童的重视。从所处社会结构来看，儿童来自于一个个的家庭，但是家庭又构成了社会运行的元素，所以，儿童不仅仅是父母的，也是国家的；通常来说，儿童被认为是家庭的希望、未来，是家庭的财富。结合以上两个分析可以得出结论：儿童是国家的财富，也代表国家的希望和未来。但是，在实际的社会运行中随处可以看到，很多人并没有将儿童认同为国家财富，而是实际的"包袱"：从政府和政策层面来看，通常的表现包括学前教育投入不足、农村义务教育阶段学校撤并过快、在教育投入上过于

---

① 这里说的"连续形态"是指：一代又一代的新生婴儿不断出生，形成了"出生—成长—年老—死亡—新的婴儿出生"的连续统，这个过程既是代际更替的过程，也是人类不断繁衍、发展和进步的过程。即便社会在某一阶段会产生短暂的"倒退"，但是人类前进的步伐，随着一代代儿童的出生，从未停止。

注重工具理性思维的"投入产出比"、以经济发展为纲忽视社会发育等等；从家庭和个人层面来看，通常的表现包括重男轻女思想、忽视女童教育和发展、片面追求家庭经济积累忽视对儿童的陪伴等等。①

国家和社会对儿童教育和成长的投入不足，其重要原因还是在于财政投入的理念问题，大量的资金被投入经济再生产等短期可以获得回报（事实上，很多的财政投入并未获得预期的回报）的项目上，以此换取经济的快速增长。阿马蒂亚·森在《以自由看待发展》一书中指出："对发展的恰当定义，必须远远超越财富的积累和国民生产总值以及其他与收入有关的变量的增长。这并非忽视经济增长的重要性，而是我们必须超越它。"② 之所以要"超越"，是为了"将实现自由发展作为一种社会的承诺"③，社会政策应该增强人们的可行能力（例如足够的营养、避免疾病灾害、社会参与及自尊等），以便促进个体的实质性自由，实现社会的真正发展。"增强人们的可行能力"的最主要渠道是人力资源培养，具体到儿童来说，也就是教育投入和保育。可以说，这些投入是保障儿

① 当然，也有很多家庭和个人过于重视儿童发展和教育，试图通过各类辅导班、培训班等渠道让孩子"不输在起跑线上"，但这样过多的投入也给儿童带来很大的学习和成长压力。

② 〔印度〕阿马蒂亚·森：《以自由看待发展》，任赜、于真译，中国人民大学出版社 2002 年版，第 10 页。

③ 阿马蒂亚·森将自由分为工具性自由与实质性自由，其中工具性自由包括政治自由、经济条件、社会机会、透明性保证、防护性保障等，它们是实现实质性自由的条件。而实质性自由是一个人有能力选择自己有理由珍视的生活的自由。为了能实现实质性自由，社会政策就必须以增强人们的可行能力为最高目标，所谓可行能力是指一个人"有可能实现的、各种可能的功能性活动组合"，而"功能性活动"是反映"一个人认为值得去做或达到的多种多样的事情或状态"。对该问题的讨论，详见钱宁和陈立周发表在《探索》2011 年第 5 期上的论文《政策思维范式的演变与发展性社会政策的贡献》。

童成长、促进个体完善、增进社会经济发展的前提条件。

"儿童是国家的财富"不仅仅是看待儿童问题的理念或口号，这个判断的得出是有着科学的现实依据的：一方面是人体脑科学和儿童早期发展的相关研究成果，这类成果清晰地让人们认识到，人的早期发展和良好教育环境对于个体的终身发展具有关键作用，这一作用扩展开来，就意味着奠定国家未来的人力资源基础；另一方面则是教育经济学对于人的早期教育效能的相关研究，这类研究认定，即便从"投入产出"的工具理性思维出发，早期的教育投入也具有高回报率的社会价值，特别是在减少犯罪、贫困、社会矛盾和社会冲突等方面的社会问题，有着良好的早期预防效果，因此具有促进社会和谐和国家安定的巨大社会价值。[①]

"儿童是国家的财富"将儿童问题放置到国家、民族未来的高度，是一种具有远见卓识的未来观。这种观念要求我们的儿童福利和儿童政策做出相应调整，加大财政投入、开展社会倡导、动员民间力量，构建更为完善的儿童教育、保护、支持和发展体系。这些调整本身并不仅仅是为了体现国家关怀，更是从国家和民族未来的人才发展、财富积累的角度来认识问题的体现。毕竟，"17 个国家的经验充分证明，儿童保育和教育不是增加国家负担，而是为国家积累财富"[②]。

3. 留守儿童是"发展的受害者"

课题组在商量拟定这个标题的时候，心中还是很有不甘：难道留守儿童没有享受到社会发展、经济进步的成果，没有受益而仅是

---

① 冯晓霞、周兢：《构筑国家财富——联合国教科文组织首届世界幼儿保育和教育大会简介》，载《学前教育研究》2011 年第 1 期。
② 冯晓霞、周兢：《构筑国家财富——联合国教科文组织首届世界幼儿保育和教育大会简介》，载《学前教育研究》2011 年第 1 期。

"受害"吗？显然不是。社会的整体发展为留守儿童提供了大的生存环境，这种环境以我们无法想象、难以碰触的方式，无时无刻不在滋养、影响着包括留守儿童在内的社会公众，为我们提供养分。当然，社会有机体也会产生一些"垃圾"影响人的生长，这是一体两面的。就像课题组在实地调查中经常看到的一个情景：农村留守儿童在学校穿着"名牌"衣服（父母从城市带回来的山寨名牌，以耐克、阿迪达斯为常见），相对而言，家里没有劳动力外出打工的农村孩子所穿的衣服则没有这么光鲜了。老师们也有感触，认为有父母在外打工的家庭，比没有人出去打工、仅在家务农的家庭，经济上还是要好一些。从这个角度来看，父母在外务工所创造的财富为留守儿童提供了相对更好的生活资源，留守儿童们从家庭发展、社会发展中得到了益处。

即便如此，我们也不能忽视留守儿童在社会发展中所处的无奈和不利境况。首先，建国以来我国农村发展落后的主要原因并不是农民懒惰，也不是地理条件限制，而是持续几十年的以农补工、城乡二元结构和工农剪刀差，农村虽有先天不足，但后天的资源流失、积累不足则是贫困落后的主要原因。美国学者约翰·博得利在《发展的受害者》一书中指出："在 21 世纪，公开的增长测量标准，如 GDP 和道琼斯指数，持续地成为增长这一意识形态的具体化，好比古代文明中用来支撑权力的雕塑和纪念性建筑。"[1] 正是在以经济建设为纲、唯 GDP 是论的发展观念下，为了推动城市和工业的快速发展，才从本不富裕的农村吸取资源"补贴"工业发展和城市建设，这直接造成了我国城乡发展的巨大差距，也为农村

---

① 〔美〕约翰·博得利：《发展的受害者》，何小荣等译，北京大学出版社 2011 版，第 9 页。

剩余劳动力外出谋生埋下了伏笔。其次，我国东中西部地区发展不平衡是农村劳动力外出务工的现实背景。事实上，地区发展不平衡除了地理因素、资源因素等先天原因之外，国家对东部地区、重点城市的政策支持和资金投入，乃是造成地区发展不平衡的后天原因。虽然西部大开发政策执行十余年以来，我国西部地区城乡发展取得了显著成效，但是仍然难以弥补原本存在的巨大差距，这也是为什么众多西部农民工现在还很愿意到沿海打工而将子女留守在家的重要原因。最后，城市对农村剩余劳动力的吸纳，并非是因为国家为了缩减城乡差距，而是城市发展过程中出现劳动力短缺，为了降低城市工资增长压力而从农村吸引劳动力。事实上，学者们回顾我国农村劳动力流动后发现，政府在不需要农村劳动力进城务工的时候，会制定相关政策将农民"捆绑"在土地上；而政府在需要农村劳动力进城的时候便在一定程度上放开政策限制；一旦当城市对劳动力的需求不大（例如下岗、失业工人相互为工作岗位竞争激烈）的时候，政府又会做出一些限制农民工进城的措施。① 在政府调控和市场经济相融合之后，政府对农村劳动力流动的干预措施才真正逐渐减少。

从以上分析中可以看出，政策因素是导致城乡发展差距、地区发展不平衡、农民是否能够到城市务工的主要原因。无论如何，这些因素都是农民无法左右的，留守儿童对此更是无能为力，他们看似是在为自己、为孩子寻求更好的明天，而实际上似乎更像是"被别人牵着鼻子走"。总之可以肯定的是，农民工在为改变自身现状的过程中，卷入了市场经济的大潮；留守儿童嵌入在这个潮流

---

① 田北海：《农民工社会管理模式转型与创新路径探讨》，载《华中农业大学学报（社会科学版）》2011 年第 2 期。

中，过着缺乏父母陪伴、照料和家庭教育的童年。博得利指出："多数人都没有意识到，不断增加的社会、市场和经济规模，实际上减少了人类的幸福，消极地改变了社会文化体系和支撑人类的生态系统。"① 很显然，在留守儿童的生态系统中，因其父母外出务工而产生一定缺憾。从这个角度来看，说留守儿童是"发展的受害者"似乎也不过分。

4. 获得照料和支持是留守儿童的权利和福利，不是"怜悯"或"施舍"

权利在本质上是为了保护人们生活的安全和幸福，同社会福利紧密相连。正如马歇尔所指出的："任何法定的权利都会与福利必然具有的直接的或间接的性质存在着关联，因为权利存在于那些可以被期待带来福利的利益，以及就平均的计算而言，那些将会带来福利的利益。"② 从这个角度来看，权利是社会福利的政治基础。正如钱宁教授研究指出，人类的权利本质是福利权利，而福利权利的现代理论形式就是公民权利。在公民权利的政治理念下，人们把享有社会福利保障当作自己的应有权利，救助贫病不必再借助于人性的同情与怜悯。所有社会成员都拥有了政治上和道德上的平等地位，这就改变了社会福利的慈善救济性质，在消除福利救助中的社会歧视方面迈出了重大的一步。③ 从这个角度来看，留守儿童有权利获得来自政府、社会、家庭的照料和支持，以保障其自身得到适

---

① 〔美〕约翰·博得利：《发展的受害者》，何小荣等译，北京大学出版社 2011 版，第 12 页。

② Marshall, T. H, "The Rights to Welfare". In N. Timms & D. Watson (ed.), *Talking about Welfare: Readings in Philosophy and Social Policy*. London: Routledge & Kegan Paul, 1976:52.

③ 钱宁：《从人道主义到公民权利——现代社会福利政治道德观念的历史演变》，载《社会学研究》2004 年第 1 期。

宜的发展条件。

《世界人权宣言》指出，儿童有权享受特别照料和帮助。在此，"特别照料和帮助"是儿童的权利，而不是基于贫弱状态下的"怜悯"或"施舍"。权利和施舍是两个概念，前者是人天生具备的，是在法律和制度上应予以保障的，享受它是正常的（换句话说，是不应受到非议的）；后者是基于同情的，受道德的软约束而非法律硬管辖，享受它有可能招致他人的不屑和非议，容易被贴上"失败者""弱者"的标签。联合国《儿童权利公约》从三个方面提出了对儿童的保护：一是从儿童自身层面指出，"儿童因身心尚未成熟，在其出生以前和以后均需要特殊的保护和照料，包括适当的法律上的保护"；二是从家庭层面指出，"家庭作为社会的基本群体，作为家庭所有成员、特别是儿童生长和幸福的自然环境，应获得必要的保护和帮助……儿童应该在家庭环境里，在幸福、爱抚和理解的气氛中成长"；三是从国家和政府层面指出，"缔约国承担确保儿童享有其幸福所必需的保护和照料，考虑到其父母、法定监护人，或任何对其负有法律责任的个人的权利和义务，并为此采取一切适当的立法和行政措施"。我国于 1990 年 8 月 29 日签署了《儿童权利公约》，1991 年 12 月 29 日第七届全国人民代表大会常务委员会决定批准中国加入《儿童权利公约》，1992 年 3 月 2 日，中国常驻联合国大使向联合国递交了中国的批准书，从而使中国成为该公约的第 110 个批准国，该公约于 1992 年 4 月 2 日对中国生效。

留守儿童是儿童中的一个特殊群体，更是一个"处境不利"的特殊群体。从一般层面来看，国家要为儿童提供普惠的社会福利和社会保障体系；当家庭为儿童提供的教育、生活环境不足以保障儿童发展时（例如留守儿童），国家更要承担起自身责任。从教育公平的角度来说，政府的投入应优先向这些处境不利的儿童倾斜，以促进教育的起点公平。事实上，这也是许许多多教育政策的共同取向。从儿童自身来说，留守儿童的身份并非自己所导致，也非自己所能掌控。在国家政策和家庭发展的双重作用下，留守儿童其实处在了相对不公平的境况，而其自身的教育和发展事实上关系到了家庭贫困的代际传递和欠发达地区可持续发展等重要问题，需要给予更多关注。由此可见，我国必须尽快加大对农村地区和贫困地区基础教育的投入，同时大力发展公立的普惠性幼儿园、小学、中学，将公共资金更多用于促进教育的起点公平，完善留守儿童的福利政策体系，最终实现对国际社会和儿童的承诺。

三、西部留守儿童社会工作服务的总体理念

以上从哲学、社会福利学、教育学等角度，对怎样认识儿童和留守儿童两个问题进行了探讨，得出的基本结论是：儿童是人类自身生产的承载，是国家的财富；留守儿童是"发展的受害者"，获得照料和支持是留守儿童的权利和福利，不是"怜悯"或"施舍"。这些基本理念认识为我们探讨西部留守儿童社会工作服务理念奠定了一个前提，也是下文分析的逻辑起点。

正如 Barker 指出，价值观是社会工作实务的根基，是"被一种文化、一群人或一个人认为值得拥有的习俗、交往的标准和准则"①。简单地说，社会工作价值观是一整套用以支撑社会工作者进行专业实践的哲学理念。这些理念对于社会工作者如何在实践中

---

① Barker, R. L. *The Social Work Dictionary*. Washingtong, DC: National Association of Social Workers. 1995:55.

开展服务，具有指导和约束的作用，也是集中体现社会工作特性的重要方面。列维曾经指出："社会工作是一个以价值为本的专业。它不仅是做事情的一种方式，而且是关于做什么事情是有价值的和它应该如何去做的准则。对于人们，它充盈着理想主义的抱负和关于人们应该如何被对待的理想主义的理念……对普通凡人不能期待的实践和关照却都可以期待于他们（社会工作者）。"[1] 留守儿童社会工作服务理念，也就是指我们应该秉承什么样的价值观念来对留守儿童开展服务。从逻辑上来看，这些价值观念应该包括以下内容：为什么社会工作者要为西部留守儿童提供服务？为什么他们是可以被帮助的？我们如何帮助他们？本部分将结合美国社会工作者协会（NASW）和国际社会工作者联合会（IFSW）的社会工作专业价值观，以及国内学者对于社会工作价值观本土化的相关研究，在前文讨论的基础上，提出开展西部留守儿童社会工作服务时应遵循的社会工作价值观。

1. 社会公正、人的价值和尊严、社工的根本使命要求我们开展留守儿童服务

首先，前文通过详细论证已经指出，西部留守儿童目前所处的不利境况，是历史背景下国家政策、区域限制、家庭发展等因素所造成的。留守儿童与其他儿童一样，有权利要求获得国家、社会、家庭的照料和支持。所以，目前的不利境况对于他们来说，是不公平的，对于社会发展来说，也是不公正的，我们不能以促进经济发展的名义剥夺孩子们获得家长照料、享受良好教育、度过美好童年的权利。《全美社会工作者协会伦理守则》（1999 年修订）指出，社会工作者追求社会变革，特别是同弱势和受压迫的个人和群体一

---

① Levy, C. S. *Social Work Ethics*, New York: Human Sciences Press, 1976: 42.

道工作，代表他们寻求社会变革，这被称为"社会公正的价值观"。中国的社会工作价值观中也有"注重和谐、促进发展"的要求。促进社会公正是开展西部留守儿童社会工作服务的内在驱动力，是有道德感、责任感的社会组织者持续为留守儿童服务、改进其生活和学习环境、助推相关社会政策完善的基本出发点。正如McGowan 所说，社会工作专业价值观的重要功能是教会从业人员做出适当决定和采取行动。① 那么，促进西部留守儿童处于更为公正的社会状况的价值观念要求社会工作者，在服务中与留守儿童及相关人员一同工作，了解留守儿童的问题和需求，在改善其微观生态环境的同时，从改革和发展的角度努力推动社会变革，积极倡导社会政策的调整。

其次，从人的价值和尊严的角度来说，每个人自出生开始就是一个独特的个体，是一个值得珍视的生命。正如意大利文艺复兴时期的哲学家皮科·米兰多拉论述人的尊严时指出："为什么人类是最幸运的生物，为什么人类值得最高的赞赏，为什么人类能取得他在存在之链中的位置？一个不仅被动物所嫉妒，更被环绕着他们的星星所嫉妒，被所有居于世界之上的有识之灵所嫉妒的位置，那是超卓的信念与锤击灵魂的求知。难道还可能是别的吗？正因如此，人类被公正地称为伟大的奇迹，堪配任何赞美。"② 价值和尊严是个体基于生命为缘由的附着物，是不可剥夺和忽视的，对于西部留守儿童而言，也是如此。尊重留守儿童的价值和尊严，要求社会工作者对每一位服务对象都给予关心和尊重，不以貌取人、以行为识

---

① McGowan, B. G. "Values and Ethics". In C. H. Meyer & M. A. Mattaini (Eds.), *The Foundations of Social Work Practice*. Washington, DC: NASW Press, 1995: 28.

② 〔意〕皮科·米兰多拉：《论人的尊严》，顾超一、樊虹谷译，北京大学出版社2010 年版，第 7 页。

人；应充分认识和理解留守儿童在生理、心理和社会文化等各方面存在的差异，同时对文化和种族的多元性保持开放与敏锐的意识；认同留守儿童的价值和潜力，在服务过程中充分发掘留守儿童的潜能并为其提供施展空间。

最后，社工的根本使命是服务（换句话说，社会工作者是为服务而生的），这一使命要求社会工作者为包括西部留守儿童在内的、有需求的民众开展专业服务。正如 Reamer 所指出的，社会工作者要献身社会变迁和社会正义，通过开展专业服务，努力满足个体的基本需求，促进个体获得平等机会。① 《全美社会工作者协会伦理守则》将"服务"放在社会工作核心价值观的第一位。认为社会工作者应推动超越个人私利的为他人的服务。国内学者在探讨社会工作价值观时，也非常注重社会工作者提供服务这一基本宗旨，提出了利他主义、以人为本、回应需求等价值观。②

2. 留守儿童虽面临困境，但有改变的潜力，要求我们开展服务来激发潜力

社会工作的优势视角有两个基本假设：有能力生存的人必然有能力使用及发展自己的潜能，并且可以取得资源；人类行为大多数取决个人所拥有的资源。③ 这种视角肯定个人内在的智慧和改变的潜力，关键在于服务对象所处社会生态环境中资源的链接方式，这些资源链接中蕴含着各种"可能性"，只要帮助发掘出这些可能性，服务对象可以激发自己潜能来改变不利处境。虽然媒体经常报

---

① Reamer, F. G. *Social Work Values and Ethics*(2nd Ed.), New York：Columbia University Press,1999：77 – 80.

② 王思斌：《社会工作导论》（第二版），北京大学出版社 2011 年版，第 80 页。

③ Miley, K., O'Melia, M.,& Dubois, B. *Generalist Social Work Practice*：*An Empowerment Approach*. Boston, MA：Pearson Education Inc, 2004, pp. 112.

道留守儿童存在各种行为和心理问题，但是在当前的大环境下，政府、社会、学校都已经关注这个群体，父母外出务工也提供了较好的经济支撑，社区、邻里也蕴含着大量的潜在资源，留守儿童自身也有着成长的动力，社会工作者应该协助留守儿童，链接这些资源以改变不利处境，实现真正意义上的助人自助。

3. 留守儿童的服务，需要社会工作者的诚信和能力素养

诚信是指社会工作者始终意识到专业的使命、价值观、伦理原则和伦理标准，并用与之相契合的方式开展实务工作。① 初步接触到留守儿童的社会工作者可能发现，这些孩子有些害羞、不太喜欢说话、不太讲卫生；去到他们家开展家访的时候可能发现，屋里随意摆放着桌椅和农具，猪圈里面臭烘烘的……在这些场景中，社会工作者还能秉承社会工作专业伦理规范中的尊重服务对象、案主自决、增权、保密等要求吗？事实上，诚信及其所包含的诸多伦理标准，是开展留守儿童社会工作服务的人所必须具备的，不论这些儿童有着怎么样的生活境况、行为问题，社会工作者都必须为自己的服务对象负责。

除了内化社会工作伦理原则之外，开展留守儿童社会工作服务，还要求社会工作者能够了解儿童需求，有针对性地制定服务方案，具备介入的各项技能，可以及时总结、评估服务效果并予以改进，甚至形成有借鉴意义的服务模式。这些要求都是社会工作者要具备的能力素养。能力是指社会工作者不断致力于增进专业知识和技能，并将它们恰当地运用到实务工作中。② 反过来看，不具备良

---

① 〔美〕拉尔夫·多戈夫、弗兰克·M.洛温伯格、唐纳·哈林顿：《社会工作伦理实务工作指南》（第七版），隋玉杰译，中国人民大学出版社2005年版，第17页。
② 〔美〕拉尔夫·多戈夫、弗兰克·M.洛温伯格、唐纳·哈林顿：《社会工作伦理实务工作指南》（第七版），隋玉杰译，中国人民大学出版社2005年版，第18页。

好的能力而盲目凭借同情心（或其他力量）的驱动去开展留守儿童社会工作服务，其结果有可能是不但没有帮助留守儿童解决自身面临的困难，反倒将其推入另一个困境之中。所以，不具备一定能力的人开展社会工作服务，是不符合专业价值观念的。

四、本章小结

本章在总体研究报告中，发挥承上启下的作用，一方面是在前文明确了西部地区留守儿童一般状况、社会支持状况及需求后，对如何认识留守儿童进行反思；另一方面是为后续构建西部留守儿童社会工作综合服务体系提供理论依据。本章总体上介绍了如下内容：

第一，根据对 1000 篇留守儿童媒介报道的内容分析，详细探讨了社会公众是如何将留守儿童看成是"问题儿童"的，其逻辑依据包括媒体选择性的议题设置是留守儿童"问题命题"形成的基础；拟态环境下的印象形塑是留守儿童"问题命题"建构渠道；共同价值观上的"焦虑性引导"强化了留守儿童的"问题命题"；生活世界与主体间性的交叉建构是留守儿童"问题命题"的延续逻辑。课题组分析了留守儿童问题形象的形成原因，认为主要原因在于政治信任危机、不太科学的媒体分析方式弱化了媒体正面和中性传播的力度。随后，课题组分析了留守儿童的问题形象所造成的不良后果，并提出一个核心问题：如何看待儿童、看待留守儿童。

第二，在前面提出问题的基础上，作者从哲学、社会福利学、教育学等视角分析了我们对儿童、留守儿童这个群体应该持有的基本认识，包括儿童首先是人类自身生产的承载，更重要的来说，儿童是国家的财富，投资儿童就是投资国家的未来。在此基础上课题组指出，留守儿童是我国工业化、城镇化进程中产生的，是"发展的受害者"，从儿童所处的基本地位来看，获得照料和支持是留守儿童的权利和福利，不是"怜悯"或"施舍"。以此，作者明确了一个基本问题：为留守儿童提供健全的社会服务，是理所应当的，也是于国家、于社会大有好处的。

第三，在分析了留守儿童"问题形象"及正确看待留守儿童的基本视角后，作者结合社会工作自身的发展理念提出，在开展留守儿童社会工作服务时，应该秉承如下价值理念：首先，社会公正、人的价值和尊严、社工的根本使命要求我们开展留守儿童服务；其次，留守儿童虽面临困境，但有改变的潜力，要求我们开展服务来激发其潜力；再次，留守儿童的服务，需要社会工作者的诚信和能力素养，这要求社会工作者能够了解儿童需求，有针对性地制定服务方案，具备提供介入服务的各项技能，可以及时总结、评估服务效果并予以改进，甚至形成有借鉴意义的服务模式。

第三部分

西部留守儿童社会工作综合服务体系

　　本部分为本书的主体部分，包括第六、七、八、九章，共四章。第六章系统地调查了西部地区开展留守儿童服务的政策和服务措施，并对其进行深入反思，在此基础上提出了"西部留守儿童社会工作综合服务体系构想"；第七章从学校社会工作的视角，详细探讨了我国西部地区开展留守儿童学校社会工作的服务实施体系，并结合本书实际开展的留守儿童服务项目予以证实；第八章从农村服务的视角，详细探讨了我国西部地区开展留守儿童农村社会工作的服务实施体系，并结合本书实际开展的留守儿童服务项目予以证实；第九章从城市社区的视角，详细探讨了我国西部地区开展城市留守儿童社区社会工作服务的实施体系，并结合本书实际开展的留守儿童服务项目予以证实。本部分总体呈现出"总—分"结构，第六章是对综合服务体系的总体介绍，后面三章是对综合服务体系中的每一个子体系进行详细介绍。

第六章 西部留守儿童社会工作综合服务体系的总体建构

　　本章是第三部分的总述性章节，试图回答的问题是：依据对西部留守儿童需求、社会支持的调查，以及对儿童、留守儿童地位的明确和社会工作服务理念的形成，结合当前我国国情及西部地区的实际状况，可以构建一个怎样的留守儿童社会工作综合服务体系。既然是开展社会工作服务，那么我们首先要探讨，当前对西部留守儿童已经制定了什么政策（包括法律法规）、开展了什么服务，这些政策和服务的成效如何，都是要先予以明确的。同时，本书探讨构建服务体系，那么必然少不了要探讨政策支持体系，以解决制度建设、人财物等问题；也应该探讨什么样的社会工作服务方式适合西部留守儿童，这些服务可以解决留守儿童面临的什么问题，而且从生活环境和需求差异的角度来看，应该适当区分城市留守儿童和农村留守儿童社会工作服务体系。当然，课题组的重点仍然是探讨农村留守儿童社会工作服务体系。以上是本章的总体思路，具体到内容上来看，主要包括西部留守儿童社会政策支持体系的检视及反思、现实社会服务及反思、社会工作综合服务体系的构建等三个部分。

一、西部留守儿童社会政策支持体系检视及反思

（一）西部留守儿童的社会政策支持体系

经作者梳理，我国国家层面已经出台的有关儿童保护、教育等方面的法律法规，包括《中华人民共和国宪法》《中华人民共和国未成年人保护法》《中华人民共和国预防未成年人犯罪法》《中华人民共和国婚姻法》《中华人民共和国收养法》《中华人民共和国教育法》《中华人民共和国义务教育法》《中华人民共和国教师法》《中华人民共和国残疾人保障法》《中华人民共和国母婴保健法》《中华人民共和国传染病防治法》《中华人民共和国食品卫生法》《中华人民共和国劳动法》《中华人民共和国妇女权益保障法》《中华人民共和国刑法》《中华人民共和国刑事诉讼法》《中华人民共和国民法通则》《中华人民共和国民事诉讼法》《中华人民共和国监狱法》《中华人民共和国继承法》《禁止使用童工的规定》《国务院关于严禁淫秽物品的规定》《最高人民法院关于办理少年刑事案件的若干规定》《公安部关于对犯人使用戒具的规定》《公安机关办理未成年人犯罪案件的规定》《全国人民代表大会常务委员会关于严禁卖淫嫖娼的决定》《全国人民代表大会常务委员会关于严惩拐卖、绑架妇女儿童的犯罪分子的决定》《全国人民代表大会常务委员会关于惩治走私、制作、贩卖、传播淫秽物品的犯罪分子的决定》《全国人民代表大会常务委员会关于禁毒的决定》《幼儿园管理条例》《学校卫生工作条例》《中小学勤工俭学暂行工作条例》《中华人民共和国治安管理处罚条例》等共计三十余项。另外各省

级层面出台的地方法规、实施办法更是难以计数。

从形式上来说，中央和地方出台的这些法律、法规等政策层面的规定，对包括留守儿童在内的儿童，进行了全方位的保护。例如，《中华人民共和国义务教育法》规定了"国家实行九年义务教育制度""义务教育是国家统一实施的所有适龄儿童、少年必须接受的教育，是国家必须予以保障的公益性事业。实施义务教育，不收学费、杂费""县级人民政府根据需要设置寄宿制学校，保障居住分散的适龄儿童、少年入学接受义务教育"，并就学校、教师、教育教学、经费保障、法律责任等各方面进行了明确的规范。这些法律规范，保障了留守儿童的教育权利，为其成长奠定了基础。《中华人民共和国预防未成年人犯罪法》规定了预防未成年人犯罪的原则是，"立足于教育和保护，从小抓起，对未成年人的不良行为及时进行预防和矫治"，各个部门要为未成年人身心健康发展创造良好的社会环境。并且，还就未成年人的行为，父母及监护人、学校、人民团体、政府部门的相关责任都进行了明确。这些法律规定为留守儿童不良行为的预防和处置提供了依据，也督促社会各界为儿童成长创造良好环境。《中华人民共和国未成年人保护法》对18周岁以下公民的保护措施进行了规定，明确了未成年人保护的四大原则：保障未成年人的合法权益、尊重未成年人的人格尊严、适应未成年人身心发展的特点、教育与保护相结合，并就家庭保护、学校保护、社会保护、司法保护、法律责任等各方面进行了规范，为留守儿童的合法权益不被侵犯、儿童的健康成长提供了依据。其他例如宪法、民法通则、刑事诉讼法、民事诉讼法、侵权责任法、婚姻法、劳动法、治安管理处罚法等，都对包括留守儿童在内的儿童群体的各项权益进行了明确的规范，各法律法规的总体取向均是对儿童的适当保护和促进发展，只是在实际操作中，很多方面难以落实。

儿童的权利的基础是生存权，包括生命安全权和生活保障权。当前，我国的法律体系对儿童的生存权有相对完整的规定，宪法、民法通则、未成年人保护法等都有比较明确地对家长、学校、相关司法机关的授权性规范，而婚姻法中也有类似于"禁止溺婴、弃婴和其他残害婴儿的行为"等具体的禁止性规范。这些规范在很大程度上，保障了儿童的生命安全权、生活保障权、医疗保障权（也即健康权）。事实上，对生命权的保障，是法律法规中最基本的、最低等次的规范。除此之外，儿童还应该享有受保护权、发展权和参与权。

受保护权主要是指儿童与成年人一样，享有不被歧视、虐待和忽视的权利，具体包括保护儿童免受歧视、暴力、剥削、酷刑或疏于照料，也包括对失去家庭和处于困境中的儿童予以特别保护。儿童面临的暴力、剥削等行为，由于具有相对显性的表现特征，在法律上更容易界定，在司法实践中也更容易判断，所以对儿童的保护效果会更好。但是歧视、疏于照料则多数时候难以判断，且对于这类行为难以通过司法审判的方式对侵权人进行处置。当然，法律法规上的这类规定是必须要有的，只是在实际执行中效果不显著，需要有其他的以社会教育、社会服务的渠道予以救济。

发展权主要表现在儿童有权接受教育、获得平等的发展机会和良好的发展环境，以促进其身体、心理、能力等各方面的健康成长。如义务教育法中"凡具有中华人民共和国国籍的适龄儿童、少年……依法享有平等接受义务教育的权利"，未成年人保护法中"学校应当尊重未成年学生受教育的权利"等条款就是保护儿童教育发展权的充分体现。但是，对于保障儿童享有平等的发展机会和良好的发展环境，则很难在法律法规上予以体现。事实上，相对于城市儿童，农村儿童在发展机会和发展环境已经属于总体相对较差、条件相对落后的群体，法律法规在这些方面的硬性保护作用没有很好发挥，迫切需要通过完善立法、提供社会服务等方式予以改进。

参与权主要包括了儿童有参与到家庭、社会文化、社区生活的权利，有权对有可能影响到他们的事项发表自己的意见。关于儿童的参与权，我国未成年人保护法、婚姻法、民事诉讼法、刑事诉讼法等都有相关规定。就目前来说，法律上对儿童参与权的规定更多时候体现在司法阶段，如未成年人保护法第 52 条规定："人民法院审理离婚案件，涉及未成年子女抚养问题的，应当听取有表达意愿、能力的未成年子女的意见。"但是在日常生活中，儿童参与权的体现则较少。例如，对于家庭生活方式，留守儿童很难参与到父母是否外出务工的决定中来。

（二）西部留守儿童社会政策支持体系的反思

以上对于我国与儿童有关的法律法规进行了粗略地梳理，仔细考察法律文本可以发现，这些法律规范的综合性较强，多数是原则性的规定，但操作性较弱。而与儿童工作相关的民政部门、共青团、妇联的规章和规范性文件的立法层级较低、约束力较差、协调性不强，很难在全国层面规范和指导当前的儿童保护和儿童福利工作。当前，在儿童问题凸显之际，急需一部《儿童福利法》，作为儿童福利法律体系的基本法[1]，以便明确涉及儿童福利相关主体的

---

[1] 易谨：《我国台湾地区与日本儿童福利法律制度的特色与启发》，载《青年探索》2012 年第 2 期。

各自权责、基本原则和基本理念①，为开展儿童保护工作、弱势儿童社会服务提供基本的运作框架。

从儿童福利和儿童服务的实施主体来看，我国当前与之相关的机构呈现错综复杂的局面，涉及各层级的妇女儿童工作委员会、妇联、共青团、残联、儿童少年工作协调委员会、教育系统、民政系统、卫生系统等，这些行政部门和社会团体在涉及儿童福利和儿童服务的工作中往往缺乏协调与整合机制、责任不明确，经常出现工作内容交叉、重复与缺失并存的状况。② 另外，有学者研究发现，不同部门的儿童政策目标分散多元，缺乏统一、集中、典型的儿童福利政策目标，部门儿童工作政策目标与国家儿童发展总体目标间缺乏内在逻辑联系，有些目标甚至相互冲突。③ 由此可见，依托儿童福利法的制定，应该明确一个统一的儿童管理部门，例如中央儿童工作委员会或者国务院儿童工作部，各省市依照层级设置相应部门，统领全国的儿童福利和儿童服务工作，并在立法中明确规定儿童福利主管机关与其他如教育、卫生、民政、公安、司法等部的相关责任，以在全国建立从中央到地方、从主管机关到分管机关责任明确的儿童福利行政组织体系。④

---

① 本书无意于探讨我国儿童福利法的立法工作，只是希望通过对我国与儿童紧密相关的法律法规进行初步梳理，从国家层面反思对包括留守儿童在内的儿童群体的保护状况，明确其中存在的不足，为提供社会工作服务寻找现实依据。

② 孙男：《我国儿童福利现状与发展趋势》，载《理论研究》2010 年第 6 期。

③ 刘继同：《儿童健康照顾与国家福利责任：重构中国现代儿童福利政策框架》，载《中国青年研究》2006 年第 12 期。

④ 易谨：《我国台湾地区与日本儿童福利法律制度的特色与启发》，载《青年探索》2012 年第 2 期。

二、当前的西部留守儿童服务行动及反思

从当前来看，政府、社会各界对留守儿童开展了形式多样的社会服务行动，对留守儿童的教育、支持、健康都产生了一定影响。开展这些关爱行动的主体涉及政府部门、学校、社区、企业、家庭、志愿者、社会组织（含国际组织）等，服务行动的类型包括了留守儿童寄宿学校、代理家长、家长学校、托管家庭、结对帮扶、学校心理辅导、社区亲情活动室等。这些主体多元、形式多样的关爱服务行动，一方面说明留守儿童的处境已经引起了各方面的关注，另一方面也说明关爱行动目前尚处于缺乏制度化、体系化的无序状态。在法律法规模糊、各部门缺乏协调的背景下，这种状态的产生似乎是必然的。课题组对西部省份实施的留守儿童社会服务行动进行了考察，本部分将结合其他资料进行系统化的梳理和反思。①

（一）农村留守儿童寄宿学校

20 世纪 90 年代开始，我国农村寄宿学校尤其是寄宿小学出现，并逐渐成为一种重要的办学方式。伴随着农村生源减少、从小学逐渐向上延伸的撤点并校政策实施，农村孩子上学的便利性较之

---

① 中国农业大学叶敬忠教授的团队于 2007 年开始，组织开展了"关爱留守儿童行动与对策研究"，对四川、重庆、湖北、江苏等省市开展的留守儿童服务行动进行梳理和总结，在此基础上提出了相关改进对策。这是目前国内全面针对留守儿童服务行动进行梳理总结的著作。本课题在此基础上，结合近年来留守儿童社会服务方面的新举措，开展进一步的梳理工作，以便为西部留守儿童社会工作综合服务框架的提出奠定现实基础。当然，在服务行动的完整性方面，本课题的调查和梳理工作可能不如叶敬忠教授团队那么全面。可参阅叶敬忠、杨照：《关爱留守儿童——行动与对策》，社会科学文献出版社 2008 年版。

以前有所降低。相对来说，农村中学的生源覆盖面更广，学校离家庭的距离更远，也就更有寄宿的必要；中学生生活自理能力更强，也就更有寄宿的可能。所以在农村中学实施寄宿制是一种较好的选择。在撤点并校、大力建设中心小学后，很多农村地区尤其是山区，孩子上学距离变得更远，往返路途上的安全性、吃饭的便利性都存在问题，于是小学提供寄宿服务也越来越常见。对于留守儿童而言，家庭教育和生活照料的总体状况均较非留守儿童稍差，而寄宿学校既可以提供食宿方面的便利，又有着相对更好的学习环境，所以从理论上看，寄宿学校对于留守儿童而言，是一种很好的制度安排。

课题组在四川、云南等地的农村寄宿学校调查发现，寄宿为留守儿童带来了这样一些好处：第一，解决了吃饭和住宿的问题。虽然住读生每学期要交纳 200 元—300 元不等的住宿费、每月 150 元—200 元不等的生活费，但是调查发现，绝大多数的学生家庭能够承担这些费用，而且，地方教育部门对于住宿费和生活费有着严格的管理规范，学校很少存在乱收费的现象。父母外出务工后，留守儿童的基本生活照料主要依靠老人、兄弟姐妹和自己，有些大龄留守儿童还要照顾家里的老人。留守儿童在学校住读后，省去了家人接送的麻烦，减少了生活照料的负担。对监护人的访谈也发现，无论是外出务工的父母，还是家里的老人，对孩子在校住读总体上比较放心，当然，部分孩子年龄较小的监护人还是担心学校的照料不会那么细致。留守儿童也反映，在学校住读很好，"不用每天走那么远上下学""人多一起吃饭更香"。相对而言，离校较远的非住读学生有一定的心理压力，他们一方面每天都要往返学校和家里，路途比较辛苦；另一方面认为家里交不起住宿费和生活费，觉得有些自卑，有些羡慕住读的学生。第二，住读生在学习时间的保障和学习困难求助等方面更有优势。很多学校都为高年级的住读学生组织早晚自习，这相对于非住读学生而言无疑延长了学习时间；而且，非住读学生回家后往往都要做一定时间的家务，而住读学生则多数将这些时间用于玩耍、锻炼和学习。留守儿童的家庭教育在父母外出务工后更为欠缺，但是寄宿制能够在一定程度上进行弥补，主要原因是住读的留守儿童在遇到学习困难时，可以向老师或其他同学寻求帮助；而且，部分学校还会主动组织老师为住读生答疑，开展课外教育活动。第三，在学校住宿的生活环境更为丰富。很多住宿生表示，如果不是住在学校，自己放学后就回家帮家里做事，吃完晚饭后做些作业、看看电视就睡觉了；而现在住在学校里，周围都是自己同学，放学吃饭后可以一起娱乐、做作业，有不懂的还可以相互问一问，生活比在家里丰富。课题组在一所农村小学看到，虽然已经是破烂不堪的足球，但住宿的学生们在吃晚饭之前的空余时间里，还是追逐着球在操场上飞奔，这种场面对于走读生来说很难拥有。针对无法提供住宿的学校的对比调查发现，这些学校通常为农村基点校（农村中心学校下属的、分散在各村庄附近的学校，通常只提供低年级的教学服务），基础设施落后，教学软硬件缺乏，师资队伍匮乏。好在多数这类学校距离学生的家比较近，当然，也有部分山区学校，由于居住分散，学生上学距离很远，地方教育投入有限，无法建设宿舍楼、食堂、澡堂等必备设施。对于这些学校应该给予更多关注。

当然，农村寄宿学校在实际运行中也存在一些问题：首先，持续性的资金投入缺乏，硬件的扩建、维护存在困难。在建设好宿舍楼、食堂、卫浴设施等寄宿的基础设施之后，在维护方面，难以有持续的资金投入。同时，当设施不能满足需求的时候，寄宿学校给上级教育主管部门打报告争取资金，比初次建设更为困难。其次，

师资力量严重不足。通常，寄宿学校仅为学生们配备生活老师，负责照料学生的住宿安全、卫生等方面的事宜。而事实上，家长们希望寄宿学校能够承担学生（尤其是留守学生）的生活照料、课外教育的功能，显然，待遇相对较差、文化水平相对较低的生活老师，很难满足家长的期望和孩子们的实际需求。最后，除了基本的食宿之外，多数寄宿学校难以解决留守学生在安全教育、心理辅导、人际交往能力和资源链接能力提升等更高层次的需求。课题组调查发现，很多寄宿学校为留守学生开设了心理咨询室，但是由于缺乏专业人员，心理咨询室往往被闲置或者挪作他用。基本没有农村学校配备社会工作专业人才，更没有办法组织开展社会工作专业服务活动提升留守儿童能力，只有极少学校的领导和老师听说过社会工作专业和社会工作人才。从理论上来说，由于农村寄宿学校较好地集中了农村留守儿童，而且具备相对较好的活动场地和设施，是开展留守儿童学校社会工作的良好阵地。从目前留守儿童在寄宿学校获得的服务来看，内容少、层面低是其主要特征，较高层面的需求尚未满足，这也为留守儿童学校社会工作的介入留下了大量空间。

（二）留守儿童代理家长

留守儿童代理家长制度，是为了弥补父母外出务工、留守儿童欠缺亲情关爱、家庭教育的一种举措（具体来说，是一种类似于以"人员替补"的方式对留守儿童生活和教育进行介入和帮扶），体现了社会各界对留守儿童问题的关心。就目前来看，留守儿童代理家长基本都在农村实施。从调查走访和资料收集情况来看，留守儿童代理家长制度的实施范围遍布除了西藏之外的西部绝大多数省市区，但是在组织方式上来说，存在较大的差异，实施效果也各有不同。

课题组在四川、广西、云南、重庆等地开展实地调查后发现，各地留守儿童代理家长制度的实施呈现以下方式：从代理家长制度的组织来看，有学校、关工委、教育局、妇联、共青团等多种组织方式。例如广西 Q 小学的代理家长制度是由学校组织教师来开展的；重庆 Y 小学留守儿童代理家长制度，是由当地关工委组织退休老人和留守儿童结对实施的。从形式上来看，多数的留守儿童代理家长和留守儿童结成一对一帮扶制度，也有部分地区是以班级为单位建立"代理家长委员会"，为本班的全部留守儿童开展帮扶，不具体到个人。从代理家长的来源来看，主要包括亲属、教师、邻里、驻村民警、具有声望的人士、爱心人士、"五老"（老干部、老战士、老专家、老教师、老模范）、大学生志愿者、村官、党员干部等。从代理家长的工作内容来看，主要包括各种形式的"一"，例如"四个一"：每月找班主任或任课教师了解一次留守儿童在校表现情况，每月一次与留守儿童谈心、检查或辅导家庭作业，每月与其父母交流留守儿童的学习、生活、思想状况，与现监护人共同商讨儿童的教育管理措施，每年陪留守儿童过一次节日（生日）；"五个一"：每周与留守儿童联系交流（或辅导作业）一次，每月与留守儿童家长、老师联系一次，每两个月到留守儿童家中走访一次，每学期总结一次；"八个一"：协助建好一个"留守儿童之家"，举办一次法制、安全、心理健康教育或其他类型的讲座，参加留守儿童一项课外兴趣小组活动，每周与留守儿童谈一次心，指导留守儿童读一本好书，指导留守儿童写一封亲情书信，陪留守儿童过一次生日，指导留守儿童为学校、家庭做一件有意义的事。以上所介绍的这些代理家长制度都不是由留守儿童家庭出面组织，所以基本都是义务实施的，课题组在四川 Y 县调研的时候发现，也有外出务工父母为年幼却缺乏照管的留守儿童，雇请"有偿代理家长"的现象。

代理家长制度在实际运行中为留守儿童提供了一定帮助：首先，大范围的实施代理家长制度，能够让留守儿童及其父母、监护人感受到社会各界对留守儿童的关心关爱，特别是在制度落实比较严格的地区，留守儿童切身感受到了这些关爱。从社会支持的视角来看，这些将"远端支持"转化为留守儿童比较欠缺的"近端支持"，较好地完善了留守儿童的社会支持结构。其次，代理家长对于留守儿童面临的日常生活、学习、道德教育等方面给予的帮助，能够切实、及时解决留守儿童的实际困难，可以在一定程度上弥补留守儿童监护人教育能力缺乏的不足，降低外出务工父母的牵挂和担忧。最后，良好的代理家长制度的实施，可以在学校、社区、区域社会形成一定的留守儿童关爱环境，有利于互帮互助精神的培养以及公民的社会发育。

当然，代理家长制度作为一项主要由地方政府部门、学校和社会公益组织推动的非硬性关爱措施，在具体实施过程中也面临诸多问题。课题组对广西S镇和重庆M镇的留守儿童代理家长制度开展了比较研究，试图寻求一定规律：广西S镇留守儿童代理家长制度由妇联、教委、团委、关工委等部门共同实施，组建了由班主任、任课教师、农村志愿者、妇代会主任、退休教师等人员组成的"代理家长"队伍，为全镇320名留守儿童确立了代理家长，占留守儿童总数的近五分之一；重庆M镇留守儿童代理家长制度由镇政府组织实施，组建了由镇机关事业单位干部职工、村社干部和有帮扶能力的共产党员、社会有识之士等人员组成的"代理家长"队伍，为全镇412名留守儿童确立了代理家长，占留守儿童总数的近三分之一。调研和分析发现，代理家长的服务效果，并不取决于组织方、代理家长的来源，而是代理家长是否切实承担了制度规定的职责。广西 S 镇留守儿童代理家长制度虽然覆盖面较窄，但是留守儿童及其家庭对于代理家长的认可程度较高，认为代理家长通过经常与自己接触，较好地提供了学习、教育和日常生活的帮助；重庆 M 镇留守儿童代理家长制度虽然覆盖面较广，但是由于大量公职人员参加，难以按照规定接触、帮助留守儿童，很多留守儿童表示，除了在项目启动仪式上见过一次"代理家长"之外，就再也没有见过。比较发现，能够为留守儿童提供更多帮助的代理家长往往具备这样一些特征：有爱心且有时间，离留守儿童生活场所较近，经济较为宽裕（起码能够正常维持自身生活），有一定知识素养，有社会参与的热情。很多地方号召甚至以摊派的方式让公务员、党员充当留守儿童的代理家长，其实际帮助意义并不明显。在实地调查中课题组发现，有些地方政府部门为政绩和形象考虑，使得代理家长制度流于形式；也有学校为了完成上级交办的任务，应付走过场。另外，课题组还发现，部分地区实施的有偿代理家长制度为留守儿童提供了很好的照管服务（尤其是低龄儿童），但仅限于基本的生活层面，对其教育和能力提升等较高层面的帮助则基本没有涉及。

从社会工作介入的角度来看，代理家长制度是社工介入留守儿童服务的一种重要资源。社工与代理家长之间可以形成相互支持的关系，互补式地提供资源和帮助，共同促进留守儿童的健康成长。只不过，从上述研究来看，社会工作者应该介入到留守儿童代理家长制度的设计层面，从代理家长的遴选、职责、监督和服务评估、进入和退出机制等方面，都应该从服务的可及性层面予以设计。同时，对于代理家长，也应该开展一定的方法培训。

（三）社会组织的留守儿童服务

近年来，随着社会组织的蓬勃发展，大量社会组织也积极投入到留守儿童社会服务行动之中。政府和基金会对于社会组织开展的留守儿童服务也进行了大量支持和资助，其中最有影响力的是自2012年以来由民政部和财政部共同实施的"中央财政支持社会组织参与社会组织服务项目"。三年来，该项目共投入资金约6亿元，在全国范围内资助社会组织参与社会服务。经课题组统计发现，共计有1255项社会服务项目立项，其中以留守儿童为服务对象的共计41项（其中2012年12项，2013年13项，2014年16项），总金额为1913万元（其中2012年590万元，2013年570万元，2014年753万元）。除全国性社会组织之外，其他地方性社会组织涉及以中西部地区为主的广西、四川、安徽、宁夏、重庆、甘肃、江西、贵州、陕西、湖南、青海、湖北、广东、山东等14个省市区。服务内容涉及留守儿童学习设施改善、幼儿教育、幼儿托管、"留守儿童之家"建设、科技教育、职业教育、健康教育、儿童扶贫、社工服务、代理家长培训、预防流浪、公共安全等诸多方面。

课题组以三个项目的实施为例，探讨社会组织开展留守儿童社会服务的成效和不足。一是由中国下一代教育基金会于2012年实施的"雪中送炭温暖留守儿童"项目。据公开资料显示，中国下一代教育基金会选择了中西部贫困地区、少数民族地区留守儿童相对集中的青海、云南两省符合资助条件的6个县21所中小学实施了该项目，资金总投入558.6万元，其中由中央财政支持资金100万元。项目组为这些学校建立了"留守儿童教育帮扶中心"，具体服务内容包括：配备电脑，让留守儿童通过视频与外出务工的父母亲情互动；随时帮助留守儿童解决出现的问题；向中心捐赠图书及读书卡、教学教具、教育礼包等，为留守儿童学习最新知识、改善学习条件提供帮扶；帮助他们养成良好的学习习惯，开阔眼界，丰富知识。项目直接受益的留守儿童和学校师生超过 2 万余人。① 二是由中日韩经济发展协会于 2012 年实施的留守儿童关爱试点项目，该项目在安徽、四川、青海、甘肃四省实施，资金总投入 206 万元，其中由中央财政支持资金 130 万元。项目旨在关爱贫困地区留守儿童，向小学生赠送"童话爱心书包"（书包 1 个、水彩笔 1 盒、油画棒 1 盒、图画本 1 本、童话散文集 1 套），以"童话"为切入点，开展留守儿童"讲童话、编童话、画童话"主题活动，并选拔推荐出 33 名品学兼优的留守儿童参加"2013 年中日韩儿童童话交流活动"。直接受益的留守儿童共计 13000 人，其中 33 人在北京开展"同一蓝天下、共筑童话梦"夏令营，并于 8 月 17 日代表中国赴日本参加"2013 中日韩儿童童话交流活动"②。第三是由宜宾市戎和社会工作服务中心组织实施的农村留守儿童之家援建发展示范项目，该项目在四川省宜宾市六所留守儿童集中的农村小学及农村社区实施，资金总投入 32 万元，其中由中央财政支持资金 30 万元。项目组用近三分之二的经费完善留守儿童之家现有的场地及设施，其中设施主要包括儿童图书、儿童体育用品、儿童玩具三大类；在留守儿童之家硬件建设的基础上，项目组依托农村小学和农村社区，持续地开展针对留守儿童的社会工作专业服务，主要涉及改善留守儿童生活、学习条件，提升留守儿童心理适应能力、安全意识（包括预防性侵犯，提升应对火灾、落水、诱拐等紧急状况的能力），与外出务工父母的沟通能力、同伴性质识别技巧（预防群体失范行为，如团体犯罪、网络成瘾等）、人际交往能力

---

① 《雪中送炭温暖留守儿童》，http://www.chinanpo.gov.cn/showsfxmBulltetin.doid =67316&dictionid=4900&catid=&netTypeId=1&wbsitId=100,2013－07－18。

② 《中日韩经济发展协会留守儿童关爱试点项目工作报告》，http://www.chinanpo.gov.cn/4800/67917/index.html,2013－08－02。

等方面。项目直接受益的留守儿童为 1167 人，累计提供社会工作服务 10503 人次，累计服务时间 5200 小时。[①]

从上述项目的实施来看，各层次的社会组织为留守儿童提供了内容丰富的服务行动，对于留守儿童的生活改善、能力提升做出了重要贡献。事实上，在当前行政力量主导资源分配的格局下，单靠政府部门是很难从微观层面为留守儿童提供适合的社会服务的。而社会组织在获取资金资助后，运用自身的组织网络和专业人才优势，可以在很大程度上弥补政府服务的不足。从共性上来看，以上三个项目都为留守儿童搭建了一定的服务平台，提供了一些设备物资，但是服务的层面不同：两个全国性的社会组织开展的留守儿童服务范围广、受益面大，以硬件建设及物资捐赠为主（中日韩经济发展协会的留守儿童关爱试点项目为 33 个留守儿童提供了赴日本开展国际交流机会，单个儿童的开支大，总体受益面小；其他儿童仅受益于物资方面）；宜宾市戎和社会工作服务中心开展的留守儿童服务项目是扎根于农村基层学校和农村社区，受益面虽然较窄，但是派驻社工持续开展了服务，深度和专业性更强，特别是针对留守儿童广泛面临的安全能力提升问题、人际交往问题、资源链接问题、与父母交流问题，运用社会工作方法进行了介入，能够在微观层面解决很多具体问题。

不论是哪种类型的留守儿童社会组织服务项目，都有其自身的局限性：全国性社会组织过于注重服务的覆盖面和显性的"成效"，将主要资金投至设施改善和物资捐助，在完善硬件和"仪式性"捐赠行为之后，缺乏持续的、直接的、面对面的留守儿童服

① 宜宾市戎和社会工作服务中心内部资料：《中央财政支持社会组织参与社会服务项目末期报告书》，第 7 页。

务，这其实并未满足留守儿童的深层次需求（对比前述研究就可以发现这个问题），甚至可以反过来理解，倒是满足了社会组织（事实上也包括地方政府部门、群团组织）在创造影响力、获取社会关注等方面的需求。地方的草根性社会组织虽然能够深入开展留守儿童服务，且能够派驻专业人员、运用社会工作等专业知识和技能服务于留守儿童深层次需求，但是这类组织在筹资方面存在较大欠缺，这就造成了对政府资金和基金会资金的依赖，一旦这些资源系统没有很好的链接上（或者链接的强度不够），会造成地方性社会组织缺乏能力持续性地开展留守儿童社会服务。事实上，从课题组组织实施的留守儿童社会工作服务项目来看，短期的、没有持续开展下去的服务项目，对于前期接受过专业服务的留守儿童来说，有时会造成一定不良影响。这些影响主要体现在服务的不连续降低服务效果、无法满足留守儿童对服务人员后续接触的期待、良好服务关系建立后的中断对留守儿童的心理会造成一定伤害等方面。虽然社会工作服务中比较强调处理后期工作，尤其是离别情绪的抚慰，但是对于一个项目的执行来说，目前国内较为通行的以一年为资助期的方式，很难适应留守儿童社会工作服务项目的执行要求。

从社会工作介入的角度来看，社会组织开展的留守儿童服务，很好地体现了社会组织对政府功能的弥补作用，在当前我国儿童福利体系、儿童服务政策尚不完备的情况下，这类服务显得尤为重要，其原因在于社会组织将政府、基金会以及社会各界的资源整合在一起，运用自身的组织体系以及专业知识，服务于最有需求的社会群体，既体现了资源的优化配置，又有力地促进了社会公平与社会和谐，而且在服务过程中能够有效促进公民的公共意识和道德素养。由此可见，由社会组织开展留守儿童服务是一个很好的策略。当然，社会组织开展的留守儿童服务项目也有自身运行的规律，但是当前我国政府购买社会组织服务或者基金会资助的社会组织服务，都存在一定缺陷，应该在把握留守儿童真实需求的基础上，提高项目的持续性、服务的深度，以便获得实实在在的服务成效，避免使得留守儿童社会服务流于形式。

（四）留守儿童托管家庭

留守儿童托管家庭（也有的地方称为"托管家园""托管中心"）是指由学校、社会爱心人士、普通家庭为缺乏照管、教育帮助的留守儿童提供相应服务的一种方式。据全国妇联儿童部部长邓丽指出，为使农村留守流动儿童的学习、生活、成长环境得到有效改善，妇联广泛动员社会力量，围绕实施"共享蓝天——关爱农村留守流动儿童行动"，组织培训了一批"代理家长""爱心妈妈"等热心人士，为留守儿童提供志愿服务；建立了一批留守儿童之家、留守儿童托管中心等机构，对留守儿童给予全方位的关爱。据统计，各地开展关爱农村留守儿童的省级品牌活动 66 项，建立农村留守儿童托管中心 6500 多所，农村留守儿童家庭教育服务机构 3 万多个，组织农村留守儿童"代理家长"共 315 万名，广大农村留守儿童得到了及时有效的帮助和救助。[1] 2013 年 1 月 4 日，教育部等五部门印发了《关于加强义务教育阶段农村留守儿童关爱和教育工作的意见》，指出"倡导邻里互助，认真选择有意愿、负责任的家庭，采取全托管或半托管的形式照料留守儿童，避免出现个别留守儿童生病无人过问和照看的情况"。

事实上，留守儿童代理家长的形式已经远远超过了教育部等部门所给出的范围，起码包括了依托寄宿制学校建设的托管家庭、社

---

① 闫妍：《5800 万留守儿童共享 6500 所托管中心》，http://www.people.cn/404/404.html,2008-10-31。

会营利（或微利）式托管家庭、民间公益式托管家庭等几种。课题组 2012 年在重庆 D 县调研发现，该县依托农村寄宿制的中小学建起了 36 家托管家园，全县 1.9 万余名留守儿童可以享受周一至周五的全托教育管理（除寄宿费外，不另外收费）；社会人士利用固定场所，通过申报审批，建成留守幼儿托管家园 32 家，由家园聘请专职人员照管和承担监护责任，全日制托管留守儿童 1600 多名（需要缴纳托管费，收费标准类似于当地幼儿园）；县妇联、关工委等部门还发动了一批有知识、有能力的爱心人士，通过双向选择、自愿协议等方式，将亲属、近邻的留守儿童集中在自己家中托管，组建托管家庭 2000 多个，动员各类爱心人士 5000 余名，采取"一对一"或"一对多"的结对托管方式，让约 2 万名留守儿童得到直接的管理和教育服务（非营利性，不向留守儿童及其家庭收费）。除此以外，课题组在调研中也发现某些经济较为发达的农村地区，针对留守儿童的营利性托管家庭也大量存在，主要形式有两种：一是由教师私下开办的留守儿童托管家园。课题组在四川省 L 镇中心小学调查发现，由于学校寄宿条件不佳且有限，部分教师租用场地或者用自己的住房私下开设托管家庭，为包括留守儿童在内的学生提供住宿、饮食、作业辅导等服务，托管人数在 10—30 人不等。由于托管场所条件有限，留守儿童餐饮、做作业都混在一室，甚至低年级的学生在住宿上不分男女，管理人员少，卫生条件差，人员密度大，存在一定的安全隐患。算上课业辅导费，留守儿童缴纳的托管费用不比学校寄宿费用低。二是由社会人士开办的临时性托管家园，主要针对低龄、放学后来不及接的留守儿童，提供临时容纳、课业辅导等服务，收费相对低廉，但是多数没有营业资质，相关政府部门也缺乏监管。

从托管家庭的实际运行效果来看，不论是哪种类型的托管家庭，都为留守儿童提供了一定的照顾、教育服务，在一定程度上解决了留守儿童的现实问题，但是也有各自的不足甚至是风险。从公益性托管家庭来看，由于其组织方为学校或社会爱心人士，属于免费服务，能够体现出对留守儿童及其家庭的关爱，但是服务的深度和连续性存在问题；从收费型的托管家庭来看，由于人员专业性不强，仅能够提供基本的食宿服务，且由于权责不清晰、监管不到位，存在一定安全隐患，容易导致法律纠纷。

从社会工作介入的视角来看，托管家庭的存在，增强了留守儿童的社会支持体系，为留守儿童提供了更多的支持节点，降低了外出务工父母的担忧，也为社会工作的介入提供了更多的可能性。社会工作者可以在现有托管家庭服务的基础上，采用监督、教育、培训等方法，优化托管服务的质量，加深服务内容；可以深入到托管家庭之中，采用示范、引领等方法，吸引托管服务提供者来观摩学习，增加社会工作元素；可以在托管家庭和其他留守儿童服务行动者之间建立联系，增强整体协调效应。总之，托管家庭也可以作为社会工作者服务于留守儿童的一个重要资源，在开展专业服务时，社会工作者一方面应该发挥督促的功能，增强托管服务的质量；另一方面可以充分利用这种资源，为留守儿童提供更加体系化的服务。

（五）留守儿童心理咨询服务

学界和社会各界通常认为留守儿童存在厌学、孤僻、自我封闭、内向等心理问题，于是，心理咨询服务被当作一种基本关爱措施，受到政府、学校以及社会各界的重视，在留守儿童中得以广泛开展。从形式上来看，留守儿童心理咨询服务往往依托学校和乡镇社区开展，通常的载体是"留守儿童心理咨询室"。课题组在陕西和重庆分别考察了依托学校和农村社区建立的留守儿童心理咨询室及其运行情况。

陕西 S 小学是一所硬件设施较好的寄宿学校，全校学生 486
人，其中留守儿童 312 人，占总学生数的 64.2%。S 小学自 2010
年起，就在当地妇联的帮助下，在学校建成了心理咨询室，配备网
络视频设备，以便留守儿童与父母在网络上见面；放置了玩具、体
育用品以吸引留守儿童兴趣。学校挑选了四名女性班主任（校长
认为班主任最了解学生们的情况，所以最适合为留守儿童开展心理
辅导）兼职组成了心理咨询小组，每周三为留守儿童做心理辅导。
当地妇联组织专家为心理咨询小组的老师进行了短期培训和心理辅
导的示范工作，以增强老师们的专业性。考察发现，老师们的
"心理辅导"工作更像是"情感辅导"，即通过情感感化的方式同
留守儿童谈心，例如描述父母外出打工的辛苦场面，让孩子们能够
体谅父母；介绍外面的世界很精彩，让孩子们安心读书，以后能够
有作为，回乡后受人尊敬等。留守儿童对于"心理辅导室"也不
畏惧，主要原因是将这里当作了游乐室（因为这里有很多儿童玩
具），来这里的主要目的是玩游戏，对于老师与自己的谈话，也没
有什么特别感受，并未当作是"心理辅导"。由于没有补贴，兼职
老师的工作积极性并不高，除了维护心理咨询室的秩序外，不会过
多地主动找孩子们谈话。心理辅导的工作制度、工作记录基本都没
有。一位老师的话很有代表性："我们做这个事情，全凭责任心和
爱心。"邻近的城关镇中心小学与此不同，除了心理咨询室的设施
配备更好以外，该校更配备了两名有正式编制的专职心理辅导教师
（均为女性），由心理学专业大学毕业生担任。这两位老师不用上
课，仅负责全校学生的心理辅导工作。考察发现，这里有较为完备
的心理辅导制度和工作流程，并将规定上墙公示；课题组虽然未能
翻阅心理辅导的工作日志和工作记录，但是从展示的记录本来看，

应该有着较为严格的制度落实；心理辅导老师每个学期都分三次进入各个班级开展讲座，并介绍自己，欢迎有苦恼的学生来找自己谈心；心理咨询室挂着"心情港湾"的门牌，门上挂着一个造型很卡通的"知心姐姐信箱"，以便对心理咨询有些畏惧的同学和老师取得联系；室内摆放着一张书桌，有基本的办公设备，用屏风隔出的里间摆放了一个色彩柔和的沙发和两把圆椅，中间的茶几上还摆放了一盆花，整个布置显得非常温馨，这是真正开展心理辅导的地方。自建成两年以来，两位心理辅导老师共为 200 余名留守儿童提供了心理咨询服务，受到了学生和老师们的很高评价。

重庆 X 镇有留守儿童 1130 人，自 2011 年 8 月份开始，镇政府投资陆续为每个村建设"留守儿童幸福家园"，每个家园依托村委会的场地，建有心理咨询室、亲情聊天室、图书室、儿童活动室等；每个家园都实现了通电、通网络、通电话。基本的硬件投入全部由镇政府解决，承担老师儿童心理辅导任务的是大学生村官，该镇 24 个大学生村官每周 2 人，轮流去就近的"留守儿童幸福家园"值班，主要任务是为留守儿童提供心理辅导服务。从开展的具体工作来看，大学生村官对留守儿童进行了调查登记，建立了留守儿童成长档案，根据各自情况制定了一些辅导方案；对留守儿童的监护人及返乡农民工开展培训，指导与留守儿童的交流；为来园里的留守儿童辅导功课、帮他们疏导心理疑惑，开展一些课外活动。实际考察发现，留守儿童到幸福家园的人数不多，一般同时来的不超过 10 人；大学生村官到家园的主要工作是签到、辅导作业和组织一些游戏，真正开展的心理辅导很少。访谈中也发现，多数大学生村官不具备心理学背景，自身掌握的心理学知识较少，镇上没有组织过相关培训，很难开展专业心理辅导。大学生村官有自己的固定工作内容，每周要抽出一天时间到家园开展服务已是不容易，且没有津贴，工作热情很有限。邻近的 B 镇仿效 X 镇的做法，但是没有将该项工作铺开，而是在硬件条件较好的一个村庄建立了"留守儿童心理咨询室"，指派了两名有高中学历的村干部担任咨询室的心理辅导老师，免费为留守儿童提供学习辅导、心理辅导和体育锻炼指导等服务。课题组调查时刚好碰到这两位老师带着孩子们在村委会的院子里打篮球，年龄较小的几个孩子围在一起跳绳；村委会二楼的一间房子门口挂着"留守儿童心理咨询室"的牌子，里面摆放了网络视频设备和一些体育用品。据两位村干部介绍，他们先后为 8 名留守儿童提供了心理辅导，为近百人次的留守儿童和他们的父母提供了网络视频连线服务。但是从实际情况来看，留守儿童心理辅导基本是流于表面，其重要性更多体现在了门牌所赋含的字面意义上。当然，两位村干部为留守儿童提供了很多课外活动的机会。

从实地考察来看，各地以心理咨询室及其他形式的功能室为留守儿童提供了一定的心理辅导服务，服务水平和服务质量有较大差异。但是无论如何，此举体现了社会各界对留守儿童生活状况、心理健康的关心。根据考察资料，课题组对于各地开展的留守儿童心理咨询服务做出如下总结：第一，专职的、有专业背景的人员提供的留守儿童心理咨询服务质量更高，操作也更规范，留守儿童心理咨询的专业人才队伍建设是考察中发现的最大问题，也是各个学校和农村社区反映最为普遍的问题；第二，留守儿童心理咨询室的建设除了应该具备基本的硬件条件之外，还需要持续的经费投入以保障咨询服务的连续性和服务人员的基本工作热情，而不应该是当前很多地方所做的挂牌、摆设备、举行仪式、宣传等表面工作，场地和人员之外的持续投入才是保障服务效果的基础；第三，留守儿童心理咨询室建设在学校比建设在城乡社区更为合适，这是由于学校在场地、设施、人员、管理等方面更有保障；第四，以儿童玩具、游戏、体育锻炼等方式吸引留守儿童进入心理咨询室参与活动，在一定程度上可以提高留守儿童的参与热情，增强人际交往频率，事实上此举本身也是降低儿童心理风险的做法，但是这些活动的场所不宜放在提供咨询服务的留守儿童心理咨询室，应该在空间上有所区隔。据此总结和分析，课题组认为，教育主管部门应该重视城乡基础教育学校的师资建设，在编制上予以倾斜；招聘教师时应该适当考虑将心理学、社会工作专业背景的人才纳入，而不再是按照传统做法，仅仅招聘师范专业背景的学生。社会工作者介入留守儿童服务时，可以充分利用各地已经建立起来的留守儿童心理咨询室，一方面规范咨询室的管理和工作流程；另一方面也应该和现有的心理咨询服务人员一道，整合资源、拓宽服务内容、提高服务质量。事实上，将留守儿童心理咨询服务扩展为学校社会工作制度是最可行的办法，这一点在后文将论述。

（六）儿童福利主任

2010 年 5 月以来，民政部社会福利和慈善事业促进司、联合国儿童基金会和中国儿童福利示范区专家委员会三方合作开展，依照《儿童权利公约》及中国政府的有关政策，将儿童福利递送体系延伸到村或社区，将儿童福利的服务对象范围由孤儿和脆弱儿童扩展到包括留守儿童在内的所有困境儿童，将儿童福利服务的内容由目前的"治疗康复"型服务扩展为"预防、治疗、康复相结合"的普惠型服务，实施为期 6 年的（2010—2015）"中国儿童福利示范项目"。该项目由联合国儿童基金会提供资金支持，在云南、四川、新疆、河南及山西等 5 个省、12 个县、120 个村建设了"中国儿童福利示范区"，以村为单位建设"儿童之家"，通过招募、考核、培训、上岗的方式，为每个示范村设置 1 名"儿童福利主任"，以基层儿童福利社会工作服务的要求让儿童福利主任开展工作。

儿童福利主任工作内容主要包括六个方面：第一方面是定期家访儿童，建立儿童数据库，收集并更新所有儿童数据，填写表格并上报；甄别需要帮助的困境儿童，判断儿童需求。第二是协助所有儿童获得基本福利，督促家庭给儿童及时登记户口，办理医疗保险、大病保险等手续，送适龄儿童上学。第三是协助困境儿童获得福利服务，协助贫困儿童、孤儿和大病儿童申请补贴、救助和辅导；为孤儿家庭协调补助，为失学儿童协调上学或职业培训，为残疾儿童协调康复及特殊教育等。第四是开展儿童之家活动，进行社区宣传倡导；开展家庭养育、儿童早期发展、儿童社会保障等方面宣传及教育培训。第五是提供紧急救助服务，为受虐待和被忽视的儿童协调保护；当儿童处于紧急状况时，每天探访，积极协助解除紧急状况。最后是链接资源，提供儿童福利服务平台；向乡民政专干或县民政局汇报工作，为困难儿童及其家庭提供转介服务；链接各种社会资源。①

据公开资料显示，项目实施近 5 年以来，取得了相当突出的成效：中国儿童福利示范区共覆盖了 120 个村庄的 74000 多名儿童，项目区儿童新农合参保率从 83.8% 上升到 99.7%、残疾儿童就学率从 59.4% 提高到 84.5%、16 岁前打工儿童比例从 4% 下降到2%、学龄儿童辍学率从 5.3% 下降到 1.8%、18 岁以下儿童结婚率从 3% 下降到 1.2%，儿童福利主任协助了 3550 名儿童办理了户籍手续、为 6649 名孤儿申请到孤儿津贴、为 8083 名贫困儿童申请

① 王振耀：《村儿童福利主任："赤脚"儿童社工体系建设前瞻》，中国公益研究院网站，http://www.bnu1.org/child/2540.html,2014 年 5 月 14 日。

到最低生活保障、为 4084 名儿童申请到教育补贴、为 708 名病残儿童申请到资金补助或辅助设备①。

以设置"儿童福利主任"为基本举措的"中国儿童福利示范项目",解决了"儿童福利最后一公里"的问题,也就是使得现有儿童福利政策设计框架具备服务的可及性问题。在我国儿童福利服务制度、机构、设施、人员均不完备的今天,这种探索具有重要意义。当然,在项目运行中也存在一定问题:一是项目可持续问题,即 2015 年联合国儿童基金会结束资助后,项目如何实现在地化发展。二是儿童福利主任的工作量问题,每名儿童福利主任大约需要服务 1000 名儿童,每月补助为 800 元,任务重、待遇低。事实上,据项目专家测算,每名儿童一年的服务经费大约需要 60 元(包括儿童福利主任的补助、儿童之家的运行、人员培训、服务活动的物资成本、外部专家支持等所有成本),这样的投入对于政府部门而言,应该不算多,而起到的作用是投入小、产出大。当前,民政部、浙江、湖南等部门和省份已经在逐渐推广该项目经验,由政府出资,在更多的地方聘请儿童福利主任,为困境儿童提供直接、微观和细致的福利服务。

对于本课题探讨的西部留守儿童社会工作服务而言,该项目的实施提供了如下启示:第一,为留守儿童设置近距离的社会工作服务岗位,能够起到的作用是最直接、最显著的;第二,在留守儿童社会工作服务之中,政府、社会组织、社工、外部专家的相互配合,能够形成合力,促进服务人员能力提升,直接有助于服务质量的提高;第三,儿童福利服务的成本并不算高,在强调社会治理创

---

① 王振耀:《村儿童福利主任:"赤脚"儿童社工体系建设前瞻》,中国公益研究院网站,http://www.bnu1.org/child/2540.html,2014 年 5 月 14 日。

新的背景下，将儿童福利服务资金列入财政预算，并制定相应的使用机制、人才聘任机制、人才考核机制、人才培养机制，能够构建较好的留守儿童服务政策体系。

除了以上介绍的之外，社会各界、各部门还为留守儿童提供了家长学校服务、社区及学校亲情活动室服务、各类团聚活动等，一方面体现了对留守儿童及其家庭的关心关爱，让留守儿童有了更好的学习和生活环境；另一方面，留守儿童及其家庭也确实从各自关爱及服务活动中得到了好处，降低了生活、学习和精神压力。课题组在各地的实地考察中也体会到，这些关爱举措虽然各有其不足，但是还有可能起到我们预想不到的效果：一个好心人的一点善举，可能会让一个生活沮丧的留守儿童放弃原先的不良想法甚至越轨行为，这事实上起到了预防的效果。当然，由于我们不能说"如果""可能"，所以事实上我们也看不到这个"预防"到底预防了什么。只是我们也应该有理由坚信，弘扬善良的社会风气、提供温情的社会服务，能够让这个社会更有意义。

三、西部留守儿童社会工作综合服务体系的总体构想

在对我国有关儿童、留守儿童的相关法律法规等政策层面的支持体系和西部地区留守儿童社会服务体系进行反思后，课题组试图以此为基础，借鉴发达国家和地区的经验，从西部留守儿童服务政策框架和社会工作服务体系框架两个层面进行构建，以促进我国留守儿童社会福利、社会服务水平的提升。

（一）西部留守儿童服务政策框架构思

西部留守儿童服务政策框架是从社会政策的角度，提出保护、服务留守儿童的政策支持体系。当然，从理论上讲，这个体系是非

常复杂的，本书也无意于探讨完整的留守儿童社会政策框架，而是结合课题研究宗旨，从社会工作服务的角度，提出完善我国当前留守儿童社会政策的某些建议。事实上，这些建议很可能难以构成标题中的"框架"，但是鉴于目前这方面的研究很少，尤其是难以仅仅通过留守儿童这个群体去探讨完整的儿童社会政策，所以本书的工作仅仅可以看作是一次不完整的尝试。

社会政策较有代表性的界定包括：最早为社会政策下定义的瓦格纳（Wagner Adelph，1891）认为，社会政策是运用立法和行政的手段，以争取公平为目的，清除分配过程中的各种弊害的国家政策。① 该界定反映出，社会政策概念从最初诞生之日始，就与国家立法、社会行政紧密相关，关涉到社会资源分配的重要规范问题。艾斯汀（Erskine）提出，社会政策是将我们在社会福利的生产、分配与消费中的社会的、政治的、思想的和制度的内容，放入到一个我们所期望达到的具有活力的道德与政治结果的标准框架中进行探索②。这一界定是从福利哲学的角度，侧重于社会政策制定的过程和终极目标。郑杭生指出，社会政策是指国家或政府为解决社会问题、改善社会环境、促进社会公正和实现社会发展而制定和实施的各种原则、方针的总称③，其核心是解决市场经济环境下公民的社会风险。这一国内的代表性界定比较完整的指明了社会政策的主体、范围、宗旨等根本性问题。据此，本课题探讨的留守儿童社会

---

① 曾繁正等编译：《西方国家法律制度社会政策及立法》，红旗出版社 1998 年版，第 165 页。

② Alcock, P. ; Erskine, A. & May, M. *The Student Companion to Social Policy*, Oxford：Blackwell Published Ltd. 1998：77.

③ 郑杭生：《社会学概论新修》（第四版），中国人民大学出版社 2013 年版，第 421 页。

服务政策的框架，包括完善相关法律法规体系和政策执行体系两个基本问题。

前文就涉及留守儿童的法律法规、社会服务行动进行了梳理，基本结论可以总结为三个方面：第一，我国保护儿童（尤其是以留守儿童为代表的弱势儿童）的法律法规体系不健全，操作性较弱；各相关政府部门和人民团体的规章和规范性文件的立法层级较低、约束力较差、协调性不强，难以全面性地发挥规范和指导当前儿童保护和儿童福利工作的功能，完备的《儿童福利法》的制定确有必要。第二，儿童福利和儿童服务的实施主体呈现错综复杂的局面，在实际工作中缺乏协调与整合机制、责任不明确，政策目标分散多元，行动效率不高且欠缺通盘考虑，整合现有部门以形成明确的、自上而下的、统一的儿童福利政策主管部门很有必要。第三，政府以及社会各界根据相关法律法规、政策规范以及慈善驱动，采取了形式多样的关爱留守儿童服务行动，在提供一定的关爱服务、弱化留守儿童面临的问题以及营造良好的社会氛围等方面都起到了较好的作用，但是服务行动的实施也存在重视表面的政绩、不连续、不深入、覆盖面窄等问题，这些表象问题的产生，根源在于缺乏统一的法律法规和政策执行体系。所以，要推行留守儿童服务，首先要解决的问题就是完善相关法律法规体系和政策执行体系。

1. 儿童福利法等相关法律体系的完善

当前，我国与儿童福利相关的法律、法规体系包括四类：一是以《未成年人保护法》等为代表的由全国人大及其常委会颁布实施的涉及儿童福利的法律，二是以《禁止使用童工规定》等为代表的由国务院制定、颁布和实施的有关儿童福利的行政法规、规定、条例、纲要、意见和办法，三是以《关于加快实现社会福利社会化的意见》等为代表的由国务院职能部门制订和颁发的部门规章、规定、办法、意见和实施细则，四是以《联合国儿童权利公约》等为代表的我国政府签署、加入和履行承诺的有关儿童福利的国际公约和宣言。有学者研究发现，我国现行儿童福利立法层次低，过分注重权益保障，缺乏实际内容、缺乏可操作性的规定，法律法规零散、缺少统一规范，行政执法体制不顺，多头治理，缺乏协调和问责机制。① 相对而言，我国的儿童福利法律框架还不健全，儿童福利立法工作已经滞后于国家经济和社会发展，制约了儿童保护、服务工作；对儿童生存权、教育权的保护比较充分，但是对于参与权、发展权，以及各种社会服务制度的规范显得较为薄弱。另外一个方面的问题是，我国目前对于儿童福利的理解主要是指民政部门主管的弃婴、孤儿、残疾儿童福利服务，服务对象主要局限于无抚养人的孤儿和残疾儿童，政府建立专门性的儿童福利院，配备专职的工作人员，为孤残儿童提供国家性社会保护。② 这种内涵狭窄的儿童福利界定，导致我国儿童福利整体呈现"残补型"福利的特点，在现实层面表现为服务体系的范围太小、服务内容太少、离儿童福利的理念与目标相距甚远、无法满足儿童身心健康与幸福快乐成长的基本要求。因为儿童福利的本质是国家对儿童的全面保护，精髓是国家与儿童，儿童与社会，儿童、家庭与国家的相互关系。③ 可见，完善我国儿童福利立法及其实施细则体

---

① 成海军、陈晓丽：《中国儿童福利法治建设及其不足》，载《青少年犯罪问题》2011 年第 4 期。

② 刘继同：《儿童健康照顾与国家福利责任：重构中国现代儿童福利政策框架》，载《中国青年研究》2006 年第 12 期。

③ 刘继同：《当代中国的儿童福利政策框架与儿童福利服务体系》（上），载《青少年犯罪问题》2008 年第 5 期。

系，明确政府、社会、家庭等各方责任，是开展以留守儿童为代表的弱势儿童服务的基础条件。

首先，从法律的制度体系来看，国家层面首先可以由全国人大及其常委会制定统一的《儿童福利法》，就儿童理念、儿童保护、儿童教育、儿童照顾、儿童服务及相关法律和政策执行机构等主要问题进行统一规定。尤其是要突破当前将儿童福利的法律规定近似于儿童福利院等狭义层面的简单救助、保护的认识，借鉴其他国家和地区的先进经验，将儿童津贴、家庭政策、儿童服务、儿童健康管理等内容包括进去。同时，就《儿童福利法》的执行，应该设置相应的从中央到地方的体系化机构，保障儿童福利的层级落实。各省、直辖市、自治区可以在这个基础上，制定相应的实施细则，在与《儿童福利法》根本精神一致的前提下，根据本地区特点，制定操作性更强的相关规范。

其次，从《儿童福利法》的内容体系来看，我国当前儿童福利的内容结构不完善，需要在很多方面（尤其是弱势儿童社会服务方面）予以改进。美国的儿童福利具有明显的"残补"特色，即更为偏向于弱势儿童及其家庭的福利照顾，比较适合用于中国儿童福利立法的借鉴。美国的儿童福利服务具体分为三类：支持性服务、补充性服务和替代性服务。支持性服务是协助家庭成员运用自己的力量，来减轻亲子间的压力和紧张，主要包括两种类型：一是儿童辅导机构通过对儿童的直接辅导，使儿童对父母的管教有着适当的反应；二是家庭服务机构经由服务来增强父母的能力，使其能适当地扮演亲职角色。此外，儿童福利机构为受虐待与疏忽儿童提供的保护，也属于支持性服务。补充性服务则是指用来补充父母职责和家庭功能的儿童福利服务。主要包括当因家长失业、残疾而造成家庭贫困时，为保证儿童的基本生活所提供的各项措施以及因父母都要工作而无人照料子女的日间托儿和住宅服务、失依儿童家庭补助等。替代性服务则是儿童保护的最后防线，包括寄养服务、机构式服务和领养服务。在美国，公营和私营的社会服务机构都能够提供家庭寄养服务，但领养服务则必须由非营利机构及其专业人员来执行。美国对领养的条件规定得非常严格：一是必须有重大理由（如亲生父母丧生或严重虐待），二是领养的目的是为了儿童的最大利益，而不是为原生家庭减轻负担或者为领养家庭寻找儿童。①相比较而言，我国的儿童福利立法仅仅是将儿童保健、儿童教育、未成年人法律保护等内容散布于各项法律之中，替代性服务较多，支持性服务、补充性服务较少；缺乏系统性和完整性，原则性规定多但是操作性规定少。所以，从儿童福利法的内容上来看，我国应该在现有基础上大规模增加弱势儿童社会服务、弱势家庭支持、家长和监护人辅导服务等多个方面。从西部留守儿童的实际情况来看，政府、学校、社区、社会组织等各方面提供社会服务的需求非常迫切，而如何实施这些服务则在法律方面少有体现。

最后，从《儿童福利法》的配套体系来看，我国在现有的法律体系基础上，还应该有所补充。就当前的背景来看，《儿童福利法》是有关儿童基本服务、家庭照顾、养育及保护的重要法律，在其制定过程中应明确"儿童是国家的财富"的理念，予以倾斜性保护。该法律对于儿童，尤其是以留守儿童为代表的弱势儿童的福利政策予以规范，起到总纲的作用。但是目前我国的儿童福利偏向于孤儿、弃婴、残障、流浪等类型的特殊儿童，在经济社会发展达到较高水平的状况下，适度将目光放宽至留守儿童、流动儿童等

---

① Kadushin, A. *Child Welfare Services*. N. Y. : Macmillan Publishing Co. , Inc. 1980:22 – 25.

同样需要关注的群体，已是当前非常重要的工作。所以，在《儿童福利法》的基础上，应该从社会服务的角度为更为广泛的弱势儿童制定配套政策。例如，制定政府购买社会组织服务的统一办法，引导社会组织投身到留守儿童的专业服务之中；制定农村社会工作制度，在资金、人才、服务标准等方面予以规范，创新社会治理，逐步推行"一村一社工"制度，为留守儿童等农村弱势群体提供社会服务；制定学校社会工作制度，在教师招聘方面适当考虑引进社会工作、心理学等专业人才，而不是将目光仅仅锁定在师范专业上，逐步推行"一校一社工"制度；制定农村学前教育制度，切实加强农村幼儿教育和社会服务。

2. 儿童福利法律政策执行体系的完善

与儿童福利法律规范相匹配的是其政策执行体系。从我国当前的儿童福利法律及政策的行政管理体制看，存在一套从上到下、职能分散的体系：从全国人大，到各级政府机关，再到官方性质的社会团体，设置了许多涉及儿童立法、福利、服务的工作机构和组织，如全国人大内务司法委员会设置了妇女儿童室，负责有关妇女和儿童保护方面的立法工作；在政府层面，国务院设置了妇女儿童工作委员会，其成员由相关部委、群众团体负责人担任，职责是研究、实施妇女和儿童的相关工作；国务院下属部委也设置了相应的儿童工作行政管理部门，如教育部的基础教育司负责儿童的学前教育与义务教育等工作，司法部的法制司、法律援助工作司等相关司局负责预防未成年人犯罪的规则制定以及未成年人犯罪的法律援助等工作，民政部社会福利和慈善事业促进司负责制订孤残流浪等处境困难儿童的社会福利救助方针、政策、规章并指导实施，卫计委妇幼保健服务司负责婴幼儿的计划免疫和卫生保健工作；在群众团体方面，共青团中央设有少年部，专门负责全国少年儿童的教育培养以及校内外的保护工作；全国妇联设有儿童工作部，负责以家庭教育为中心对儿童的养育，担负教育和保护少年儿童的职责。全国及各省市设有未成年人保护委员会，依法保护未成年人的合法权益，为儿童提供法律的、社会的帮助；全国建有统一的中国少年先锋队，开展丰富多彩的活动，促进儿童健康成长；在中小学里设有辅导员、卫生保健员等职，直接面向儿童，全面提高儿童的素质。各地还建设了少年宫、青少年体育俱乐部、公共图书馆、文化馆等设施，为儿童娱乐、学习和全面发展提供场地和条件。各级政府及团体兴办儿童福利院和流浪儿童救助保护中心，为社会上的失依儿童提供救助。①

应该说，行政职能部门的广泛参与保证了政府对儿童工作全方位的领导，有利于儿童福利政策的统筹规划和顺利实施。群众团体也是我国儿童福利政策推行过程中的重要参与力量，它能有效弥补政府部门在人力、财力、物力以及工作效率方面的不足，充分调动社会力量参与到儿童福利事业的建设中来。但是，可以明确的是，我国尚未在中央和地方政府层面建立专职负责规划和指导儿童工作的职能部门，难以很好地从政府机构配置的角度执行儿童福利法律体系。

在这里，我们可以借鉴一下其他国家和地区的相关经验。日本儿童福利的主管机关为儿童家庭局，隶属于卫生福利部（即厚生省），对儿童及家庭的福利制定整体规划，负责指导监督地方儿童福利行政部门；下设儿童与母亲保健部门、寡母及未成年子女部门、残障儿童部门、儿童津贴部门、儿童照顾部门、儿童福利督察处等，分别掌管并推动全国儿童福利行政事务。各级地方政府也设

---

① 陆士祯等：《中国儿童政策概论》，社会科学文献出版社 2005 年版，第 77 页。

置专门机构，负责本地区的儿童福利服务事务，例如健康部门（负责民众保健，尤其是对孕妇、哺乳幼儿的母亲及儿童的保健）、福利部门（每一府县及特定都市均设置，执行有关儿童福利法的实务，包括对失依儿童的救助、照料与保护，一般下设育婴所、保育所、育幼院、虚弱幼儿照顾中心、盲童收养所、聋哑儿童之家、智能不足儿童之家、残障儿童医疗所、日间托育中心等）、儿童咨商所（根据日本儿童福利法设置的专门行政机关，既承担儿童咨商、诊断、治疗等服务性工作，也要承担开展儿童及家庭调查、监护鉴定、儿童保护等行政职能）、福利事务所（开展包括儿童在内的民众日常生活保护工作，如贫困家庭经济援助、对需要求助的家庭进行调查与鉴定等）、保健所（是儿童保健、医疗的中心机构，每十万人设置一所，开展孕妇、产妇、婴儿等群体的诊查、保健、育儿指导、卫生知识普及等多项服务）。这一整套政策执行体系（见图6.1）均由日本《儿童福利法》所规定，其主要特征是上下贯通、分工协作、服务内容细致。[①]

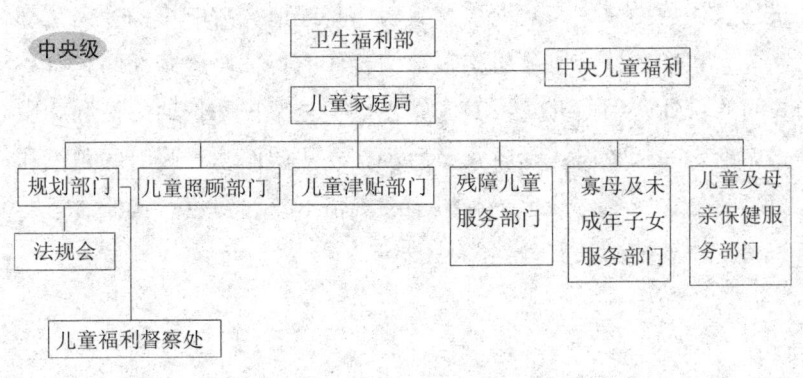

---

① 周震欧：《儿童福利》（修订版），台北：巨流图书股份有限公司2009年版，第76—81页。

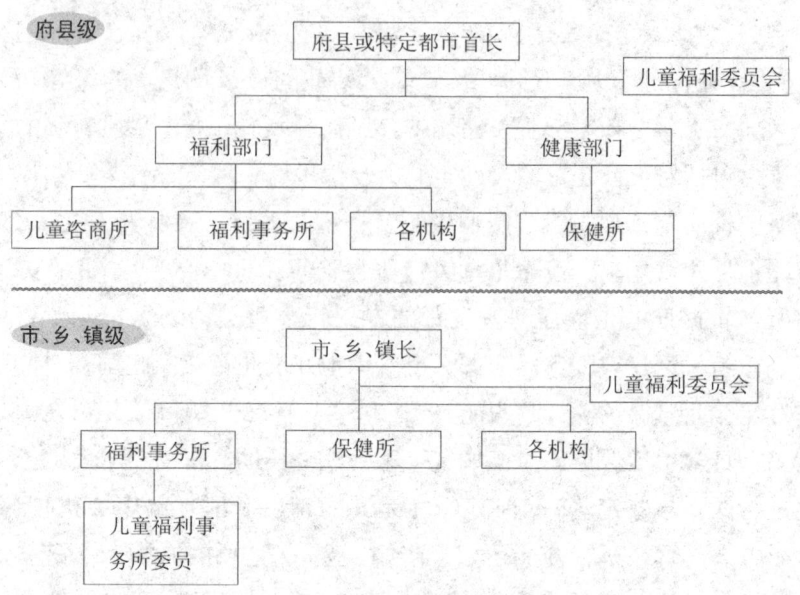

府县级

```
                    府县或特定都市首长
                          │
                          ├──────────── 儿童福利委员会
            ┌─────────────┴─────────────┐
         福利部门                      健康部门
    ┌───────┼───────┐                   │
 儿童咨商所  福利事务所  各机构          保健所
```

市、乡、镇级

```
                     市、乡、镇长
                          │
                          ├──────────── 儿童福利委员会
        ┌─────────────────┼─────────────────┐
     福利事务所          保健所            各机构
        │
     儿童福利事
     务所委员
```

图6.1   日本儿童福利行政组织机构系统图

美国儿童福利体系的行政结构，呈现出典型的层级分工特点：以州政府为主导，联邦政府、州政府、县级地方政府机构、司法部门、公立和私立社会服务机构多部门合作的特征。这些部门具有一个共同的目的，即向儿童及其家庭提供安全保护和长期的福利和服务。无论是联邦政府还是各州政府都在立法层面，对政府的角色和责任以及公立、私立儿童福利机构的资格审核、角色、责任做了明确的规定，其结构及服务内容见图6.2。①

---

① 成彦：《美国儿童福利运行框架对中国儿童福利体系建构的启示》，载《社会福利（理论版）》2013 年第 9 期。

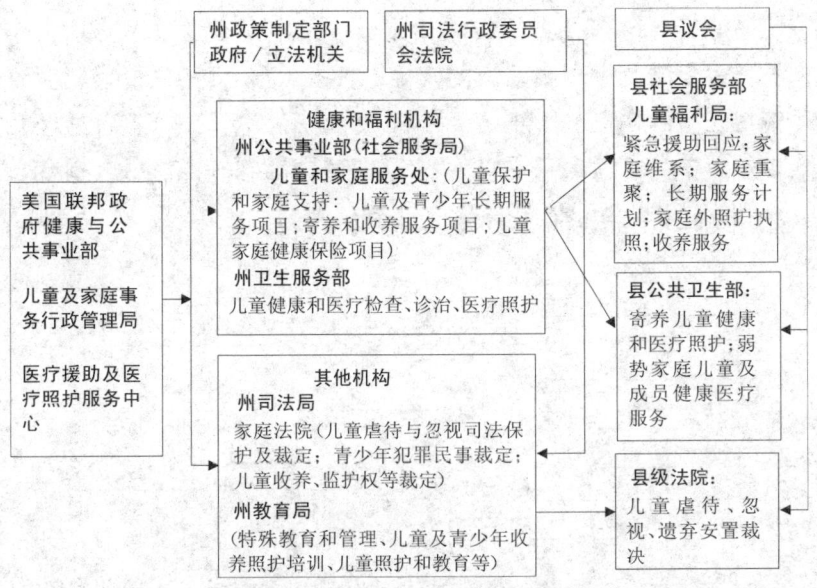

图 6.2　美国儿童福利行政运行框架图

就当前来看，我国儿童福利政策执行体系不够集中，分散在民政、共青团、妇联、司法等各个部门。而且，儿童福利覆盖面较窄，比较倾斜于孤残等特殊弱势儿童。这种状况已经不适应我国经济社会发展水平。从国外经验来看，将儿童福利集中于某一部门、构建从中央到地方的执行体系，扩大儿童福利覆盖范围，将更为广泛的失依儿童、留守儿童、流动儿童，乃至普通儿童纳入福利体系之中，已是当务之急。

首先，从儿童福利的法律执行和政策管理体系来看，将当前分散的、呈块状的管理体系适当集中，管理权限和服务职能也适当集中，形成上下贯通、成条形的管理体系，有利于儿童福利服务的发展。例如，在中央层面组建儿童工作委员会，与全国人大一起，对全国儿童的福利立法、儿童服务等方面的工作进行总体规划；在国务院将原先分散在各个部门的相关机构集中起来，组建儿童工作部，负责全国儿童福利政策的实施；各省、市、区县、街道/乡镇均设置独立的儿童工作部（厅、局、处、科、室），负责各地区儿童福利政策的实施和儿童服务工作的推行，以此形成呈现条状的、具有独立运行框架的执行体系（见图6.3）。

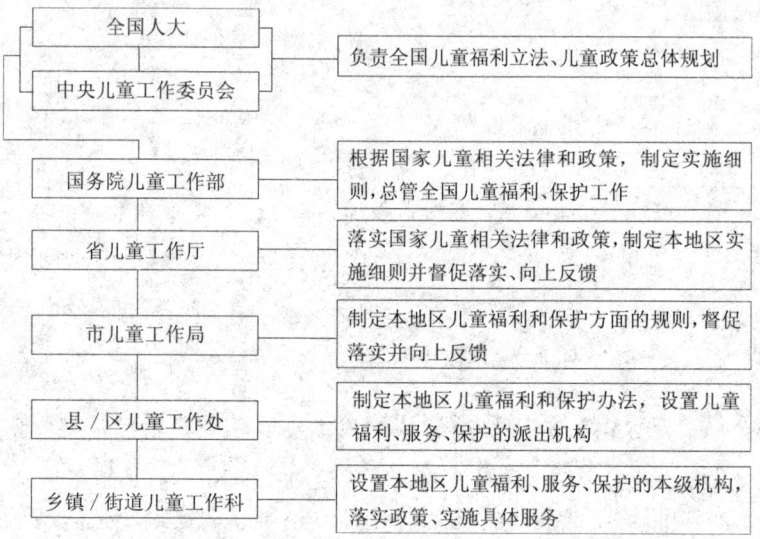

图6.3　我国儿童福利的法律执行和政策管理体系构想图

其次，从儿童福利政策内容体系来看，可以改变过去倾向于特殊困境儿童（例如弃婴/儿、孤残儿童、流浪儿童等）的做法，向一般困境儿童（如留守儿童、流动儿童等）以及普通儿童扩展。当然，在福利政策内容上可以有所不同，见图6.4。

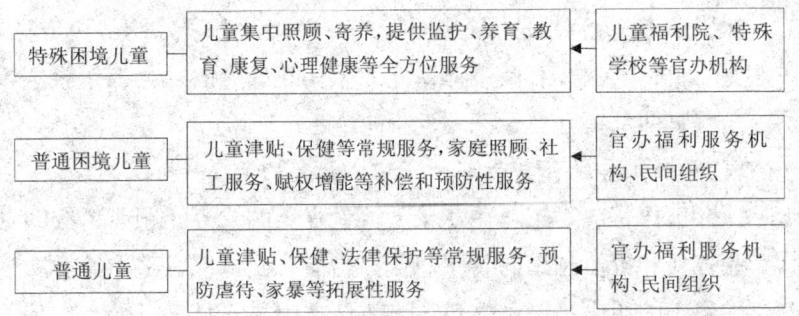

图 6.4 我国儿童福利政策内容体系构想图

就本研究所探讨的留守儿童来说，我国现行的服务政策不全面、不连贯，各地区各自为战，没有形成良好的服务体系，这与儿童福利立法和儿童福利政策的缺少直接相关。从立法层面来看，应该增加诸如留守儿童等普通困境儿童社会福利和社会服务的法律条文；从政策层面来看，寄宿学校建设、学校社会工作制度、农村社会工作制度、社区社会工作制度等有利于留守儿童成长的政策体系应该予以规范；从服务内容来看，留守儿童的心理辅导、社会支持、家庭教育、家长教育、亲情关怀、社会生态环境改善、预防侵犯等诸多工作，都应该包含在内。就目前来说，构建留守儿童学校社会工作服务体系、农村社会工作服务体系、城市社区社会工作服务体系等综合服务架构，能够较好地解决留守儿童问题。

（二）西部留守儿童社会工作服务体系构想

从当前的经验来看，不论是政府部门组织的留守儿童服务，还是社会组织、学校、社区、民间公益人士组织的关爱活动，都由于力量分散、服务内容单一、服务体系不完整、服务机制不完善，虽然能够取得一定范围的、短期的成效，但是毕竟不是长久之计。当前，社会工作服务作为一种微观领域的、直接针对服务对象而开展的专业服务方式，对服务对象面临的各种问题有较好的解决方法。
在完善儿童福利法律和政策体系之后，构建综合的社会工作服务体
系，是解决西部留守儿童问题的根本方法。

1. 社会工作服务与西部留守儿童问题的契合性

社会工作是应对工业化背景下大量复杂的社会问题而形成的具
有专业技巧和价值理念的新兴职业。当前，我国社会工作的发展仅
有二十余年的历史，制度体系、人才储备都显不足，以受到广泛关
注的西部留守儿童为突破口、构建社会工作综合服务体系，也可以
看作是促进我国社会工作本土化发展的一个契机。从社会工作以致
力于弱势群体服务为总体特征来看，应用社会工作方法介入留守儿
童问题，是有很强的契合性的。

首先，社会工作的哲学基础与留守儿童面临的发展困境是相互
契合的。现代社会工作的哲学基础主要有两个方面：第一是人的平
等，认为人的基本生存权、发展权和个人的尊严应该受到足够保
护，人人平等是人类社会的生存和发展的基本准则；第二是认为社
会是一个相互关联的整体，各个部分之间的协调发展是整体和谐的
必要条件，对于社会运行中的各种缺陷和机制不健全，加以适当干
预是社会工作者的基本责任和义务。从留守儿童所处的生活环境来
看，虽然福利和政策层面保障了其基本生存权，但是至于发展权的
保障，则很难说得上是充分，甚至很多公众将留守儿童视为"问
题儿童"；从社会层面来看，留守儿童问题也涉及相对落后地区的
可持续发展，而这种发展也是我国整体社会发展水平的一个组成部
分，尤其是对其教育机会的保障、生存环境的改善、行为和心理问
题的解决，都关涉到欠发达地区的人力资源积累、代际贫困的消
除，更应予以重视。

其次，社会工作的价值理念与解决留守儿童问题是相互契合

的。作为一种专业的帮助他人以消减社会问题的活动（更准确地说是助人自助），社会工作有着一套自己专业的价值理念和行动主张，主要体现在这些方面：首先，社会工作强调人与人之间的平等，尊重个体的存在与发展，并致力于保护个体发展的空间；其次，社会工作强调个体的社会属性，相信每个个体都是处在一定的社会生态环境之中，问题的产生和解决问题的方法都离不开社会环境；第三，社会工作强调个体都有自我觉察、自我发展和自我完善的潜力，社工在助人的同时，更看重对个体的增能赋权，激发或唤醒个体的潜力以应对各种问题。前文已经指出，留守儿童由于家庭生活结构的不完善，缺乏父母的亲情关爱，弱化了家庭教育，缺乏社会支持体系；加之由于留守儿童所处人生阶段的限制，个体的人格与自我意识尚处于不成熟的状态，面临着大量的生活、学习、情感和价值观念的问题和困惑，已经在实际状态中成为社会弱势群体。社会工作作为一种职业，在诞生之初，就以帮扶弱势群体、增进社会公平为使命。从社会工作的基本主张来看，作为弱势群体而存在的留守儿童，也应享有社会平等、获得良好发展空间的权利；他们也处于一定的社会生态体系中，其生存和发展对于其他群体也会产生直接或间接的影响；儿童亦有自身的发展潜力，而在教育不甚完善的状况下这些潜力的激发需要外来力量的介入。由此，社会工作介入留守儿童问题，是有其逻辑基础的。

再次，社会工作的功能与解决留守儿童的困境是相互契合的。社会工作是专门以"助人"为职业的工作，具体来说就是帮助那些面临困难的人解决自身问题。当然，社会工作的助人并非简单提供物质的帮助，更重要的是致力于服务对象个人自信的恢复、潜力的发掘和社会支持系统的完善，以此帮助他们重新走上正轨。所以，社会工作的助人过程更像是给予服务对象心灵支持的过程，是

通过助人自助的方式协助服务对象强大自己以应对个人问题，从而促进社会问题的解决和社会协调运行，其基本功能可以概括为恢复、协调、稳定和协调发展。留守儿童由于家长的临时性缺位而可能造成学习、生活和心理问题上的困境，社会工作有必要利用其专业赋予的功能，激发留守儿童潜力、协助留守儿童建立自信、健全其社会支持体系，使得留守儿童自身能力得到恢复和发展，获得协调的社会生态环境，从而促进欠发达地区社会稳定以及整个社会的协调运行。

最后，社会工作专业方法与解决留守儿童问题所需的技能是相互契合的。经过一百多年的发展，社会工作已经形成了一套有着理论支撑的、较为完善的实务方法体系，并在持续的实践运用中不断发展和完善。从传统上来看，个案工作、小组工作和社区工作是社会工作三大基本方法，这些工作方法对于留守儿童问题的解决，是非常适合的。首先，从个案工作来说，这种方法是由专业社工通过与服务对象直接的、面对面的接触，针对服务对象的实际需求，运用有关个体发展和人际关系调适的专业知识和技术，为服务对象提供行为改变、心理调适和环境改善等方面的服务。其重点在于协助服务对象认识自身拥有的潜能和资源，改变原有的行为模式、心理习惯和生活态度，从而增强自身解决问题的能力和适应社会生活的能力。从实际来看，留守儿童个体及其家庭面临诸多问题，这些问题有着共性的一面，也有各自特殊的一面，专业社工可以进行需求评估、制定有针对性的服务计划，以帮助留守儿童及其家庭解决面临的问题。当然，从课题组的实践应用来看，留守儿童的个案工作服务要求社会工作者有很强的专业能力，且个案服务的成效需要较长时间的工作介入才有可能呈现。其次，从小组工作来说，这种方法是以小群体为对象，运用群体内部相互影响、相互促进的动力机制，在专业社工的引导下协助参与者实现行为的改变、社会功能的恢复，获得面对问题、解决问题的能力。这种方法比较适用于群体中较为普遍存在的某些问题。从实际来看，留守儿童群体中比较普遍地存在个体封闭、人际交流能力欠缺、自我保护意识薄弱等问题，这些问题比较适合在群体互动中予以解决。况且，由于儿童阶段的生理和心理特点，留守儿童比较容易被动员起来参与小组之中。从课题组的服务实践中也发现，相较于个案工作来说，小组工作的服务效率、儿童参与热情均更高。最后，从社区工作来说，这种方法是以社区整体为工作对象，通过开展社区宣传、社区动员、资源链接、社区行动等方法，建立社区协调发展机制，从而增强社区凝聚力、改善社区成员生活质量的方法。留守儿童的主要生活场域是社区，协助社区建立良好的关爱留守儿童氛围、搭建合理的留守儿童社区支持体系，有利于从微观层面直接、快速解决留守儿童问题。事实上，当前很多的留守儿童关爱服务行动（例如留守儿童代理家长、社区关爱中心等等），都是基于社区环境改良而推行的，社会工作者运用专业方法，动员社区居民为留守儿童搭建直接生活层面的保护网，有利于留守儿童感知社会关爱，也有利于在微观社会生态系统中构建留守儿童社会支持体系，预防各种生活风险。由此可见，社会工作的专业方法对于留守儿童问题的解决，有很强的适切性。

2. 西部留守儿童社会工作综合服务体系构想

从以上分析来看，专业社会工作是解决留守儿童问题的一个重要途径。但是，当前我国尚未建立健全的社会工作服务体系，在经济社会发展到当前较高水平的背景下，亟需予以完善；留守儿童面临的问题也是纷繁复杂的，需要一个呈系统化的服务体系，才能予以解决。针对西部留守儿童的特点和社会工作服务的范围，本课题提出，可以构建一个西部留守儿童学校社会工作服务、农村社会工作服务、城市社区社会工作服务的综合服务体系，以促进当前留守儿童问题的解决。见表6.1。

表6.1 西部留守儿童社会工作综合服务体系构想表

社会工作服务子体系	针对的主要人群	专业人才的来源	资金来源	需要建立或完善的制度	服务内容	服务方法	主要负责部门
◆西部留守儿童学校社会工作服务子体系	西部农村或城市基础教育学龄段的留守儿童	1.引进社工作为专任教师，开展留守儿童服务；2.开展现任教师社工培训、转岗等工作；3.社会组织派遣的驻校社工。	1.专任教师财政拨款；2.留守儿童服务经费；3.申请政府、基金会等项目资助；4.社会捐赠。	1.基础教育的财政拨款制度；2.基础教育的教师引进制度；3.社工教师工作内容制度；4.社工教师考核制度。	留守儿童厌学、人际交往、心理支持、团队建设、行为偏差、安全能力提升、寄宿服务、家长学校等等。	个案辅导、小组工作、学校和社区综合性服务。	基础教育主管部门、人事部门、社会组织、学校。
◆西部留守儿童农村社会工作服务子体系	西部农村留守儿童，包括留守幼儿	1.聘请专业农村社工；2.向社会组织购买农村社工岗位；3.大学生村官等驻村工作人员培训转岗担任专职或兼职社工。	1.政府购买专业农村社工岗位的投入；2.政府聘请农村专任社工资金；3.增加大学生村官为留守儿童提供服务人员补贴；4.申请政府、基金会等项目资助；5.社会捐赠。	1.农村社会工作发展制度；2.农村专业人才聘任制度；3.基层政府购买社工岗位制度；4.大学生村官等聘任、考核制度，落实驻村制度。	关爱留守儿童的社区倡导、托管家庭、社区发展、社区资源整合、社区安全、邻里关系建设等等。	人本模式、社区模式、发展模式、资源链接等。	民政部门、基层政府、农村社区、社区自组织。

社会工作服务子体系	针对的主要人群	专业人才的来源	资金来源	需要建立或完善的制度	服务内容	服务方法	主要负责部门
◆西部留守儿童城市社区社会工作服务子体系	西部城市留守儿童	1. 经过培训的社区工作者；2. 社会组织派驻的专业社工（政府购买岗位或服务项目）；3. 政府聘任的专业社工。	1. 政府购买社区社工岗位的投入；2. 政府聘任专任社工资金；3. 增加为留守儿童服务的社区工作人员补贴；4. 申请政府、基金会等资助；5. 社会捐赠。	1. 城市社区自我服务制度；2. 政府购买社会组织服务制度；3. 社区工作人员考核制度；4. 社会组织服务质量评估制度。	城市留守儿童安全教育、社区宣传、社区倡导、邻里关系建设、四点半课堂、儿童资源链接、家庭教育等等。	人本模式、社区模式、发展模式、资源链接等。	民政、街道等相关政府部门、城市社区、社会组织、社区自组织。

注：本表中的"主要负责部门"，包括了课题组在前文中提出的自上而下构建的儿童工作部（厅、局、处、科、室）。当前，这些部门尚不存在，只是本书在研究中提出有必要整合现存的某些部门职责而组建该部门。

（1）西部留守儿童学校社会工作服务体系

学校社会工作发源于 20 世纪初的美国，在经过了一个世纪的发展后，已经成为很多国家和地区制度化、职业化以及常态化的社会服务类型。归纳来说，学校社会工作是将社会工作的理论、方法及技巧运用于教育机构和相关设施中，致力于改善学习环境和条件，帮助有困难的学生提高适应学习和生活的能力，通过与学生及其家长以及学校和社区的互动，协助预防和解决学生问题，促进学生健康成长，形成"家庭—学校—社区"三者之间的良好互动关系，构筑学生健康成长的和谐环境，引导学生寻求个别化和生活化的教育，建立社会化人格，使学生更好地适应当前与未来生活的一种专业服务。[①]

---

① 王思斌：《社会工作实践权的获得与发展——以地震救灾学校社会工作的展开为例》，载《学海》2012 年第 1 期。

除了香港和台湾地区以外，我国大陆的学校社会工作发展很不成熟，尚处于局部地区、试探性尝试的阶段。较早的探索是2002年5月，在上海浦东新区社会发展局教育处推动下，浦东38所学校开始试行学校社会工作，试点推行了"一校一社工"制度，学校社会工作作为"学校德育工作的一项有益补充"而添加到现有的学校体制中。2007年深圳市发布了深圳社工"1＋7"文件，由此在深圳展开了较为全面的社会工作试点工作，而学校社会工作亦包括其中，它"以一种非正规的、灵活的、具有亲和力的方式积极回应各种问题和挑战"①。在2008年汶川地震后，由中国青少年发展基金会和中国社会工作教育协会联合发起和举办的一个灾后志愿服务项目"希望学校社会工作服务"正式实施，开启了西部地区学校社会工作从志愿服务到专职服务、从临时举措到制度化建设的探索。就目前来看，我国学校社会工作离制度化和专业化还有很长的路要走，有人认为，我国目前的学校社会工作任务一般由校长、教导主任、教师、辅导员、班主任等承担，很多解放军战士、军官、离退休老干部及其他有影响的人士担任中小学生校外辅导员，做了大量的具有中国社会主义特色的学校社会工作。② 事实上，这些"具有中国特色"的学校管理和学生服务体系，无论是理念还是方法，根本就称不上是真正意义上的学校社会工作。

西部地区总体落后，而加大对留守儿童问题的关注和投入，有助于落后地区人力资源提升，从而促进地区协调发展。所以，可以先从西部地区着手，建立留守儿童学校社会工作制度。第一，从渐

---

① 首姝嫚：《学校社会工作介入青少年抗逆力的建构》，2012年华中科技大学硕士学位论文。

② 李龙军：《我国高等院校学校社会工作介入模式研究》，2013年安徽大学硕士学位论文。

进式改革的角度出发，如果国家目前尚无力建构起前文所探讨的儿童福利法和儿童福利政策执行体系，那么可以考虑在当前肩负留守儿童管理和服务职能的各政府部门之间建立联席会议制度，制定统一的服务规划和行动方案，在各自职责范围内开展分工合作，有协调、有侧重，以形成留守儿童服务的合力，提升服务效能。第二，尝试在西部农村和城市推行"一校一社工"制度。在加强基础教育师资力量建设的同时，打破教师招聘的师范专业壁垒，适当聘请社会工作者担任中小学教师，开展包括留守儿童在内的各种专业服务；在不具备引进社工担任专职教师的地区，应该加强对从事思想政治教育、学生管理以及班主任等在岗教师的社会工作、心理学等知识训练，并鼓励这些教师专职担任学校社会工作者，在考评等方面进行改革，建立"一校一社工"的学校社会工作制度。在有条件的地区，可以先在农村完小、乡镇完中推行实施，积累经验后向其他类型学校推广。第三，变革当前基础教育财政投入政策。2001年国务院颁布的《关于基础教育改革与发展的决定》中提出"实行在国务院领导下，由地方政府负责、分级管理、以县为主"的基础教育投入、管理体制；2002年国务院办公厅下发的《关于完善农村义务教育管理体制的通知》也强调，农村义务教育实行"在国务院领导下，由地方政府负责、分级管理、以县为主"的体制。事实上，西部多数地区县级财政吃紧，"以县为主"的责任分配方式很难保证足够的基础教育投入。作为一种典型的、甚至是最重要的公共产品（也可以说是公共服务），基础教育的投入主体应该是中央和省级政府，同时市、县级财政也承担重要职责，最终形成多级政府承担基础教育职责的财政保障格局。只有财政投入足额、到位了，才能谈得上政策变革、师资完善、硬件提升，也才能为留守儿童学校社会工作服务提供基础。第四，加强西部农村学校基础设施建设，合理调整农村学校布局，尤其是居住较为分散的农村地区，在撤点并校时要十分谨慎，既要便于儿童就学，也要适当考虑办学效益。对于辐射面较广、学生上学路途遥远的学校，要加大学生宿舍建设力度，并配套建设阅览室、活动室、心理咨询室、亲情电话（视频）室，加强儿童日常照料工作；农村基点校通常办学规模小、教学设备老化、功能教室面积不达标，也应加强基础设施建设，在不具备建设学生宿舍的地区，应坚持不撤并基点学校的原则。在具备了以上人、财、物等基础后，由专业社会工作人员针对包括留守儿童在内的学生开展服务，有助于协助留守儿童及其家庭解决面临的各种问题，为留守儿童的成长提供更好的社会环境。

从西部留守儿童学校社会工作体系的实际运行来看，其服务对象主要是西部农村或城市基础教育学龄段的留守儿童，可以用于个案辅导、小组工作等多种专业方法，针对留守儿童厌学、人际交往、心理支持、团队建设、行为偏差、安全能力提升、寄宿服务、家长学校等各方面开展服务，相关责任部门为基础教育主管部门、人事部门、社会组织、学校。开展具体服务的专业人员可以有以下来源：一是学校引进社工作为专任教师，以开展留守儿童服务为主要工作，不参与具体课程的教学工作；二是针对现任的相关教师开展社工培训，促其转岗从事包括留守儿童在内的专职或兼职社会工作服务；三是有条件的地区可以向社会组织购买驻校社工服务。该模式的资金来源可以包括：一是专任教师待遇的财政拨款，以解决引进的社工教师福利待遇问题；二是政府及学校划拨的留守儿童服务经费；三是驻校社工申请的政府、基金会等留守儿童服务项目资助；四是吸引社会捐赠。由此，在基础教育的财政拨款制度、教师引进制度、专职社工教师工作内容制度以及考核制度等方面均要做出改革。具体的西部留守儿童学校社会工作模式在后续章节将予以详细讨论。

（2）西部留守儿童农村社会工作服务体系

与学校社会工作不同，农村社会工作涉及的范围更为广泛。这主要是因为农村社会工作的服务对象类型更多、服务方法的选择余地更大、服务过程中涉及的层面更宽泛。通常来说，农村社会工作是以专业的农村社会工作者为主体，以农村问题的解决、农村社区能力提升以及农村可持续发展为基本目的，应用社会工作的专业方法，开展的针对农民、农村社区、农村社会组织和基层政府的社会工作服务。事实上，在西方国家少有"农村社会工作"这一提法，主要是因为将"农村"视为了"当然的"社会工作领域，没有必要在范畴和方法体系上予以单独区分；而我国在社会工作领域单列出"农村社会工作"，主要是基于对三农问题的重视以及探讨社会工作领域对该类问题的独特介入方法。

就目前来看，我国的农村社会工作尚处于萌芽阶段，其制度体系建设、地方性的探索甚至比学校社会工作更少。较有影响力的主要有：第一，江西万载县于 2007 年推行的农村社会工作服务试点并形成的"万载模式"：由县委、县政府推动，出台了《关于加强社会工作人才队伍建设推进社会工作发展的意见》和《农村社会工作实施方案》《社区居委会社会工作实施方案》《"三院"社会工作实施方案》等"1 + 3"四个文件，制定了《社会工作者职业水平评价实施方案》《社会工作人才教育培训方案》《社会工作专业岗位设置方案》《社会工作人才专业技术职位设置及薪酬待遇方案》《社工义工联动工作实施方案》等 7 个配套方案，实现了"县有社会工作协会、乡镇（街道）有社会工作服务中心、村（居）委会有社会工作服务所、村落社区有社会工作服务站的机构网络，培养了有 31 人组成的专业化、职业化社工队伍，有近 1000 人组成的本土化社工从业队伍，有 1 万余人组成的志愿者队伍。同时，建立了社会工作人才队伍建设机制、职责落实机制、职业管理机制，完善了社会工作者职业水平评价、教育培训、岗位设置、薪酬待遇等四大职业管理体系，并将社会工作经费纳入财政预算，确保此项工作顺利进行。在此基础上，该县形成了独具特色的'社工＋从工＋义工'模式，推动社会工作融入新农村建设、社区建设、民生工程、社会公共服务等领域，形成了一个个特色鲜明的社会服务平台。①"第二，香港理工大学、云南大学、中山大学等高校社会工作教师以及后来发展而成的广东绿耕社会工作发展中心在云南平寨、四川映秀、广东从化等地实施的农村社会工作服务项目，这些项目的主要理念是"城乡合作、公平贸易、共创生态文明与农村可持续生计发展"，其主要操作包括三个相互联系的方面：一是通过农副产品、手工艺品的公平贸易将农村弱势群体组织起来，在增权赋能的同时，逐步实现社区文化、社会关系、性别和生态环境的可持续发展，实现乡村组织建设；二是以在城市建设公平贸易店为窗口，辅以共同购买和"城乡汇"等创新形式，实现城市网络建设；三是借助乡村生活体验游、参与式农副产品质量认证、社区学堂等交流平台，推动农村村民与城市居民携手合作，互惠互利，突破"施与受"的助人模式，增进相互理解，降低城乡社会排斥，实现城乡合作与公平贸易。②

　　分析来看，以上两种农村社会工作的探索具有很好的代表性：

---

　　① 钟瑜、胡光华：《万载创新农村社会工作》，载《江西日报》2012 年 3 月 17 日。

　　② 杨锡聪、张和清、古学斌：《绿耕中国农村社会工作探索之路》，广东绿耕社会工作发展中心网站 http://www.lvgeng.org/index.php/article/185/860，2013 年 3 月 3 日。

第一种方式遵循着典型的自上而下逻辑，由政府领导及相关政府部门推动实施，以制度建设为主要手段，其优点在于执行能力强、覆盖范围广、可持续能力较好，制度建设的意义明显；第二种遵循了自下而上的逻辑，由高校、社会组织等社会工作专业人才，在整合各方资源的前提下，针对深层面的农村问题实施探索，其优点在于专业性较强、项目实施的灵活性好、村民能力建设效果明显，专业探索的意义显著。不论是政府推行的农村社会工作制度建设，还是社会力量实施的农村社会工作服务，对于我国农村社会工作的发展而言，都具有重要意义。

在以上探索的基础上，以推行西部留守儿童社会工作服务为突破口，我们可以尝试构建西部留守儿童农村社会工作服务体系：第一，服务对象为包括留守幼儿在内的西部农村留守儿童；第二，社工专业人才的来源可以包括基层政府聘请专业农村社工、向社会组织购买农村社工岗位、对大学生村官等驻村工作人员①开展社工能力培训以加强农村留守儿童的服务供给；第三，开展农村留守儿童服务的资金来源可以包括政府聘任农村专任社工的资金、政府购买专业农村社工岗位的投入、增加大学生村官等为留守儿童提供服务的人员补贴、申请政府和基金会等项目资助以及社会捐赠；第四，在制度建设方面，需要制定农村社会工作发展制度、农村专业人才聘任制度、基层政府购买社工岗位制度、大学生村官等聘任和考核

---

① 大学生村官、西部志愿者、"三支一扶"等多项政策为农村引进的大量人才是开展留守儿童服务的潜在力量，针对这些人才不驻村、待遇差、留不住等现象，可以采取如下措施：大幅提高工资水平和福利待遇，使其能够安心扎根农村开展工作；切实落实驻村制度，防止乡镇截留，真正为农村提供人才；在招考时适当向社会工作、心理学、社会学、公共管理等专业人才倾斜；加大村民对这类人员的考核评价权重，使其真正能够为村民提供服务。

制度，切实落实农村聘用人才的驻村制度；第五，在服务内容方面，可以大力开展关爱留守儿童的社区倡导、托管家庭、社区发展、社区资源整合、社区安全、邻里关系建设等多种类型服务；第六，在服务方法方面，可以运用社会工作的人本模式、社区模式、发展模式、资源链接技巧等等；第七，西部留守儿童农村社会工作服务的主要责任部门包括民政部门、基层政府、农村社区、社区自组织，这些部门直接关系到农村社会工作的政策制度、人财物等方面的落实，应紧密合作。具体的西部留守儿童农村社会工作模式在后续章节将予以详细讨论。

（3）西部留守儿童城市社区社会工作服务体系

城市社区是居民自我管理、自我服务、自我教育的平台，也是实施包括城市留守儿童在内的弱势群体服务的重要载体。课题组在调查走访中发现，我国西部城市社区服务尚处于较低水平：虽然很多地区都建成"社区服务中心"，但是这些服务中心多数只能承担基本的便民利民服务、社会救助服务、社会福利服务、再就业服务、最低生活保障服务等等，而且均为等待居民上门咨询后提供"被动式"服务；没有建成社区服务中心的，仅由社区居委会提供服务，通常居委会工作人员仅为5—7人，完成上级各部门安排的行政性工作都显得捉襟见肘（通常称为"上面千条线，下面一根针"），真正为居民实施的、主动性的服务更少；社区社会工作制度尚未建成，专业社会工作人才缺乏，在当前的社区治理体系下实施社会工作服务的灵活性欠缺。

西方国家的社区服务有如下几种典型模式：第一，以美国为代表的自治型社区服务模式，采取"政府负责规划指导和资金扶持，社会组织负责具体实施"的运作方式，将具体事务交给社区组织和民间团体，政府只负责宏观调控。第二，以新加坡为代表的政府主导型社区服务模式，政府负责宏观引导、资金支持、统筹规划和服务实施，同时鼓励非政府组织积极参与，实现政府与社会的良性互动，共同服务于社区居民。第三，以日本为代表的混合型社区服务模式，政府对社区发展的干预较为宽松，其主要职能是规划、指导并提供经费支持，官方色彩与民间自治特点在社区发展的许多方面交织在一起。

我国的城市社区基本上形成了二级政府（市、区二级政府）、三级管理（市、区、街道三级管理）、四级落实（市、区、街道、社区居委会）管理体制的基本框架，这种管理体制将社区作为了政府行政职能的延伸机构和执行机构，使得社区居委会法定的自治性色彩降低，自我服务的能力弱化。

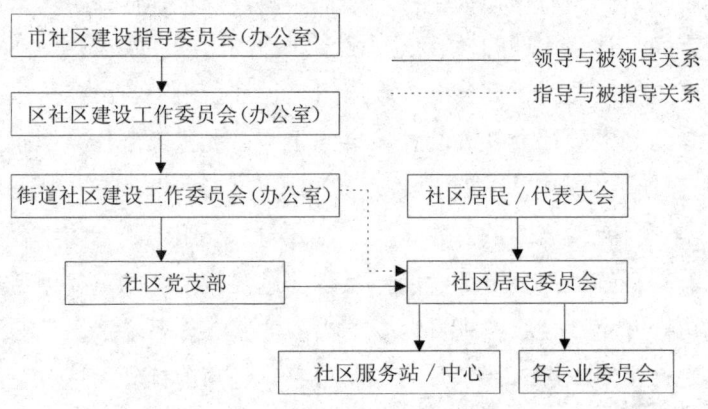

图 6.5　我国城市社区管理体系示意图

基于以上情况，依托社区为城市留守儿童开展社会工作服务，可以有以下两种方式：第一，依托现有的社区服务站（中心），由社区自身开展社会工作服务。这样做的前提是，必须有足够的专业社会工作者。其解决方法主要有对现有社区工作人员开展专业培

训，促进转岗从事社会工作专业服务；二是招募专职人员从事社会工作服务。事实上，当前社区普遍都存在人员和经费缺乏的现象，培训现有人员以促进其转岗有可能减少社区居委会的工作人员数量，招募专业社工也可能因为经费问题使得难度较大，比较可行的方法应该是课题组设想的第二种，也即以政府购买服务的方式，委托社会工作机构，派遣团队进驻社区，为包括留守儿童在内的各种群体开展专业服务。事实上，在我国当前城市范围内，社会工作机构等社会组织的发展，已经取得了较大成就。

党的十八届三中全会做出的《中共中央关于全面深化改革若干重大问题的决定》中提出了"创新社会治理，推进社会治理方式变革"和激发"社会组织活力，提升社会治理水平"的要求，为我国当前和今后相当长的时期内社会治理改革和社会组织发展指明了方向。社会治理的核心内涵是多元治理、共促发展，即变革以往政府主导的思路，充分发挥政府组织、社会组织、民众等多方力量，参与到事关社会发展的各项事务之中，促进经济社会健康协调发展；社会组织被认为是沟通政府和民众的桥梁，是体现民众合力、实现自我发展的重要方式。从社区与社会组织两者相结合的角度来看，良好的社会组织发展体系是促进社区治理的重要力量。从西部留守儿童社会服务来看，变革当前的服务体系、引入社会组织尤其是社工组织进入社区开展专业服务，是当前社会治理改革的一种重要问题。

我国民办社会工作机构的发展仅仅经历了十余年的时间，已经取得了较大成效。据最近统计发现，截至 2013 年底，全国民办社会工作服务机构数量已达 2000 多家，全国社会工作专业人才队伍总数有 36 万多人，全年全国社会工作服务购买资金已达 17.3 亿元，比上年增长 38%。① 当然，我国民间组织总体数量还是严重不足：按照当前我国 13.7 亿人口计算，我国每万人平均拥有民间组织数量仅为 3.75 个，而法国为 110.45 个，美国为 51.79 个，巴西为 12.66 个，印度为 10.21 个。②

从发展的眼光来看，我国社会工作机构总共才经历了十余年，有很大的成长空间。由于专业性较强，社会工作机构依托城市社区开展留守儿童社会工作服务，具有较大的优势，但是当前我国社会工作机构的发展存在对政府依赖过大、与政府部门地位不平等、自身筹资能力不足等多种问题，独立发展能力较弱。基于此，应该在社会组织登记管理制度、政府购买社会组织服务制度、社会组织内部管理制度、社会组织服务质量评估制度、服务项目的持续发展制度等多个方面进行改革，为城市社区服务的发展提供基础。具体的西部留守儿童城市社区社会工作服务体系在后续章节将予以详细讨论。

四、本章小结

本章总共分为三个部分：

第一，对我国有关儿童、留守儿童的法律、法规等社会政策进行了系统检视及反思，研究认为，我国儿童福利立法和儿童福利政策均较为欠缺，现行的留守儿童服务政策不全面、不连贯，各地区、各部门各自为战，没有形成良好的服务体系。从立法层面来

---

① 李刚：《民办社工服务机构达 2000 家》，载《人民日报》2014 年 1 月 3 日。
② 王守杰：《NGO 从传统恩赐向现代治理的转型》，载《河北学刊》2010 年第 2 期。

看，应该增加诸如留守儿童等普通困境儿童社会福利和社会服务的法律条文；从政策层面来看，寄宿学校建设、学校社会工作制度、农村社会工作制度、社区社会工作制度等有利于留守儿童成长的政策体系应该予以规范；从服务内容来看，留守儿童的心理辅导、社会支持、家庭教育、家长教育、亲情关怀、社会生态环境改善、预防侵犯等诸多工作，都应该包含在内。

第二，对我国西部地区留守儿童社会服务的具体措施进行了系统检视和反思，研究认为，当前各地区尝试实施的农村留守儿童寄宿学校服务、留守儿童代理家长服务、社会组织的留守儿童服务、留守儿童托管家庭服务、留守儿童心理咨询服务、儿童福利主任服务等各种服务措施，一方面体现了对留守儿童及其家庭的关心关爱，让留守儿童有了更好的学习和生活环境；另一方面，留守儿童及其家庭也确实从各自关爱及服务活动中得到了好处，降低了生活、学习和精神压力。但是从总体上来看，这些关爱举措持续性、系统性、针对性均存在不足，服务人员的专业性欠缺，需要有系统化的服务体系才能更好地解决我国西部留守儿童问题。

第三，在以上两项工作的基础上，作者提出了构建留守儿童学校社会工作服务体系、农村社会工作服务体系、城市社区社会工作服务体系等综合服务架构，从而较好地解决留守儿童问题。课题组从针对的主要人群、专业人才的来源、资金来源、需要建立或完善的制度、服务内容、服务方法以及主要负责部门等几个角度，对每个子体系进行了初步论述，并指出在随后的三章中，对每一个子体系进行系统阐述。

第七章 | 西部留守儿童学校社会工作服务体系

以学校作为载体和平台，以现有的教师、学校硬件等为资源，加上当前义务教育政策体系下辍学率低、留守儿童在学校比较集中的优势，在西部开展留守儿童学校社会工作服务，是非常契合留守儿童的实际生活特点、能够发挥社会工作优势的服务渠道。本章结合对西部地区学校服务、留守儿童学校社会工作实施情况的实地调查，探讨在我国西部地区（特别是农村地区）尝试开展留守儿童学校社会工作服务的体系架构。特别需要指出的是，课题组结合2012—2013年实施的留守儿童社会工作服务项目，以行动研究的方式，探讨了留守儿童学校社会工作的服务方法。

一、学校社会工作的发展历程及启示

（一）学校社会工作的界定

王思斌指出，学校社会工作是将社会工作的理论、方法及技巧运用于教育机构和相关设施中，致力于改善学习环境和条件，帮助有困难的学生提高适应学习和生活的能力，通过与学生及其家长以及学校和社区的互动，协助预防和解决学生问题，促进学生健康成长，形成"家庭—学校—社区"三者之间的良好互动关系，构筑学生健康成长的和谐环境，引导学生寻求个别化和生活化的教育，建立社会化人格，使学生更好地适应当前与未来生活的一种专业服务。[①] 从该界定可以看出，学校社会工作承担了为学生构建家庭、学校、社区这一个由小到大的社会生态系统，从而促进学生健康成长的重要职能，而具体到留守儿童来看，其家庭教育不完善、家庭结构不完整，所需社区资源、社会支持亟需弥补，非常契合学校社会工作的服务性质。

（二）学校社会工作的发展历程

西方发达国家学校社会工作的发展历程经历了一个质的转变，主要表现在由监督性服务发展为福利性服务。这种转变，为我们开展留守儿童学校社会工作提供了相关启示。一般来说，西方学校社会工作的萌芽，肇始于义务教育的普及和推广。为了扫除文盲、提高教育普及率，英国、美国、加拿大等国家在19世纪末、20世纪初实施了义务教育的相关法令。这些法令的推行，使得儿童就学成为自身不可剥夺的权利。但是在当时经济发展慢、劳动力不足的背景下，很多家庭需要儿童参加劳动从而弥补家庭经济不足，许多家长不理解教育投入的长期性、回报的延后性特点，对儿童入学持不支持态度。[②] 由此，儿童入学也就面临各种问题。在义务教育法令

---

① 王思斌：《社会工作实践权的获得与发展——以地震救灾学校社会工作的展开为例》，载《学海》2012年第1期。

② Marion Huxtable and Eric Blyth. *School Social Work Worldwide*. Washington DC：NASW Press. 2002：263 – 268.

的约束下，很多国家对儿童就学采取了一定强制措施，其执行方式就是早期的学校社会工作。① 随着入学率的升高、教育普及面的扩展，学校社会工作的主要宗旨不再是促进儿童入学，而是儿童学校内的健康发展和权益保护，其服务理念也就发展为福利性服务。

1. 英国学校社会工作的发展

在 19 世纪的英国，随着义务教育法令的实施、强制入学的推行，出现了"学校入学官"（School Attendance Officer，SAO）的职务，负责劝服、要求家长送儿童入学接受教育。经过近一个世纪的演变，这一职务从名称上改变为"教育福利官"（Education Welfare Officer）或"教育社会工作者"（Education Social Worker）等称呼。通常来说，英国的教育福利官一般不直接受雇于学校，而是由政府福利部门和社会服务部门提供工作经费，与学校不形成隶属关系，可以独立自主开展工作。同时，英国还有一些全国性的行业协会，例如教育福利管理协会（AEWM）、全国教育社会工作者协会（NASWE），负责协调全英学校社会工作事务，并开展大量学校社会工作人员培训、服务标准制定、服务能力认证等工作。

从职能上来看，当前英国的教育福利官已经大大突破了其最初督促甚至强制儿童入学的职责，而是以儿童权益保护为核心宗旨，提供各种类型的社会福利服务，例如：学龄前儿童的看护安排，禁止童工，为长期失学儿童提供教育帮助，新搬迁家庭儿童的就学联络和入学适应，儿童及青少年滥用毒品，学生怀孕及"母亲学生"服务，儿童不良行为及人际交往困难服务，为保护儿童权益出庭辩护，与其他社会福利服务机构合作开展儿童权益保障服务，儿童政

---

① Garrett, K. J. & Barretta, H. A. "Missing Links: Professional Development in School Social Work". *Social Work in Education*. 1995(17): 235–243.

策倡导等各个方面。一般来说，一名教育福利官可以负责一所或者多所学校的社会工作，但是针对规模大、问题较为复杂的学校，可能会有几名教育福利官共同提供学校社会工作服务。①

2. 美国学校社会工作的发展

美国学者林·拜和米歇尔在《学校社会工作：从理论到实践》中指出，美国的学校社会工作服务，以 1906 年到 1907 年在纽约、芝加哥等地出现的"家庭访问教师"为开端。② 在 20 世纪初，美国工业化、城市化进程的加快，外来移民大量涌入，学校生态环境的文化多元不仅激化了种族矛盾，也为学生的适应不良、行为偏差奠定了基础，例如，学生退学现象比较严重，男女学生之间性问题突出，盗窃、族群纠纷问题频发，学生侮辱甚至殴打老师的情况也经常出现。在此背景下，纽约的移民安置工作者派遣就学管理员（Attendance Officer）前往学校、家庭考察，希望能够协调各方面力量应对学校出现的各种问题；波士顿的妇女教育协会、哈特福德的心理诊所派出家庭访问教师（Visiting Teacher）到学校开展学生、家庭、学校等各方面的协调沟通工作，这些被认为是美国最早的学校社会工作者。③ 之后，纽约利罗契斯特城公立学校组织 1914 年成为美国第一个从预算中提供社会工作服务资金的组织；40 年代后，美国社会福利机构在学校设立专业机构和服务岗位，与教师和其他机构、人员合作开展学校社会工作服务；70 年代后，美国

---

① Eric Blyth and Helen Cooper. "School Social Work in the United Kingdom：a Key Role in Social Inclusion", in Marion Huxtable and Eric Blyth. *School Social Work Worldwide*. Washington DC：NASW Press. 2002：23.

② Lynn Bye，Michelle Alvarez. *School Social Work：Theory to Practice*. Belmont，CA：Thom－son Brooks/ Cole，2007：6.

③ G. Lee. *Helping the Troubled School Child：Selected Readings in School Social Work*，Washington DC：National Association of Social Workers，1959：107－129.

学校社会工作发展迅速，工作者们强化建立以学校为载体的家庭、社区沟通渠道；1994 年，"美国学校社会工作协会"（SSWAA）成立，在促进学校社会工作的人才培训、行业交流、标准制定、专业化发展、政策倡导等各个方面都起到了重要作用，极大地促进了美国学校社会工作的整体发展。①

美国的学校社会工作体系与英国不同，其学校社会工作者不是隶属于政府福利机构或社会组织，而是属于学区内部的学生事务服务人员。在联邦层面，美国设立了"学校社会工作服务全国顾问委员会"，指导全国学校社会工作的发展；美国的很多州教育办公室，设置了学校社会工作顾问，促进本州学校社会工作发展，并为学校社会工作者提供培训、评估等帮助；各学区聘请专业社会工作者开展学校社会工作服务，他们通常与学校心理专家、教师等专业人员合作，共同致力于学生权益保护和教育发展。②美国的学校社会工作者被认定为是解决学生问题的专家，所以从全国性行业组织、州教育主管部门、学区和学校等各个层面都非常关注学校社会工作者的技能培训和职业生涯发展，这也是美国学校社会工作得以蓬勃发展的一个关键因素。

从职责上来看，美国的学校社会工作者主要表现在两个方面：第一是协助学生满足自身的教育需求，第二是发掘并激发学生实现其学习和发展潜能的各种因素。③ 在第一个职责层面，学校社会工作者通常要在家庭、社区层面开展了解，确保学生入学教育权利得

① P. Allen - Mears. *Social Work Services in Schools*. Boston: Allyn & Bacon, 1996. 25 - 28.

② Michael E. Ward. *School Social Work in North Carolina: A Guide to Practice and Policy*. Raleigh: Public Schools of North Carolina, 1998. 28.

③ 鲁艳桦：《美国学校社会工作发展及其启示》，载《教学与管理》2011 年第 4 期。

到保护，同时要充当学生、家庭、学校、社区、社会组织等各方面的链接点，以社会生态系统为基础，评估学生的教育需求并加以干预。在第二个职责层面，学校社会工作者要在复杂的社会文化环境中，帮助学生应对毒品滥用问题、学校欺凌问题、文化冲突和文化误解问题、学校环境不良问题、同伴交往及性问题、学习表现不良及学业压力等问题，在此基础上发掘学生潜能，以促进学生的学业发展及教育成长。为实现以上职责，美国学校社会工作者通常运用以下四种模式提供服务，包括传统临床模式、学校变迁模式、社区学校模式和社会互动模式。①

3. 加拿大学校社会工作的发展

加拿大学校社会工作的产生与其他西方国家类似，都与儿童强制入学有着密切关联，或者说，义务教育强力推行背景下儿童就学权利的保护直接催生了加拿大学校社会工作的形成。19 世纪后半期，加拿大推行了 12 年义务教育法令。但是同期，加拿大正经历工业革命，许多工作岗位可以不需要成年人的体魄和技术，年龄稍大的、可以进行机械劳动的童工就大量出现，这便形成了与强制教育的矛盾。在这个背景下，教育管理机构设置了"逃学与就学部门"，以督促家长送适龄儿童入学、保障儿童教育权利，这便是学校社会工作的雏形。直到 20 世纪 40 年代，在加拿大各地区公共健康部门的推动下，许多社区心理健康服务人员为儿童、青少年开发了心理治疗项目，在许多学校予以实施，并开展社会工作介入服务。随着这些学校社会工作实践活动的推行，许多学校设置了独立的社会工作部门，也有一些学校与心理健康机构开展合作，由后者

---

① J. J. Alderson. "Models of School Social Work Practice". In R. C. Sarri and F. F. Maple (eds). *The School in the Community*. Washington, DC: NASW Press, 1972. 57–74.

西部留守儿童学校社会工作服务体系 ◀ 第七章

派遣专业人员为学生提供心理指导和社会工作服务。①

在加拿大，学校社会工作者主要由各省提供预算资金、由地方教育委员会聘用。聘用后，学校社会工作者往往被分派到学校、教育中心或社区服务中心提供专业服务。② 同时，加拿大的学校社会工作者都会加入某个专业协会成为会员，以便于行业交流、培训及统一标准，在全国层面，有"加拿大社会工作者协会"（CASW）、"加拿大学校社会工作协会"（CASSW）、"加拿大学校社会工作者和就学顾问协会"（CASSWAC），各省也有自己的社会工作者协会或学校社会工作委员会。这些组织为学校社会工作者提供交流、培训、资格认证等服务，在教育政策和社会福利政策方面提供倡导和咨询，极大地推动了加拿大学校社会工作的发展和研究。

从工作职责来看，加拿大学校社会工作者一般要承担咨询、协调、合作与干预的责任，具体包括：为学校管理人员、学生辅导人员、教师、家长及学生等各方人员提供学生心理与行为、教育福利政策等各方面的咨询服务，提供学生之间、学生与家庭之间、学生与教师之间、学生与学校管理层之间的矛盾协调服务，开展学校与社区、福利机构、社会组织的合作、转介服务，为面临困境的学生个人、家长提供干预服务，例如学生或家庭经常面临的学业问题、心理健康问题、行为偏差问题、药物或毒品滥用问题、家庭矛盾问

---

① Jane Loughborough, Wes Shera, and John Wilbelm. "School Social Work in Canada: Historical Themes and Current Challenges". In Marion Huxtable and Eric Blyth. *School Social Work Worldwide*. Washington DC: NASW Press, 2002: 66.

② Jane Loughborough, Wes Shera, and John Wilbelm. "School Social Work in Canada: Historical Themes and Current Challenges". in Marion Huxtable and Eric Blyth. *School Social Work Worldwide*. Washington DC: NASW Press, 2002: 68.

207

题、学生欺凌问题等等。①

4. 其他国家和地区学校社会工作的发展

另外，世界其他国家和地区也推行了社会工作服务实践。北欧国家在 20 世纪 40 年代以"学校看护员"的岗位推行学校社会工作，注重儿童教育权利保护和问题预防；德国、韩国、澳大利亚、阿根廷等国家也在 20 世纪 60 年代先后开展学校社会工作服务；我国香港地区在 20 世纪 70 年代，由社会福利组织开始在中小学开展学校社会工作服务并取得显著成效，其后香港政府大力推行，制定政策、提供经费，已经实现了"一校一社工"的目标。

（三）学校社会工作发展的启示

由以上各国家、地区学校社会工作发展的历程可见，学校社会工作经历了由强制性服务到福利性服务的发展转变，这种转变是以经济社会发展、教育理念提升、教育普及面拓宽为基础的。当然，由兴起到蓬勃发展，说明了学校社会工作在服务儿童、青少年，及以此为平台，构建学校、家庭、社区、社会组织的良好生态系统②，是非常有效的。总体上来看，考察学校社会工作的发展之后，我们可以得出如下启示：

第一，学校社会工作服务总体上是有效的，值得借鉴和推广。从美国等发达国家和地区学校社会工作的具体实践来看，学校社会工作承担了四个方面的职能：首先，通过学校宣传、社区教育、工作坊等方式，对儿童开展学校教育以外的服务，有利于预防儿童问题形成；其次，对儿童面临的教育权利剥夺、校园暴力、家庭危

① 文雅、Wendy Thomson：《加拿大社会工作的发展、现状及挑战》，载《社会工作》2014 年第 1 期。

② 张燕婷：《学校社会工作的本土化实践——基于生态系统理论的地方性探索》，载《学海》2015 年第 3 期。

机、行为偏差、交往能力欠缺等问题进行干预，有效地协助儿童解决自身及家庭面临的各种问题，在此基础上，促进儿童潜力的发掘；再次，链接并整合家庭、学校、社区、社会组织等资源，共同为儿童营造良好社会生态系统；最后，在儿童福利政策、儿童教育政策等方面开展政策倡导，在服务标准方面制定统一规范，有利于学校社会工作的持续发展。由此可见，发达国家和地区学校社会工作服务在总体上是有所成效的，值得我国借鉴实施。

第二，学校是为儿童提供社会工作服务的理想场所。学校社会工作发展之初，主要工作内容是保障儿童就学权利，满足儿童教育的需要。在当前经济发展、社会转型的大背景下，各方面的问题均呈现复杂化的趋势：儿童个体层面，面临药物及毒品滥用、学业表现不良、网络沉迷、早恋早孕、性侵害等问题；家庭层面，面临家庭暴力、离婚伤害、儿童虐待、家庭结构不健全、家庭教育弱化等问题；学校层面，面临教学质量与社会需求脱节、学生欺凌、校园暴力、教育资助不健全等问题；社区层面，面临邻里关系冷漠、社区服务不足、社区贫困、移民与宗教等多种问题。所有这些问题均增加了传统学校教育的困难，文化教育和思想教育工作很难予以全面的应对。发达国家和地区学校社会工作的发展，证明了运用社会工作的技巧，构建学校、家庭、社区、社会组织等多方参与的社会生态系统，共同致力于儿童及其生活环境问题的解决，是能够有效弥补传统学校教育不足的。① 从这个角度来看，学校是开展儿童社会工作服务的理想场所。

第三，严密的组织体系是学校社会工作发展的保障。不论是英

---

① 程晋宽：《信息社会英国、美国、加拿大学校社会工作的比较》，载《外国中小学教育》2011 年第 10 期。

国受雇于政府福利部门，还是美国受雇于学区的学校社会工作者，抑或是兼具政府资助和非政府组织资助的香港学校社工，都有着良好的、严密的组织体系。这个体系既体现在相关法律法令层面，也体现在人、财、物的管理层面，还体现在服务理念、服务标准、服务方法等各个方面，当然更体现在各级、各类行业协会、社会组织的自我促进、自我发展。只有拥有完备、严密的组织体系，学校社会工作的持续发展才有可能。这方面也是我国当前急需突破的。

第四，注重人才培训是学校社会工作发展的关键。从发达国家和地区学校社会工作的发展来看，不论是政府福利、教育部门，还是学校社会工作行业组织，乃至学校，都非常注重对学校社工的持续培训。以美国为例，美国的学校社会工作者往往都被看作是专家和专业人员，有很高的社会地位和认同。但是取得社会工作资格，需要有规范的课程教育和专业组织的认证。所以，各个州都实施了规范的认证体系和积极的培训措施，为学校社工开设涉及服务伦理、人类行为与社会环境、多元文化融合、制度变迁和社区变革策略、社会工作评估与干预技巧、家庭与社区动力等覆盖范围广泛的课程体系，使得学校社工在理解社会变革、人类行为、人际关系，采取恰当的预估、诊断、计划、干预、评估方法等方面具有专业技能，可以承担起服务于学生、家庭、学校、社区的重要职能，真正成为受到各方面认可的、具备专业知识的行业专家。[①] 这些教育和培训既有利于学校社工知识、技能的持续更新，以便根据不断发生的问题形成应对方法，促进问题的有效解决；也有利于形成、更新、落实学校社会工作的统一实施标准、评估标准，形成学校社工

---

① Garrett, K. J. & Barretta-Herman. "A. Missing Links: Professional Development in School Social Work". *Social Work in Education*, 1995(17): 235-243.

个体、社会组织、行业协会的协同发展。所以，学校社会工作发展的关键是人才的培养和培训。

第五，自上而下与自下而上的结合，才能保障学校社会工作的持续发展。从以上对学校社会工作发展历程的简单梳理可见，西方多数国家学校社会工作的发展，最开始是通过政府部门针对学生就学不足、教育普及率不高而主动实施的，是一种自上而下的发展路径；与此相反，香港等地区学校社会工作的发展，肇始于香港的基金会和慈善组织对学校问题、学生问题的关注和介入，政府部门在看到实施成效后再来参与推动的，是一种自下而上的发展路径。当然，学校社会工作在自上而下发展后，社会组织与行业协会（也包括在此过程中催生的大量社会组织）的主动、积极参与，可以有效弥补政府部门在人才、资金、知识等方面的不足。另一方面，学校社会工作在自下而上发展后，也需要政府部门的官方认同，更需要法律、政策、制度和资金等方面的支持，以此才能持续发展。所以，只有自上而下与自下而上的共同努力、政府和社会的互动和互补，才能保障学校社会工作的持续发展。

二、西部留守儿童学校社会工作服务体系的架构

从对学校社会工作发展历史的梳理和启示分析来看，各个国家和地区所开展的学校社会工作对学生、家庭、学校等面临的问题有着超越传统教育方法的优越性，也可以说弥补了传统教育的不足。事实证明，开展学校社会工作对于解决儿童面临的各种问题是行之有效的，那么对于西部留守儿童亦是如此。而我国的学校社会工作起步很晚，最早的探索也仅仅是 21 世纪初期，与西方发达国家相比晚了近一个世纪。就目前来看，留守儿童、尤其是西部留守儿童

是亟需采用社会工作方法体系予以介入的特殊群体，可以以该服务对象为契机，初步构建一套行之有效的学校社会工作服务体系架构。当然，在探讨这种架构之前，我们还是应该以西方国家和地区学校社会工作为参照，对比我们当前的现状，并根据西方经验和这些现状，来构建西部留守儿童学校社会工作服务体系。只不过，课题组在西部各地区的调查中发现，我们的学校社会工作总体上还处于萌芽阶段。

（一）西部地区学校社会工作发展的现状

我国学校社会工作较早的系统性探索是在 2002 年的上海，浦东新区在部分学校试点"一校一社工"制度；2007 年以后，深圳、东莞、广州等珠三角地区由政府主导、采取"政府购买服务"的方式，开展了学校社会工作的试点工作；之后，北京、武汉等地的社工机构和政府部门合作，也开展了不少学校社会工作的尝试工作，但仍未上升到制度、体系层面。而我国西部地区学校社会工作的探索则显得更少。比较有代表性和影响力的是四川广元希望社工的（全称为广元市利州区希望社会工作服务中心）"希望学校社会工作服务项目"和甘肃陇南的西部阳光（全称为北京市西部阳光农村发展基金会）"农村寄宿制学校驻校社工服务项目"，课题组予以了详细的实地考察。

2008 年汶川地震后，中国青少年发展基金会和中国社会工作教育协会联合发起和举办的一个灾后志愿服务项目"希望学校社会工作服务"在广元和德阳等地区正式实施，为灾区学校开展驻校社工服务。经过头三年的服务运作，项目服务的专业性和有效性得到了当地学生、家长、学校和地方政府的高度认可，为灾后学校精神家园的重建做出了突出贡献。在此背景下，项目运行的各方均希望将该公益项目变为固定的社工服务机构，扎根当地、持续服务。随后，中国社工教育协会、中国青基会在考察和协调后决定，在广元市利州区登记成立独立的社会组织——广元市利州区希望社会工作服务中心，利州区教育局提供办公、活动场所，并为实习生提供住宿条件，出资 40 万元购买希望社工在该区十余所学校的驻校服务，由此，希望社工得以成立并持续开展学校社会工作服务。希望社工依托于中国社工教育协会的广泛资源，在督导、实习生、志愿者等方面均获得了大量支持，也成为国内第一家全国性的高校社会工作专业实习基地。截至 2014 年底，希望社工在青基会和利州区教育局的资助下，为利州区 11 所学校的师生提供了 13 万余人次的服务；同时，与国内 65 所社工高校建立合作关系，先后为近300 名社工学生、志愿者提供了实践和培训机会；进一步来看，希望社工还在 4.20 四川雅安地震和云南 8.03 鲁甸地震发生后立即奔赴灾区学校，提供紧急支援服务。

西部阳光"农村寄宿制学校驻校社工服务项目"源于对我国农村寄宿学校服务欠缺的担忧。2001 年《国务院关于基础教育改革与发展的决定》提倡基础教育学校实行寄宿制度，之后的几年时间内，大量生源不足的农村教学点被撤销，各地兴起了集中生源、建设寄宿学校的风潮。事实上，这些寄宿学校中相当一部分是将原村小的孩子（许多都是留守儿童）集中到乡镇中心学校就读，寄宿的硬件环境难以跟上，学生服务方面的软件更是欠缺。西部阳光认为，在寄宿制的乡镇学校里，孩子们缺少生活教育和家庭温暖，由此面临了很多不同于原来走读制的生活压力，这一切是因为"他们的成长中少了陪伴者"。于是，自 2011 年起，西部阳光在甘肃陇南成县的 3 所学校开展"农村寄宿制学校驻校社工服务项目"，随后又扩展到礼县、康县的共计 12 所学校。从资金来源看，该项目自 2011 年至 2015 年，共筹集资金 300 余万元，筹集的对象主要是项目合作伙伴，包括汇丰银行、香港乐施会及其他一些经济组织和社会组织，还有一些零散的民间捐赠；从项目的实施方式来看，西部阳光从社会工作等专业人员中招募志愿者，经过选拔、系统培训后，派驻到项目点学校（通常来说，每个学校派驻一男一女两人，一般以一年为服务期），由这些具备专业社会工作服务技能的志愿者担任驻校社工、开展服务，期间，西部阳光为驻校社工提供督导、总结评估等方面的服务和管理；从服务内容来看，驻校社工为学生提供个案、小组等服务以解决儿童成长中的困惑，为儿童之间、师生之间、儿童与家庭之间提供关系协调服务，为儿童组织丰富多彩的课外活动以娱乐身心；在社会认可度方面，该项目获得了 2012 年深圳慈展会实施类项目的金奖。

以上两个个案可以被看作是西部地区服务于儿童（包括留守儿童）的典范，但是对于更大多数的其他西部地区而言，学校社会工作，特别是留守儿童的学校社会工作几乎还是空白，我们距离学校社会工作制度化、专业化还有很长的路要走。当然，希望社工和西部阳光所开展的学校社会工作服务探索，也为我们提供了一些启示：

希望社工能够扎根于广元，本身就说明了社会工作对于学生问题介入的有效性。其依托于专业资源（中国社会工作教育协会），可以吸纳包括督导、社工、实习生、志愿者等诸多资源；依托于经济资源（中国青少年基金会、利州区教育局等资助方和购买方），可以获得持续的经济来源，保障社工中心的日常运行；依托于主管部门（广元市利州区教育局），在项目点的安排、与学校协同关系的处理、获得地方支持等方面，具有很大优势；依托自身的法人资格，可以在开展项目的同时，向其他基金会、政府部门申请项目资助，扩大资金来源，形成更大的影响力。在具备了以上条件和基础

之后，希望社工方才得以持续运行。所以，希望社工是一个从学校
社会工作的项目试点，到规范化、制度化的组织运行的结晶。但
是，反过来看，希望社工所开展的学校社会工作服务可以大范围推
广吗？课题组经过审慎的思考后认为，在当前社会工作知晓率较
低、影响力不足的背景下，是很难推广的。首先，中国社工教育协
会等行业组织自身的行动能力有限，如果不是灾后服务的契机，希
望社工也就不会产生，但是中国社工教育协会参与了很多的灾后服
务，也只是诞生了希望社工这一家机构；其次，地方政府对社工的
认知与合作态度很重要，青基会和中国社工教育协会在汶川地震
后，在多个地区开展了学校社会工作服务，但最后也只是与利州区
教育局合作创办了社工机构，这说明其他地方政府部门在学校社会
工作的认知上还是有所差距的。由此可见，由具备社会工作专业知
识的组织（或个人）与地方政府合作（特别是教育部门）开展学
校社会工作，是可行但是难以在西部地区广泛推广的。只有地方政
府部门认识到学校社会工作的有效性，愿意主动投入，才能构建起
恰当的服务机制。当然，这需要一个很长的过程，也需要学校社会
工作的实务组织、个人通过不断地提供服务，扩大影响力，才可能
有所改变。

西部阳光本是北京的一家基金会（也是社会组织的一种），在
国家裁撤、合并基础教育学校（特别是农村学校）、农村寄宿制大
范围兴起之际，以"陪伴"为理念，筹集资金、组织人员，派驻
到西部农村学校开展社会工作服务，陪同孩子们一起成长。这种基
于国家政策"副作用"、基于组织的恰当理念、基于创办人慈善心
的服务行动，对于儿童成长，无疑是很有帮助的。但其缺陷也很明
显，服务的范围、受益面是有限的。虽然项目覆盖了甘肃陇南的3
个县、12所寄宿制学校，但是在更为广泛的西部地区其他学校、

其余的 6000 万留守儿童，则无法享受到这些服务。所以，以基金会作为经济资源、人才资源吸纳的平台，与地方合作开展学校社会工作服务，虽然有成效，也有服务、慈善的影响力，但是如果缺乏地方政府部门的跟进、学校社会工作相关制度的建立，对儿童、特别是留守儿童仍然难以形成广泛的服务效果。

以上两个案例都有一个共同特点，那就是一些富有责任心和爱心的民间力量，以自下而上的方式，推动了西部地区学校社会工作的萌芽，那么，根据前文中对学校社会工作发展历程梳理所形成的启示，我们接下来的主要工作，是自上而下的发展，即政府部门对学校社会工作的制度建设，从而保障这一有效的服务方式得以发展。但是，课题组通过实地调查和查阅资料发现，西部地区政府部门对学校社会工作的经济支持非常有限，只有成都、昆明等地采用政府购买服务的方式投入经费开展了一些学校社会工作服务；从人才发展来看，课题组查阅了西部八省市区地方教育部门发布的 80个基础教育阶段教师招考公告，所有公告中无一例外的均招收传统的语文、数学、英语、体育等类型的教师，没有任何一个地方的教育主管部门在招聘农村及乡镇教师（甚至包括偏远地区的"特岗教师"）愿意招收社会工作专业人才的。所以，我们当前在学校社会工作的经费投入、人才招聘、制度建设、服务机制等方面，还可以进行深入探讨，以构建西部留守儿童（也包括其他类型儿童）学校社会工作的服务体系。

（二）西部留守儿童学校社会工作的体系架构

从课题组的调查来看，西部留守儿童是学校社会工作的主要服务对象之一，本部分探讨的西部留守儿童学校社会工作体系并不是说不能适用于其他类型儿童。事实上，我们更愿意将留守儿童作为一个引子，在更大层面上探讨西部地区乃至全国范围内学校社会工作服务体系的架构。

1. 西部留守儿童学校社会工作的组织管理

从西部留守儿童学校社会工作的组织管理来看，地方政府部门、特别是教育主管部门可以牵头成立管理机构，通盘负责本地区留守儿童学校社会工作的组织管理。西部地区经济社会发展相对落后，这也是大量留守儿童得以形成的宏观背景。越是在这种情况下，越应该重视对儿童福利服务事业的投入，只有人才得以培育和发展，地方经济社会发展才有源源不断的动力。从欧美等国家学校社会工作的自上而下发展经验来看，政府教育部门是起到主导作用的，也只有政府部门的行政性推动，才能使得学校社会工作形成较大范围的覆盖，以便服务到更多的留守儿童及其他类型儿童。

2. 西部留守儿童学校社会工作的经费来源

从西部留守儿童学校社会工作的经费来源看，应该发挥政府组织、社会组织和经济组织的共同协力作用。第一，地方教育部门可以将聘请专职驻校社工经费、活动平台及物资经费、向社会组织购买社工服务等方面的经费纳入财政预算。这些经费应该是学校社会工作经费的主体。事实上，国家非常重视向社会力量购买专业服务，例如，2013 年国务院办公厅《关于政府向社会力量购买服务的指导意见》发布，明确指出各级政府部门可以将向社会力量购买服务的经费纳入预算；2014 年财政部颁布《政府购买服务管理办法（暂行）》对政府购买服务行为进行规范；各省市也在以上文件的基础上明确了政府购买服务的指导目录。所以，地方教育部门可以将发展学校社会工作的相关经费纳入预算。第二，社会组织特别是各类基金会，可以就近资助地方性社会工作机构，向有需求的农村基础教育学校派驻社工，以弥补地方教育部门经费和人才的不足。事实上，根据国际惯例，基金会的主要职责是公众筹款，然后

资助专业组织开展社会服务，而不是自身投入到具体的服务项目之中。我国当前大量基金会将筹集到的款项用于自身开展社会服务，而不是对其他社会组织进行服务项目的资助，做了很多自己并不擅长的事情。第三，经济组织及慈善人士，可以对社会组织提供经费支持，资助社会组织向学校派驻社工，开展专业服务。在当前我国慈善文化低迷、慈善信任降低的背景下，以上三种经费来源中，政府资金应该起到主要作用。"学校社会工作毕竟是教育领域内部社会服务的制度建设，唯有教育系统自己行动起来，才能构建出适合现代教育目标的学校社会工作制度。"①

3. 西部留守儿童学校社会工作的人才来源

从西部留守儿童学校社会工作的人才来源看，应该结合内设社工和外派社工两种方式。第一，内设社工是指由地方教育主管部门为学校聘用的专职社工，他们不一定要承担传统科目的教学任务，主要工作是开展学校社会工作服务。前文也指出，在当前基础教育阶段教师的招考中，地方教育主管部门尚未意识到招聘社工担任基础教育教师，这种政策和意识都应该有所调整。应该为中小学、特别是农村地区、留守儿童较为集中的中小学招收一定数量的社会工作教师，与其他类型的教师同等待遇，以便从学校内部开展学校社会工作服务。第二，外派社工是由社工机构接受政府、基金会或社会资助后，按照服务方案向学校派驻的专职社工。这两种人才来源在欧美国家和我国港台地区也都广泛存在，是符合学校社会工作发展规律的。有学者指出，外派社工的好处是社会工作者归属于独立的专业服务机构，由于机构有比较规范的培训和督导，社会工作者

---

① 史柏年：《学校社会工作：从项目试点到制度建设——以四川希望学校社会工作实践为例》，载《学海》2012 年第 1 期。

的专业性和自主性比较有保障，局限是与学校的整体目标的协调可能出现困难。内设社工的好处是与学校的整体工作一致性较强，局限是社会工作者的工作自主性可能会受到干扰，同时由于不能及时得到同行的支持与帮助，其专业性水平可能会受到影响。[①] 各有利弊是正常的，只要政策框架先搭建起来，不论是内设社工还是外派社工，都可以通过其他方法予以慢慢完善。

4. 西部留守儿童学校社会工作的平台建设

在具备了管理体系、经费来源和人力保障后，开展学校社会工作还需要一定的平台，例如学校内部社会工作制度的建立、活动场所的落实、专职社工和传统科目教师的关系、服务对象的转介方法等都应该有所规范。当然，就目前来看，平台硬件的持续建设显得非常重要。在前文中，课题组梳理了西部地区当前针对留守儿童开展的各种服务形式，包括心理咨询室、亲情连线、儿童托管等多种服务路径，但是其实际运行中往往由于经费、人才的持续投入不足，多数服务路径无法持续开展。事实上，当前很多地方的教育主管部门和学校把很多精力放在了硬件的一次性投入上，后续的维护经费欠缺。前文也指出，现有服务体系是开展学校社会工作服务的重要资源，如果教育主管部门能够对这些平台进行持续投入，加上学校内部配备的社工或社会组织派出的驻校社工的努力，这些资源将可能发挥更大的作用。

5. 西部留守儿童学校社会工作的服务内容

结合欧美和我国港台地区学校社会工作的服务经验，我国西部地区开展留守儿童学校社会工作，应该包括三个方面的内容。第

---

① 史柏年：《学校社会工作：从项目试点到制度建设——以四川希望学校社会工作实践为例》，载《学海》2012 年第 1 期。

一，预防性服务。当前留守儿童普遍面临的安全问题、人际交往问题、家庭沟通问题、社会适应问题、资源链接能力弱等问题，针对这些问题，应该开展以预防为主的服务。例如，女童预防性侵犯能力训练、地震等自然灾害逃生能力训练、人际交往能力提升训练等等。第二，介入性服务。当留守儿童面临紧急状况时，应该运用社会工作理念和专业方法，予以及时介入，以协助其解决面临的困境，并在此过程中发掘潜力、提升自我解决问题的能力。第三，拓展性服务。将留守儿童社会工作服务拓展至校外，包括家庭、社区、社会组织及相关政府部门。一方面可以为留守儿童构建良好的社会生态系统，另一方面也有利于预防各种问题的产生。例如，学校社工与留守儿童在外务工的家长保持联系，协助儿童构建微观层面的支持网络；与农村社区保持合作，便于及时了解留守儿童校外生活状态，并及时反馈情况；与各种社会组织保持联系，表达需求、寻求帮助；与儿童福利机构、医院、公安机关建立合作关系，利于紧急状况时寻求帮助和特殊个案的转介；与教育行政部门保持联系，一方面可以寻求资源，另一方面可以对儿童福利服务问题提出信息反馈和政策建议，以便留守儿童社会服务制度更为完善。

6. 西部留守儿童学校社工的督导和培训

在明确了管理体系、经费来源、人力保障、服务平台和服务内容后，对于学校社会工作的持续发展，督导和培训是必不可少的。首先，社工督导是保障一线社工服务质量、降低职业倦怠的重要制度。外派社工可以依托自身的社工机构得到督导，而学校的内设社工，应该与就近开设社工专业的高校或社工机构形成合作关系，以建立实践基地、购买服务等方式获得督导服务。其次，社工培训是确保社会工作服务质量、统一服务标准的重要手段。

关于学校社工的培训，有两条路径可以走：一方面是教育系统内部组织的培训，在各级教育主管部门组织的基础教育阶段教师的培训中，除了教学业务培训之外，还应该加入有关留守儿童认知、学校社会工作服务方法、心理学等方面的培训内容。课题组详细考察了由教育部和财政部于 2010 年全面实施的"中小学教师国家级培训计划"（简称"国培计划"），该计划以农村中小学教师（含部分幼儿园教师）置换脱产研修（与承担项目的高校高年级师范生置换）、农村中小学教师短期集中培训、农村中小学教师远程培训等方式，提高农村教师的教学能力和专业水平。课题组查阅了《"国培计划"课程标准（试行）》及历年承担该项目的各高校课程目录，课程标准都是对语文、数学等科目提出教学要求，各高校开设的培训课程也基本不涉及留守儿童问题、社会工作或心理学知识。由教育部组织的、倾向于西部基础教育阶段教师的培训，都没有考虑到传统教育以外的其他知识和技能培训，那么由其他层级政府部门或行业协会组织的培训，更难涉及这些内容。由此可见，在学校社会工作者本来不足的情况下，为现有教师开展社会工作知识和技能的培训，应该纳入各级教育主管部门的培训体系之中，此举可以帮助更多教师了解社会工作知识，甚至可以促进部分教师转岗为学校内设社工。第二条路径是依托于社会工作的行业组织开展的培训。从前文可见，不论是欧美国家，还是我国香港地区，社会组织在学校社会工作的发展过程中发挥了巨大作用。我国的社会工作行业组织应该密切与地方政府部门配合，研究并制定学校社会工作的统一服务标准、广泛培训社会工作人才，学校和地方教育主管部门应该资助学校社工参与这些培训，以提升服务质量。

综上所述，学校社会工作的发展历程启示我们，学校是开展儿童社会工作服务的有效且理想的场所，组织体系的构建、人员培训、政府和社会组织的共同推动是学校社会工作发展的基本保障。

在这些经验启示下，课题组结合我国西部地区以及留守儿童的实际情况和需求，设想并构建了一个从组织管理到经费来源、人才来源、服务平台、服务内容、督导与培训等六个层面的西部留守儿童学校社会工作服务体系（见图7.1）。

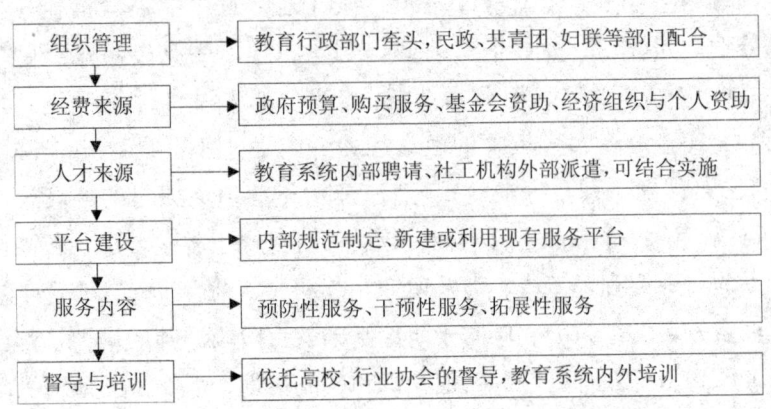

图7.1　西部留守儿童学校社会工作服务体系构架图

需要指出的是，这个体系只是存在于课题组的设想之中，我们现在还很缺乏实施的具体条件，例如：相当多的政府主管部门、领导仍然停留在"快出政绩"的"GDP思维"之中，尚未意识到为儿童、特别是弱势儿童投入那么多资金、人力和物力对于我国的可持续发展、缩小地区差异是多么重要；现有的西部留守儿童社会工作服务体系虽然不健全，但也有其亮点，而制度本身具有路径依赖的特征，在这种思维下，很多人就懒得尝试服务体系和方法的创新了；我国社工机构虽然在近几年发展较快，但是仍然难以满足需求，况且，本课题探讨的是西部的留守儿童社会工作服务，而西部地区社会工作机构的发展远不如珠三角、长三角和华北地区，能够深入到乡村、落后地区开展留守儿童学校社会工作的就更少，所以专业人才供应不足也是一个极大的限制条件。

但是，课题组相信两点：第一，虽然目前还难以在西部地区推行本服务体系，但是区域性的试点应该是可以做到的；第二，虽然现在还欠缺本服务体系的现实条件，但是其长远的发展方向是明确的，或许，当现实困难都解决了之后，本服务体系自然而然就形成了。

当然，课题组在设想、构建西部留守儿童学校社会工作服务体系的时候，也开展了一些具体服务工作，这种类型的行动研究对于促进本体系的实现，有一定帮助作用，具体的行动研究下文即将呈现。

三、西部留守儿童学校社会工作的实务与反思

为了将社会工作理论、方法与留守儿童服务进行结合，并探讨恰当的留守儿童学校社会工作服务方法，课题组于 2012 年至 2013 年，依托自身创办的本土社工机构平台，成功申报了由中央财政资助的留守儿童社会工作服务项目，在四川省 YB 市留守儿童比较集中的农村小学、农村社区开展了一年的留守儿童社会工作专业服务。课题组带领 20 名社会工作专业大三学生，在 6 所农村基层小学及其相邻农村社区建设了"留守儿童之家"，以此为依托开展留守儿童学校社会工作、农村社会工作的服务和行动研究，一方面是将理论与实践紧密结合在一起，另一方面是探索适合留守儿童的社会工作服务方法，并形成一定的理论反思，从而固化为服务模式。以下就项目执行过程中属于学校社会工作的服务及反思进行介绍。

（一）留守儿童学校社会工作管理体系的理顺

项目组依托的是自身创办的本土社工机构，而项目的实施地为

农村社区及农村小学，作为一个独立的社会组织，从外部资源整合的角度来看，其对学校、农村社区的动员能力是有限的；从内部项目执行过程来看，也应该有一个高效的管理制度。所以，项目组首先考虑的就是构建一个行动有力、上下通畅的管理体系。

1. 项目的外部管理体系

在征得机构主管单位——市民政局——的支持后，项目组建了一个包括市民政局、市教育局、团市委、市妇联、市关工委、市综治办以及本机构在内的领导小组，每个部门指定一名副职领导担任项目领导小组成员，由课题组负责人担任领导小组办公室主任，统一协调。之所以这么多部门愿意参与到留守儿童社会工作服务项目之中，其根本原因还在于这些部门的工作职责与留守儿童有一定关联；且对于这些部门而言，不需要动用自身的资源就可以参与到一项由中央财政资助的"民生工程"之中，其产生的服务成效也可以作为本部门年度工作中的一项，何乐而不为？领导小组的主要职责在于确保项目执行点——学校和社区——对项目予以最大的支持和配合，并要求其提供必要的工作场地和设施。

正是有了这样一个外部管理体系，项目组在选定项目执行学校、农村社区等方面，很快就得到了落实。而且，6个项目执行点均为社工提供了办公设备、活动场所、食宿条件；在项目具体实施的过程中，执行点在自身人员的配合、活动物资的提供等方面，又提供了很多帮助。

在项目执行完成后，项目组反思，如果没有一个行之有效的外部管理体系，而是直接由社工机构派驻社工到学校，那么在沟通、配合等方面，无疑会多耗费很多时间，而且项目执行点的学校，也未必愿意接受我们这批"似乎来历不明的人"。由此可见，在开展留守儿童学校社会工作时，由相关政府部门领导出面担任项目领导

小组成员，可以为项目执行过程中的上下沟通、资源协调提供很多
便利。

2. 项目的内部管理

为了确保留守儿童社会工作项目的执行质量，项目组制定了健
全的内部管理制度，包括财务管理制度、一线社工服务管理制度、
社工考核规范、督导制度、紧急情况处理预案、材料撰写规范、材
料上报制度、项目宣传制度、项目点负责人职责、社工工作职责等
12 项制度。在派驻社工到学校之前，所有制度均组织了集中学习。
在这些内部管理制度的规范下，项目的执行比较顺利。

在执行该次留守儿童社会工作服务项目之前，课题组创办的社
工机构也执行过其他一些服务项目，但是没有制定规范的内部管理
制度。课题组对比后反思认为，内部管理是学校社会工作服务质量
的重要保障，只有制度健全了，社工、督导、管理人员在服务过程
中才能做到有据可依。所以，开展留守儿童学校社会工作服务时，
应该制定健全的内部管理制度。

（二）留守儿童学校社会工作的经费来源

本项目由中央财政专项资助，是由社工机构申报获批后得到
的，总经费 30 万元。该项经费属于政府购买社会组织服务费用，
即属于本章第二部分分析的"政府购买服务经费"。项目经费的开
支，主要用于为项目点配备图书、学习用品、儿童玩具、体育器
材，社工及督导开支、交通费用等。项目一年期服务结束后，中央
财政经费不再资助。课题组反思认为，从中央到地方的各级政府部
门愿意拿出资金购买社会组织的服务，相比以前是一个很大的进
步；但是项目制运作本身也存在一定问题，例如资助通常以一年为
单位，一年结束后需要重新申报（不一定能够获得批准），如果没
有得到批准，那么项目后续就无法执行。而社工服务项目、特别是

驻校开展留守儿童服务项目,有其自身的特点,驻校社工和学校老师、留守儿童有一个较长的熟悉、相互了解的过程,通常的局面是,驻校社工刚刚和留守儿童、老师建立了比较稳固的服务关系,项目差不多就要结束了。所以,课题组认为,各级政府部门购买的社会组织服务项目,资助周期应该适当延长。

(三)留守儿童学校社会工作的人员安排

本项目的人员来自社工机构外派到学校,即属于本章第二部分分析的"外派社工"。外派社工在业务上属于社工机构和所在学校双重管理,社工机构负责对驻校社工进行督导、培训、评估、对外协调,学校对驻校社工进行日常管理。项目执行完毕后,课题组对一线社工进行了调查,反馈的意见大致有:由于项目执行期较短,难以对项目点所在学校形成归属感;项目点均地处农村,日常生活不太适应。基于这些信息,课题组反思认为:将受过大学教育的社工以外派的方式派驻到农村学校开展社工服务,时间难以太长;由于生活条件较差,很多专职社工还不愿意被外派。对这个问题,通过提高待遇、轮换等方式或许可以在一定程度上予以解决。而反过来看,如果地方教育主管部门能够主动招聘社工,并安排到农村学校开展学校社会工作服务,由于属于事业编制,且待遇稳固、社会地位较好,对于社工的吸引力更强。

(四)留守儿童学校社会工作的平台建设

本项目依托学校建设的留守儿童服务站,非常关注服务平台的建设。从内容上来看,留守儿童学校社会工作服务平台包括会谈室、活动场地、办公室、活动物资等。从平台建设的渠道来看,活动物资(包括体育器材、活动材料、活动奖品等)均由社工机构统一采购后配备到各项目点;活动场地和会谈室等方面,多数学校是将已有场地改造使用,例如 XH 小学就是将一间空置的器材室给了项目组，项目组清洁打扫后贴上墙纸、挂上吊饰，且不断将留守儿童做的各种手工、活动成果贴上墙面予以装饰；将教师的办公室腾出一部分给项目组使用；将空置的心理咨询室作为会谈室。

课题组反思认为，在当前农村生源萎缩的大背景下，在西部农村开展留守儿童学校社会工作，应着力于利用学校现有场地和设施。很多农村学校配备了心理咨询室、图书室、远程教育室，甚至有些学校专门为留守儿童开辟了亲情连线室，这些现有平台，在开展留守儿童学校社会工作的时候，应予以充分利用。

（五）留守儿童学校社会工作的服务流程与内容

由于是派驻社工到农村小学开展留守儿童社会工作服务，社工之前对学校、留守儿童之间不熟悉。所以，项目组在社会工作通用过程模式的基础上，还开展了一些相关工作，以下予以介绍。

1. 留守儿童学校社会工作的服务流程

本项目开展的留守儿童学校社会工作服务遵循了如下流程：

首先是对社工开展系统培训。在派驻社工之前，组织社工以工作坊的方式开展了为期 2 周的集中培训，培训内容包括四个方面：第一是项目总体情况的介绍。总负责人对项目来源进行系统介绍，让社工能够知晓总体状况的同时，对我国政府购买社会组织服务也有所了解；对项目计划书进行学习，重点是掌握项目目标、执行的量化指标等；对 6 个项目点进行系统性介绍，让派驻社工有一个前期认识。第二是对项目管理体系进行培训。包括对项目的外部管理模式进行介绍，让社工明确参与项目的相关部门；对项目执行的内部管理文件开展集中学习。第三是对项目业务能力予以培训，包括与留守儿童、教师、管理者沟通交流的方法，留守儿童需求调查与评估的方法，留守儿童个案工作、小组工作、日常活动、评估的实施方法等。第四是对材料撰写与宣传技能的培训。在所有培训完成

227

后，再派遣社工到学校入驻。课题组在项目执行后反思，正是有了充足、有效的前期培训，才使得项目的直接执行者——外派社工——既能够从总体上把握项目执行的各方面要求，又能具备执行项目所需的各项技能，是留守儿童学校社会工作项目得以顺利执行的最重要保障。所以，课题组认为，在开展留守儿童学校社会工作服务时，应该尤其重视驻校社工的培训工作。

其次是对学校的初步了解以及对留守儿童的需求评估。各项目点由督导老师带领，与派驻学校校长联系并送到各个学校。到学校后，社工一方面落实活动场所、物资，一方面与学校管理者、教师搞好交流，并利用留守儿童家访、问卷调查、焦点小组座谈等方法开展需求评估，为后续工作打好基础。

再次是根据需求评估的结果，开展服务方案设计工作。虽然在项目执行之前，项目组已经组织编写了《留守儿童社会工作服务指南》，但是各个项目点应该结合对留守儿童的需求评估，开展更为有针对性的服务。所以，各个项目点制定了自己的系统性工作计划，包括节假日活动策划、小组主题及招募计划、个案甄选及服务计划等。在方案设计过程中，督导参与过程指导，并指出驻校社工所忽视的某些方面，使得方案更为完善。

第四是根据方案的设计，开展具体的服务工作。在方案的执行过程中，各项目点应该再进一步细化为月度计划、周计划，在完善留守儿童服务对象招募的同时，统筹安排好主题活动、康乐活动、小组工作、个案工作的分布，并做到每周有简报、每月有总结。

第五是服务质量的评估和总结工作。这里的评估包括两类，第一类是对于具体执行内容的评估，例如个案结束前，应该有一个个案评估报告；小组工作结束前，应该对小组成员开展调查，并评估小组服务质量；系列主题活动结束前，也应该对服务质量开展评估。第二类是项目的总体自我评估，在为期一年的服务项目结束之前，应该召集项目领导小组、学校管理者、教师、留守儿童代表等，参与评估会议，先对项目服务过程、服务内容、量化指标、是否达成目标等进行介绍，然后听取各方意见，以便再进一步提升服务质量。事实上，这里评估工作，在项目执行的中期也应该组织。

2. 留守儿童学校社会工作的服务内容

根据各项目点对留守儿童需求的调查和评估，可以将留守儿童自身面临的问题归纳为以下六个方面：面对自然灾害的自我防御能力存在欠缺，家庭教育与亲子沟通能力不足，欠缺同伴交往和同伴识别能力，资源链接能力不足，心理调适能力欠缺，社会适应能力不足，这些问题可以作为开展留守儿童学校社会工作服务的重点。

根据本章第二部分提出的留守儿童学校社会工作服务内容的三种类型，即预防性服务、干预性服务和拓展性服务，课题组将项目实施过程的主要内容进行介绍：第一，预防性服务。包括对留守儿童开展了地震逃生、火灾逃生、防溺水、防侵犯、防拐骗等服务；以组织留守儿童开展舞台剧的方式开展爱国主义教育；以中秋节亲情连线的方式，组织中秋节晚会，深化留守儿童与父母的互相理解，并加强沟通。第二，干预性服务。包括针对留守儿童在同伴交往中语言能力不足、害羞、内向等情况，开展沟通能力提升小组；针对部分留守儿童受不良环境和少数有行为偏差的朋友的影响，出现逃学在外游荡、上网等现象，组织开展同伴识别小组，培养留守儿童甄别同伴优缺点的能力、抗拒不良诱惑的能力。第三，拓展性服务。包括：结合有些乡镇推动在农村建立"留守儿童代理家长制度"，参与该项制度的讨论，让代理家长对留守儿童的关心落到实处；通过与外界社会组织的联系，为贫困的留守儿童链接资源，并训练其自我寻求帮助的能力等等。

需要说明的是，留守儿童学校社会工作可以开展的服务很多，难以穷尽式列举，在构建了合理、恰当的服务体系后，驻校社工可以根据留守儿童的需求，运用社会工作的技巧，开展各式各样的服务。

（六）西部留守儿童学校社会工作的实务列举

在项目执行过程中，课题组开展了形式多样的学校社会工作服务，在这里，课题组用"留守儿童安全教育系列情景剧"作为例子，说明学校社会工作的有效性。

在需求评估中，课题组发现留守儿童安全知识比较欠缺，自我防范能力较弱，而这不属于传统课程范围，课堂上不会讲；课后学校也很少组织这方面的专题教育；留守儿童回家后，由于家庭教育的欠缺，监护人的关注也仅仅是停留在口头层面。比较一致的地方在于，教师、外出务工的父母、监护人都会告诫留守儿童，要注意安全，不要玩火、玩水，但是这种叮嘱性的教育，其效果往往有限。所以，留守儿童溺水、被性侵的报道不绝于耳。基于此，课题组学校社会工作项目实施中，以"留守儿童安全教育系列情景剧"的方式，对留守儿童日常生活中可能面临的安全问题，开展能力提升服务。服务过程如下：

🖋 系列情景剧一：火灾逃生

事先邀请两位留守儿童志愿者，告知本次情景剧的主题和角色扮演要求，在布置好的"火灾现场"将要求的扮演过程进行两次排练。然后，邀请留守儿童群体进入活动场地，观看情景剧。

场景一：火灾发生（由社工在事先准备好的火盆里面点燃纸张），一位同学从家中的"二楼"（活动室内的桌子，桌上用纸写上"二楼"字样）跳下，"摔断"（扮演）了腿，抱腿躺在地上做痛苦状。

表演结束后，让其他留守儿童讨论，面对火灾时跳楼逃生的方法是否妥当。

场景二：火灾发生，一位同学冲到卫生间把身上的衣服打湿，然后拧了一条湿毛巾掩住口鼻，压低身子，匍匐下楼逃生。

表演结束后，让其他留守儿童讨论，这种逃生方法是否妥当。

在讨论结束后，让留守儿童再思考一下，然后回答问题：还有没有其他的逃生和求救的方法；在不同情境下（例如火势过大、楼层较高）的逃生方法有无不同；在日常生活中，要注意哪些事项以避免火灾。积极回答问题的同学，给予一朵小红花作为奖励，并贴在墙上自己的照片下面。

在问题回答的过程中，留守儿童对于某些问题可能不知道答案，社工可以将火灾逃生的十大方法（匍匐前进法、绳索自救法等）作为选项，让他们选择，以降低问题的难度。所有问题回答完了之后，社工再告知大家，我这里有科学、完整的火灾逃生手册，大家愿不愿意要啊？然后将事先印刷好的火灾逃生十大方法发放给大家，让大家回去好好学习，而且后面的活动中有可能还会组织这样的有奖问答，进一步巩固大家的学习热情。最后，鼓励有兴趣的同学，自己上来感受一下刚才的情境。

行动反思：我们的目的是让留守儿童学会火灾逃生，与传统的老师讲解、发放宣传单等方式相比，学校社会工作的方法有这么一些优势：以留守儿童自演自看的方式，能够很好地吸引大家参与；一错一对的应对方法、持续的追问，可以有效刺激大家思考；有奖问答（哪怕奖品是象征性的）能够激发大家的参与热情，活跃气氛；一定程度上的回答受挫、告知后面还可能组织类似的有奖问答，能够激发大家对于科学的火灾逃生知识学习的欲望，这样，社工发下去的安全手册才能被充分利用；让其他儿童上去表演，能够将学到的知识固化为自身的能力。从以上分析来看，采用学校社会工作的方法，是能够有效开展留守儿童服务的。当然，如果能够让留守儿童自己策划、编排类似的情景剧，则可以进一步激发儿童的潜能，获得更大的服务成效。

系列情景剧二：留守女童预防性侵犯

事先邀请四位留守女童志愿者（为避免尴尬，全部由女童来扮演，个子高一些的扮演成人），告知本次情景剧的主题和角色扮演要求，在布置好的"学校"和"家里"，将要求的扮演过程分别排练两次。然后，邀请留守女童进入活动场地，观看情景剧。

场景一：留守女童独自在家做作业，一个"邻居"（也由留守女童扮演，着成人打扮，如果角色身份不突出，可以在衣服上贴上一张纸，上面写着"大人"）进来，关上了房门，说要送东西给她吃，然后欲拥抱、抚摸和亲吻该留守女童，女生害怕、低头哭泣，简单挣脱，挣脱不掉后继续哭泣。

表演结束后，社工引导女童们讨论，接下来可能会发生什么、这名女童的做法对不对。

场景二：一位在教室的留守女生被"老师"（也由留守女童扮演，着教师打扮，如果角色身份不突出，可以在衣服上贴上一张纸，上面写着"老师"）喊到办公室（办公室内没有他人），说是辅导作业。进入房间后，"老师"关上门，将手伸进留守女生的衣服内，女生挣扎，但是"老师"威胁其不准动，否则让她考试不及格。女生不为所动,继续挣扎并大喊。"老师"放开了女生,女生逃脱,跑到人多的地方,并勇敢地告知其他老师和家长。

表演结束后,社工引导女童们讨论,这名女童的做法对不对。

在讨论结束后,让留守女童再思考一下,然后回答问题:自己身上的哪些部位是异性不能触碰的;日常生活中,自己的着装要注意哪些;是否应避免单独与成年异性待在一起;万一与成年异性在一个房间内,对方要关门时,应该怎么办;万一碰到被侵犯的时候,该如何应对。积极回答问题的同学,给予一朵小红花作为奖励,并贴在墙上自己的照片下面。

在问题回答完之后,社工告知留守女童,应特别注意自身安全,尽量不要单独在外,遇到有成年男子(不论是否认识)靠近时都要保持警惕;不要轻易让他人将自己置于封闭的房间内,避免成年异性的拥抱或身体上的近距离接触;身体上有衣服覆盖的地方,不要让他人触碰或是抚摸;在面临诱惑、威胁等情况时,也不能妥协于他人的侵犯;如果受到侵犯,应立即呵斥、大喊求救、挣扎、逃脱,并到大人(父母、监护人、老师)身边,或是到安全的公共场所寻求帮助。讲完之后,可以让大家提问,社工与其他女童一起,共同商量应对的办法。

行动反思:留守女童被性侵的报道随处可见,说明这个问题已经到了比较严重的程度了。但是当前学校教育和家庭教育的应对均不足,性教育、性安全教育严重滞后,甚至很多的留守女童性侵案件本身就是由女童的熟人、老师所犯。为了弥补这些不足,我们在开展留守儿童学校社会工作服务时,以提升留守女童性安全防范能力为目的,以情景剧的方式组织了多次服务。在传统性教育本来就严重欠缺的情况下,这类教育显得尤为重要。当然,为了避免学校老师对情景剧中出现负面形象不满，在开展这种服务之前，要与学校有所沟通。同时，在开展这种主题活动的时候，可以观察女童的面部表情和行为反应，判断是否有过类似经历，如果有，则可以将这类女童作为个案来开展服务。另外，虽然留守男童被侵犯的报道较少，但是，对于这个群体，也应开展适当的性安全教育；同时，也要教育他们不能对女童实施侵犯。

系列情景剧三：留守儿童预防拐骗

事先邀请十位留守儿童志愿者，告知本次情景剧的主题和角色扮演要求，在布置好的"路旁""街上"和"校门口"，将要求的扮演过程分别排练两次。然后，邀请留守儿童进入活动场地，观看情景剧。

场景一：一对"夫妇"带着小孩在路旁休息（均由留守儿童自己扮演），一位留守学生从此经过，夫妇向其问路，然后送食品给学生作为感谢。学生不要他们的东西，这对夫妇则说：你不要担心，这些东西是安全的，不信我先给我的小孩吃。在夫妇的软磨硬泡下学生吃下了东西，最后被迷晕拐走了。

表演结束后，社工引导留守儿童们讨论，这位同学的做法对不对。

场景二：两位留守女生打算辍学出去打工，走到了集镇上。两个"人贩子"戴着时髦的大墨镜，衬衣笔挺地登场，好话连篇地跟女孩们套近乎，说可以介绍好工作，住得好、吃得好、工资高。两位留守女生听了后很高兴，就跟他们走了。

表演结束后，社工引导留守儿童们讨论，这两位女生的做法对不对。

场景三： 学校门口，一个陌生的"成年人"（由留守儿童自己扮演）拿着一张 100 元的假钞想和一位留守同学换零钱，这位同学很善良，掏了自己的口袋，发现只有 40 元钱，"成年人"就说，自己有急用，没那么多也愿意换。于是该同学用 40 元钱换得了 100 元，结果发现换得的是一张假钞。

表演结束后，社工引导留守儿童们讨论，这位同学的做法对不对。

讨论结束后，社工再提出一些问题，例如，面对陌生人的求助，该如何辨别；面对陌生人给予的食物、水、玩具，自己很想要，是否可以接受；有人问自己要家长的电话号码，是否应该告知；带弟弟妹妹出去玩，发现弟弟妹妹不见了，该怎么办；如果自己被人骗走后，该向谁求助；我们日常生活中，还有哪些被拐骗的风险。每个问题的讨论，都由社工引导留守儿童一起来寻求答案，而不是简单的告知。最后，请大家回去后，向大人、老师收集骗子的伎俩，下次再来集中讨论，也可以几个人自己组织情景剧表演，让其他人受益。

行动反思： 留守儿童被拐被骗的案例非常常见，加强孩子们防拐、防骗的能力是非常重要的。事实上，课题组调查也发现，在这个方面，老师、家长和监护人往往是一句"不要和陌生人说话"予以应对，留守儿童真正的防拐骗的技能没有提高。课题组开展的本项服务，设置了当前比较常见的"被下迷药拐走""以工作为诱惑拐走""因自身善良或贪图小便宜被骗"等情境，让留守儿童身处其中来进行体会，并将这些情境扩展到更为广泛的范围，甚至让留守儿童自己去收集骗子的伎俩，表演给大家看。这样，留守儿童不仅学习了当前的常见拐骗技术，更强化了自身应对拐骗的能力。

事实上，课题组一直认为，依托学校开展留守儿童社会工作

服务①，是非常理想的场所，因为学校有留守儿童集中、有合适的
场地、有学习的氛围等优势。当然，学校也通常有自身的思想政治
工作体系，可以为留守儿童提供一些服务。但是，在学校社会工作
的方法中，着眼于服务对象的现实需求，依托尊重、平等、同感、
不批判等理念，运用个案、小组等方法，相比于传统思想政治教育
中的劝告、说服等方法，显得更为有效，也很值得大范围推广。

四、本章小结

作者为西部留守儿童构建了学校社会工作、农村社会工作以及
城市社区社会工作等综合服务体系，本章详细地介绍了西部留守儿
童的学校社会工作服务体系。

依托于作者的调查和留守儿童学校社会工作的实务操作，本章
确定了如下写作思路：首先回顾欧美国家和发达地区学校社会工作
的发展历程，并梳理、总结出相应启示；然后归纳我国西部地区学
校社会工作的发展状况，以课题组考察的两个典型案例作为分析载
体，结合发达国家和地区学校社会工作发展的启示，尝试构建适合
我国西部地区留守儿童学校社会工作服务的理想体系；在以上基础
上，课题组结合自身实施的留守儿童学校社会工作服务项目，印证
了该服务体系的有效性。

总体来说，本章的内容主要包括：

第一，通过对英国、美国、加拿大、中国香港等国家和地区学

---

① 虽然 6 岁及以下的留守幼童没有纳入学校社会工作的范围，但有两点需要明确：第一，留守幼童的监护状况普遍比学龄阶段的要好；第二，对于留守幼童的服务需求而言，开展农村社会工作和社区社会工作可以有效弥补。

校社会工作发展历程的梳理，得出了学校社会工作服务总体上是有效的、值得借鉴和推广，学校是为儿童提供社会工作服务的理想场所，严密的组织体系是学校社会工作发展的保障，注重人才培训是学校社会工作发展的关键，自上而下与自下而上的结合才能保障学校社会工作的持续发展等五点启示。

第二，以四川广元的希望社工和甘肃陇南的西部阳光"农村寄宿制学校驻校社工服务项目"为例，说明了我国西部地区开展学校社会工作的现状，重点指出了西部地区学校社会工作发展的不足。以此为标靶，课题组从管理、经费、人才等六个方面构建了西部地区留守儿童学校社会工作的服务体系，该体系包括：由地方政府部门、特别是教育主管部门牵头成立管理机构，发挥政府机构、社会组织和经济组织的共同协力作用以提供资金来源，结合内设社工和外派社工的方式提供人才，利用学校现有的心理咨询室、亲情连线室等平台或新建服务平台，开展预防性服务、干预性服务和拓展性服务，在此过程中，发挥社会工作行业协会、社会组织、就近社工高校的力量，加强对学校社工的督导和培训。

第三，在以上服务体系的框架内，课题组结合 2012—2013 年开展的留守儿童学校社会工作服务项目，从实务运行和行动研究的角度，证明了该服务体系的合理性，并举出了具体的实务过程和反思，说明了学校社会工作对于回应西部留守儿童需求的有效性。

当然，本章构建的西部留守儿童学校社会工作服务体系，是一种理想状态，类似于韦伯所说的"理想型"，当前还欠缺完整应用的很多现实基础，这些问题在文中也予以了讨论。不论如何，课题组相信，在不远的将来，随着经济社会进一步发展，公共服务、公共福利得以提升，本课题构建的西部留守儿童学校社会工作体系将可能实现。

第八章 西部留守儿童农村社会工作服务体系

　　因为其"留守"的特殊性质，农村社区和学校便构成了留守儿童日常生活的两个最重要场域。从这个角度来看，从农村社区的视角开展留守儿童社会工作服务，与从学校层面介入一样重要。相对于学校社会工作而言，在农村社区开展留守儿童社会工作服务，有自身的优点：可以很便利地利用乡土邻里资源，获得更好的行动力；可以从监护人入手，协助留守儿童构建微观社会支持网络；乡镇、村委会、村小组等组织体系健全，容易获得外界资源；可以与学校社会工作形成协作关系，互相沟通信息、转介，相互提供帮助。当然，相对于学校社会工作，我国（特别是西部地区）农村社会工作的发展，还处于一个非常低的发展层次。本章将结合对国内外农村社会工作的梳理、对西部地区农村社会工作的实地调查，探讨在我国西部地区尝试开展留守儿童农村社会工作服务的体系架构。也需要指出的是，课题组将结合2012—2013年实施的留守儿童社会工作服务项目，以行动研究的方式，探讨西部留守儿童农村社会工作的服务方法。

一、农村社会工作的发展历程及启示

（一）农村社会工作的界定

在西方国家，很少会将一个广泛的农村地区作为社会工作服务的载体，并以此来形成一套服务体系或方法体系，所以，农村社会工作并非是一个国际上通行的概念。我国由于三农问题受到了政府和社会各界的持续关注，很多学者开展了理论研究和实务探索。张乐天教授认为，农村社会工作的本质是社会服务，其根本目的在于预防和解决农村中出现的社会问题，从而增进整个农村的社会福利、促进农村社会进步。[1] 该界定强调以社会服务的方式推进农村整体发展。

随后，史铁尔教授通过在湘西地区开展农村社会工作实践，提出应该从四个层面来理解农村社会工作，首先是重建政府与农民信任关系和农民自信心、自尊和权利意识；其次是通过与村民同行、促进村民广泛参与，共同倡导政府和社会政策的改变；第三是推进农村社区教育和社区卫生项目，提升村民应对社会变迁的能力，对村民进行增权、赋能；最后是通过为农户家庭、社区提供直接的支持性服务，重构农村互助友爱精神。[2] 在此界定中，史铁尔强调农村社会工作者运用同理心，站在农民的角度思考问题，通过服务和项目实施，鼓励农民参与并在此过程中增能。所以，他认为能力建设是农村社会工作的核心，增进农村社区福祉和推进可持续发展是最终目标。

---

[1]　张乐天：《社会工作概论》，华东理工大学出版社 2006 年版，第 227 页。

[2]　史铁尔：《农村社会工作》，中国劳动社会保障出版社 2007 年版，第 27 页。

之后，张和清教授通过多年农村社会工作的实践和反思，提出农村社会工作就是专业社会工作者和实际社会工作者（包括了政府或准政府背景的农村社会工作者）相互合作，以村庄为基础，持守社会公正、社会关怀和真诚信任的伦理情怀，以重建政府与农民信任关系和农民的自信心、自尊和权利意识为根本宗旨，通过与村民的同行、广泛参与和增能，倡导政府的社会政策改变或使政策更符合农民的真实需求，减少社会冲突，维护农村社会稳定的助人活动。① 这个定义特别强调农村社会工作的实施人员除了专业社会工作者之外，还包括实际的农村社会工作者，更符合当前实际，并从农村社会工作服务理念、实施方法、目标等几个维度对农村社会工作进行了界定，显得比较规范和完整。

后来，钟涨宝教授指出，农村社会工作是专业社会工作者与其他农村工作者合作，以农村社区为基础，在社会工作专业价值观指导下，运用专业方法，发动村民广泛参与，增强农民和社区的能力，在预防和解决农村社区问题的基础上，提高农民福利水平，最终实现农村社区的稳定与可持续发展。② 这个定义与张和清教授的相仿，只是没有强调农村社会工作对农村社会政策的倡导和调节作用。

综上，课题组认为，农村社会工作就是专业社会工作者和实际社会工作者，以农村社区为平台，在社会工作专业伦理和价值理念的指导下，将社会工作的服务模式、专业方法和技巧，运用到农村居民社会生活、生产和社区建设实际中，并强调以共同参与的方式，挖掘农村居民潜能、为其赋权增能，改善其生活环境和生存质

---

① 张和清：《农村社会工作》，高等教育出版社 2008 年版，第 12 页。
② 钟涨宝：《农村社会工作》，复旦大学出版社 2011 年版，第 9 页。

量，促进农村居民福祉提升和农村社区可持续发展的服务活动。

（二）西方国家农村社会工作的发展

社会工作是在西方工业化、城市化的过程中产生的，其最初使命是应对这个过程中形成的贫困、移民、失业等相关问题，可以这么说，社会工作是应城市社会问题的回应性需要而产生的。所以，从其产生之初，社会工作的主要关切点在于城市。由此，国外对农村社会工作的研究并不多，甚至少有"农村社会工作"这个概念。事实上，在西方国家，农村被认为是城市的延伸，由于没有城乡二元分割的体系，西方国家的退休、失业、医疗、教育等福利政策在城市和农村之间并无太大差别。所以，虽然农村与城市有一定差异，但是城市社会工作实务的方法和技巧同样可以应用于乡村，"支撑社会工作实务的核心知识、方法和技巧均可以通用"[1]。因此，西方国家农村社会工作不仅研究文献较为缺乏，事实上也没有发展成为独立的学科门类。[2]

以美国为例，最早可以被认定为农村社会工作实践的是1908年罗斯福总统任命并组成了乡村生活委员会，同年召开了全国慈善与矫治会议，其探讨的主题是农村社区的发展。20世纪30年代的大萧条和罗斯福新政推动了农村发展，从而也促进了农村社会工作实践发展。到第二次世界大战后50年代，随着经济的快速发展，人们对农村社会工作的研究和实践兴趣逐渐消退。之后的60年代末期，由于"向贫困宣战"哲学兴起，以及金斯伯格等人对农村社

---

[1] 杨发祥、闵慧：《中国农村社会工作发展探析》，载《福建论坛（人文社会科学版）》2011年第1期。

[2] 张和清、杨锡聪、古学斌：《优势视角下的农村社会工作——以能力建设和资产建立为核心的农村社会工作实践模式》，载《社会学研究》2008年第6期。

会工作的推动，公众开始对农村社会工作恢复兴趣。① 这一时期，许多人加入农村社会工作运动，他们创设的组织和聚会被称为"乡村工作小组"和"乡村社会工作年度研究会"。② 20世纪80、90年代以来，随着美国农村社会的不断变迁，社会工作领域开始关注"乡村危机"，有些报告指出，在开展农村社会工作时，应该关注职业和经济问题、成年人和年轻人的酗酒及毒品问题、有益的休闲项目和设施的缺乏问题、婚姻家庭问题、个人压力与焦虑等问题。同时，有些农村社会工作者还呼吁要关注乡村人口的贫困问题和城乡结合起来而形成的"乡镇"问题。③

从服务内容上来看，美国的农村社会工作主要包括：第一是农村直接社会服务，主要为精神健康服务、职业康复、矫治服务和教育服务等，例如，美国精神健康协会发展农村地区社区精神健康中心的建设，这些中心与公共福利机构一起，给农村的个人和家庭提供精神健康等方面的服务。第二是农村社会工作的远程教育服务。从20世纪90代初开始，为了满足社会服务机构对社会工作专业人才的需求，犹他大学社会工作研究生院采取远程教育的方法面向乡村开设社会工作硕士课程。④ 这些服务和培训在一定程度上推动了美国农村社会工作的发展。一般来说，与其他类型的社会工作者不同，美国的农村社会工作者要求是通才，他们被要求具备开展从个

---

① Ginsberg, L. H. (ed.) *Social Work in Rural Communities: A Book of Readings*. New York: Council on Social Work Education, 1976.
② 〔美〕法利等：《社会工作概论》（第9版），隋玉杰等译，中国人民大学出版社2005版，第67页。
③ 张和清、杨锡聪、古学斌：《优势视角下的农村社会工作——以能力建设和资产建立为核心的农村社会工作实践模式》，载《社会学研究》2008年第6期。
④ 〔美〕法利等：《社会工作概论》（第9版），隋玉杰等译，北京中国人民大学出版社2005版，第78—99页。

人（包括家庭）到群体以及整个社区工作服务的能力。换句话说，美国的农村社会工作者要扮演的角色包括了直接服务的角色、资源整合者的角色、社会服务的行政管理者角色。①

第二次世界大战之后，西方国家对农村发展的关注重点不是放在本国，而是转移到第三世界国家贫困、落后地区的发展上。所以，这一时期的西方农村社会工作的文献，大多是关于如何支持第三世界国家和地区，特别是落后的农村地区，借助来自西方国家的捐助、贷款、科技援助以及发展观念等方面的变革，来改善当地贫困人口的生活。同时，20 世纪 50、60 年代，欧美国家援助第三世界的发展研究中心在很多大学建立起来，为有志于到第三世界国家支持地方发展的年轻人，以及从第三世界国家选送过来的留学生提供农村社区发展方面的课程训练。②

（三）中国农村社会工作的发展

从以上对西方国家农村社会工作的梳理来看，由于城乡社会服务、社会保障与福利的差异较小，西方国家在农村社会工作方面的研究和实务并不深入，而反倒是我国基于城乡二元分割背景下开展了大量农村社会工作的研究和服务工作，从这个角度来看，农村社会工作是中国在社会工作本土化过程中的产物。史铁尔教授将我国农村社会工作的实践经历划分为三个阶段：第一阶段为 20 世纪 30 年代，是中国农村社会工作的尝试期，即由知识分子发起、设计并亲身实践的乡村建设运动，例如晏阳初在河北等地开展的平民教育行动、梁漱溟在山东等地开展的乡村建设运动，为农村社会工作本

---

① 张和清、杨锡聪、古学斌：《优势视角下的农村社会工作——以能力建设和资产建立为核心的农村社会工作实践模式》，载《社会学研究》2008 年第 6 期。

② 张和清、杨锡聪、古学斌：《优势视角下的农村社会工作——以能力建设和资产建立为核心的农村社会工作实践模式》，载《社会学研究》2008 年第 6 期。

土化提供精神资源和经验启示。当然，从农村社会工作的界定来看，这些来源于政府主导、知识分子推动的农村发展行动，还算不上真正意义的农村社会工作，可被称为"类农村社会工作"①。第二阶段为 20 世纪中期，是中国农村社会工作的空白期。第三阶段为 20 世纪中后期至今，是中国农村社会工作的恢复期及新的探索发展期。②

相对于城市而言，我国农村发展状况远远落后，这是基本国情，也是我国社会工作发展的基础事实。从这个角度来看，农村比城市更需要社会工作。而事实上，我国社会工作的发展，也主要是在城市。在这种背景下，本世纪初，一些地方的高校、政府机构开始尝试在农村地区开展社会工作服务，也形成了一些实践模式。

第一是云南平寨的农村社会工作实践。2001 年初，香港理工大学应用社会科学系和云南大学社会工作系合作开展了"中国农村减贫能力建设平寨项目"，在中国西部农村地区以行动研究的方式探索农村社会工作的内涵和实践体系，努力尝试社会工作的本土化。项目的总体目标是支持当地农民通过互助合作的方式独立自主地实施各种生计、文化和性别项目，以改善当地农民的生存状况，提升他们的能力和自信心。③ 首先，项目组通过口述历史的方法接触村民并了解基本情况，同时教会村民、协助村民进行口述历史的访谈，实现自我认知。其次，组织、发动村民自主讨论并评估自身面临的问题，寻求解决出路。在这个过程中，尊重农民的选择，以

① 史铁尔：《农村社会工作》，中国劳动社会保障出版社 2007 年版，第 28 页。
② 史铁尔等：《农村社会工作实务》，载中国社会工作协会组编：《中国社会工作发展报告（1988—2008）》，社会科学文献出版社 2009 年版，第 106—107 页。
③ 马世雯：《中国农村社会工作发展国际学术研讨会综述》，载《云南民族大学学报（哲学社会科学版）》2007 年第 6 期。

此提升农民的自信心，赋权增能。再次，在村民自我了解、自我认知的基础上，发动平寨村民发挥自身优势，以传统手工艺的生产和销售为突破口，培养村民的互助精神、合作能力、管理能力和理财能力。同时，为了避免农村发展过程中妇女被边缘化、强调妇女的参与和信心建设，项目组专门为妇女开设夜校，组织文化和技能培训及自我互助式学习；募集到飞利浦的教育资助，成立"绿寨教育基金管理委员会"，让当地妇女参与讨论，确定资助对象的选择，并对资金进行发放和管理。这种由教育机构直接发起、专业社会工作者实施、地方政府支持和配合，以村民参与为前提的服务活动，比传统的乡村治理更能调动村民参与乡村社区建设的积极性；赋权增能理念下的服务方法，很好地增强了村民的信心和能力，推动了文化身份认同；对女性能力和参与的重视及服务，改善了传统农村的性别权力分配，在一定程度上促进了性别平等。

第二是湖南湘西苗寨的农村社会工作实践。长沙民政职业技术学院以与地方政府合作开展社会工作实习基地建设的方式，进入湘西古丈县等苗寨村庄开展农村社会工作实践探索。该实践项目以探索能力建设方法在中国农村社会工作的应用为目标，采用行动研究的策略，鼓励当地村民参与到行动取向式的服务实施过程，在实践中总结、在总结中改变、在改变中促进，从而为村民增权赋能。项目实施之初，各方均把关注点放在了贫困问题上，村民认为传统农业生产方式被放弃，大量农药化肥的使用虽然短期提高了农业产量，但同时农村耕地变差、农业生产成本提升、农作物种植单一化、农业生态系统不断被破坏。在发动村民参与讨论后，双方共同提出了"有机农业种植合作协会""城乡结合的农村社区经济项目""苗族刺绣小组"等三个行动项目，并共同实施。社工师生们和当地村民一起商量、拟定社区发展计划，先后修建了引水工程，组建老中青苗鼓队、苗歌队，开展苗歌大赛，培训外出务工人员，帮助留守儿童、失学儿童、残疾人，甚至自办社区报纸①。这种由高校社会工作专业师生以实践教学的方式发起、地方政府配合的农村社会工作探索，在资源整合、提供专业社会工作服务的同时，侧重于从恢复民族传统文化、提升村民信心入手，以脱贫致富为中心目标，是一次很好的社会工作本土化尝试。在服务的执行过程中，项目组非常重视农民参与、自组织建设和赋权增能，这也是服务能够得到认可、能够长期延续并造成较大影响的重要原因。

第三是江西万载的农村社会工作实践。万载的农村社会工作实践虽然晚于云南和湖南，但是由于政府主要领导的强力推进，在一定时间内成为了中国农村社会工作的代名词。2007 年，万载被民政部批准为首批国家级社会工作试点单位，以此为契机，万载县与南昌大学、江西财经大学和江西师范大学达成合作，在万载县建立社会工作实践基地。进一步，万载县委县政府颁布《万载县开展社会工作人才队伍建设试点工作的实施方案》，搭建组织网络、开发农村社会工作岗位，并选取 11 个县级部门和全县 30% 的乡镇、10% 的村委会作为示范点进行重点扶持。② 之后，万载县在与高校社会工作专业师生的合作中，制定了农村社会工作者职业技能标准和职业操守的相关规范并予以实施，逐步探索形成了"党委统一领导、政府主导推动、部门密切配合、整合现有资源、社工义工联动、公众广泛参与、广大群众受益"的"万载模式"。同时，在专业人员的安排中试行"1 + 3"模式，即一个社会工作专业大学生，

① 邵海英、郭霞、卓金秀：《中国农村社会工作研究现状与展望》，载《商业经济》2015 年第 3 期。

② 田先红：《农村社会工作的万载试验》，载《决策》2012 年第 2 期。

带一个民政干部、一个试点单位干部和一个志愿者，共同开展农村社会工作服务。在一年多的试点工作结束以后，万载将社会工作人才队伍建设拓展到了全县各乡镇、街道、社区和民政、教育、团委、残联等部门，成立了社会工作协会和义工联合会，取得了较大的成效。① 毫无疑问，这种政府主导并强力推动、高校紧密配合、上下协同的联动模式，能够有效解决农村社会工作发展中的资金、人才、服务平台等问题，迅速从全国农村社会工作低迷的总体环境中突围出来。但是，由党政领导主导的强制性制度变迁，也会存在很大的隐患，那就是领导人事变动，会给项目实施带来根本性影响。万载目前的农村社会工作发展就面临这种情况。

（四）农村社会工作发展的启示

从对以美国为代表的西方国家和我国农村社会工作发展历程和现状梳理来看，社会工作的服务框架、理念、方法和技巧介入到农村经济社会发展，能够很好地回应农村的发展需求。通过将离散化的村民个体、多元化的村庄资源汇集到一起，形成发展的合力，从而促进农村经济社会的整体发展。② 根据以上的梳理，我们也可以得出如下启示，以便于我们构建适合西部留守儿童的农村社会工作理想体系：

启示一：农村社会工作是降低城乡差距的重要路径。从欧美国家农村社会工作的发展来看，其主要面向首先是欠发达地区的贫困问题，在社会福利体系的建设达到较高水平后，才转向到精神健康等领域；而欧美国家对外开展的农村社会工作，基本上都是致力于

---

① 邵海英、郭霞、卓金秀：《中国农村社会工作研究现状与展望》，载《商业经济》2015 年第 3 期。

② 李文祥、高锡林：《社会工作介入与农村社会管理转型》，载《吉林大学社会科学学报》2015 年第 1 期。

第三世界国家的贫困问题。从这个角度来看，农村社会工作是能够推动欠发达地区经济社会发展的。从我国社会工作领域开展的农村发展来看，不论是云南平寨、湖南湘西苗寨，还是江西万载，抑或是张和清教授在广东从化开展的农村社会工作探索，首先针对的均是农村贫困、经济社会发展落后的问题。从实际成效来看，各地区农村社会工作的探索，不仅仅是从经济上帮助村民取得了进步，更重要的是在服务过程中倡导公平的理念、为村民赋权增能、变革传统的性别权力关系，能够有效促进农村居民的发展理念、行动能力、互助精神等各个方面的提升。相对于经济进步而言，后者显得尤为重要。所以，农村社会工作可以被视为缩小城乡差距的重要路径。

启示二：政府转变发展理念，强化农村社会工作的制度化建设。江西万载作为一个不起眼的中部县，能够形成本土农村社会工作发展的模式并在全国社会工作领域中占得一席之地，与其主政领导的理念是分不开的。事实上，在追求政绩和追求社会服务效益之间是存在一定矛盾的。在我国当前干部考核任用机制下，政绩取向是政府官员的天然偏好，领导们更倾向于发展那些经济见效快、效益高、税收多的领域，而对于社会工作（特别是农村社会工作）这类难以在短期看到经济效益、反倒是要付出大量财政资金的事业往往不会感兴趣。如果没有时任县委书记陈晓平的大力推动，万载县的社会工作无法发展到后来的局面。但是，尽管县一级领导对社会工作试点工作高度重视，且运用行政力量大力推行，但是乡镇、村社一级干部的积极性有限，致使有些地方出现走过场、敷衍了事的现象。① 由此可见，发展农村社会工作需要政府领导转换观念，

---

① 田先红：《农村社会工作的万载试验》，载《决策》2012 年第 2 期。

不是某一层级的领导，而是从上到下的领导干部都要转变发展观念。这不是短期内可以实现的，需要长期的社会熏陶以及大量的学习培训。当然，在理念转变的同时，农村社会工作的发展还需要制度建设。在管理体系方面，万载县成立了县级层面的社会工作领导小组、局级层面的社会工作股、乡镇层面的社会工作所、社区层面的社会工作站这一体系健全的管理体系；在管理制度方面，万载县出台了《关于加强社会工作人才队伍建设推进社会工作发展的意见》等"1＋3"四个文件和《社会工作者职业水平评价实施方案》等七个配套文件，内容涵盖了制度建设、人才发展、岗位设置、薪酬待遇、继续教育的多个方面。在这种背景下，万载县社会工作的发展才取得了较大成效。由此可见，只有政府转变观念、完善制度建设，农村社会工作的发展才能步入良好的轨道。

启示三：人才建设是农村社会工作发展的关键。通常来说，在经济社会发达的城市地区，社会工作的发展较为容易，这也是当前我国社会工作发展的基本格局。那么，在农村等欠发达地区，如何吸引社会工作人才，是开展农村社会工作的关键。江西万载的探索给了我们一些启示。在开展农村社会工作探索时，万载县从江西财大等高校引进了31名社会工作大学生担任专业社工，每名社工带一个民政干部、一个试点单位干部和一个志愿者开展服务。这在很大程度上，解决了农村社会工作的人才问题。但是进一步的问题也出现：社工基本都是高校派出的高年级实习生，不能常驻当地，队伍的稳定性不好；没有等于甚至高于城市的待遇，社工一般难以到农村担任专职人员。所以，即便是农村社会工作对于农村经济社会发展有着重要意义、地方党政领导干部转换发展观念，如何吸引专业社会工作人员进入农村，仍然需要很多的探讨。

启示四：地方政府、社工高校、社工师生的多方协作是当前农

村社会工作发展的重要路径。正是由于香港理工大学应用社会科学系、云南大学社会工作系、长沙民政职业技术学院社会工作系的师生主动拓展，地方政府的积极回应，云南平寨和湖南苗寨农村社会工作的探索才得以实现。正是由于万载县在开展农村社会工作探索一开始就与江西社工高校建立合作关系，才使得后续的制度建设、人才派遣、服务实施得以实现。由此可见，在当前农村社会工作处于低层次发展的阶段，由地方政府与社工高校及其社工师生开展合作，共同致力于农村社会工作的发展，是可行路径。只不过，云南和湖南的探索是社工高校主动推行的，而万载的探索则是由地方政府主导的。不论是哪种方式，都可以对农村社会工作的发展起到促进作用。

启示五：以农民需求与关切为方向，强调民众参与以及能力建设是农村社会工作发展的技术关键。云南平寨农村社会工作项目开始之初，项目组就以口述史的方式了解农民需求，并教会农民自己用口述史的方式自我了解，从而明确自身的需求；在此基础上通过民众参与、共同探讨的方法明确发展路径，并整合各种资源予以合作实施，不但回应了农村的需求和关切，还在很大程度上提升了农民自身的行动能力。湘西苗寨的农村社会工作项目开始之初，项目组通过需求评估的方法了解农民需求，与农民一起寻求适合农民自己的解决路径，通过自组织建设的方式，激发农民自身潜能，既促进了地方文化的复苏和发展，也提高了农民收入，还实现了增权赋能的目标。由此可见，农村社会工作的实践，必须以农民自身的需求作为核心标靶，同时以民众参与的方式来解决问题，才能调动农民积极性，促进问题的解决和自身能力的提高。

总之，社会工作应用于农村经济社会发展，激发原有社会结构的潜能，聚焦于农民关切的经济、资源、文化、习俗等问题，通过共同的自我认知，鼓励并协助农民自我参与、自我组织、自我帮助、自我实施，利用地方性资源和知识，可以有效促进我国三农问题的解决。当然，这一切的前提是要能够构建一个农村社会工作的实施体系。从目前来看，我国实施农村社会工作，不论是政府执政理念，还是领导干部自身的认识，现实的财政、管理等方面的制度，抑或是社会工作人才的培养，都存在不少欠缺。事物发展总会有一个过程，但是前进的方向应该明确，农村社会工作的服务体系也是可以构思和探讨的。课题组将以农村留守儿童为服务对象，探讨适合我国西部地区留守儿童的农村社会工作服务体系。

二、西部留守儿童农村社会工作服务体系构架

在这里，课题组特别需要说明的是，本章是以西部地区、留守儿童为标靶，探索我国农村社会工作服务体系。但是这并不意味着我们构思的服务体系只适合于西部地区、只适合于留守儿童。事实上，就如我们和西方国家学者探讨时对方指出来的一样，城市的社会工作理念和方法同样适用于农村，不一定要为农村单独设置一个社会工作的方法体系。从方法层面，城市的社会工作同样适用于农村，但是从组织管理、经费来源、服务对象特征、服务主题等方面，农村和城市、留守儿童和其他服务对象还是有很多不同。当然，我们探讨的西部留守儿童农村社会工作服务体系（重点不在于服务的具体方法），在很大程度上同样可以适用于其他类型的服务对象、其他地区。

（一）西部留守儿童农村社会工作的组织管理

从前文的论述来看，我国西部留守儿童，近六成父母双方都在外务工，多数与爷爷奶奶生活在一起；家庭教育、与父母的日常沟

通等方面较为欠缺；客观支持较差，主观支持也不容乐观。在农村这个生态环境中，留守儿童只是其中一个组成部分。但是生态系统的微观、中观与宏观都是结合、勾连在一起的。同样，留守儿童自身的生活，也与外出务工的父母、家庭、农村社区、地方政府等相互缠绕在一起。对这个复杂系统中的留守儿童开展社会工作服务，需要有一个合理且有效的组织管理体系。结合前文分析的"我国儿童福利的法律执行和政策管理体系构想"和万载农村社会工作的梳理来看，组建专门的儿童福利服务行政管理部门，或者地方县一级的民政、教育、妇联等部门合作构建一个从上到下的留守儿童农村社会工作委员会，总揽本地留守儿童农村社会工作的发展，是比较可行的。事实上，如果能够成立单独的儿童福利服务行政管理部门，不但可以从农村社会工作层面实施管理，还可以从学校社会工作、社会组织社会工作等多个层面实施统筹服务。如果在短期内无法单独成立，那么组建由相关政府部门参加的"留守儿童农村社会工作委员会"可以作为一个过渡机构。

这个儿童福利服务行政管理部门或者多部门参加的委员会，要建立起从县到乡镇、农村社区的一整套上下通达的管理体系。同时，可以借鉴万载等地的做法，出台系列文件，对组织、资金、人事安排等进行规范。只有这样，地方政府才可以安排资金、聘用专业社工，开展留守儿童农村社会工作服务；也可以采用政府购买服务的方式，向社工机构或社工高校购买农村留守儿童社会工作服务，形成一个对接与合作的平台。

（二）西部留守儿童农村社会工作的经费来源

我国当前实施农村社会工作的经费来源主要包括三个方面：第一是政府财政资金，例如万载县由政府主导的农村社会工作实践，主要由政府承担资金开支；湘西苗寨推行的农村社会工作服务，地方政府也以与高校合作共建社会工作实习基地的方式提供了一部分资金。第二是来自基金会或社会资助的资金，例如云南平寨农村社会工作实践，主要资金来自于香港理工大学向基金会等筹集的资金。第三是来自政府购买社会组织服务的资金，例如张和清教授创办的广东绿耕社会工作发展中心在广东从化等地开展的农村社会工作实践，主要来源于政府购买服务资金。

农村社会工作的发展，地方政府部门应该承担主要责任。而事实上，多数地区对农村社会工作的资金投入非常少。所以，要推行留守儿童农村社会工作，作为欠发达的西部地区，应该改变发展观念，加大农村地区、留守儿童等弱势群体社会福利、社会服务的资金投入，将本地农村社会工作专业人才发展的资金纳入财政预算，每年规范支出。这样，一来可以自己聘请一部分专业社会工作人员进入农村，开展包括留守儿童在内的农村社会工作服务；二来可以对现有事实上的农村社会工作人员进行培训，增强农村社会工作的专业力量；三是在资金量不是太充足时，可以向社工机构购买服务，让社工机构派遣社工到农村开展包括留守儿童在内的社会工作服务。当然，留守儿童农村社会工作服务无法一次性全面铺开，地方政府可以先选择一部分最有需要的农村地区开展试点，也可以为这些地区购买专业服务。这样，财政资金的压力可以降低。

除此以外，从中央到地方的各级政府部门可以设立开放式基金，供社会组织申报服务项目。例如自 2012 年民政部和财政部共同设立的 2 亿元资金，用于向社会组织购买社会服务。在这些服务项目中，可以重点资助面向最需要地区、最需要群体的服务类型，毫无疑问，农村留守儿童的社会工作服务便属于这种类型。由此，社会工作机构就可以和有需要的农村地区合作，申报各级政府的资助，在本地区开展留守儿童农村社会工作服务。这样一来，地方政府没有资金压力，还可以获得社工机构派遣的专业社工，农村留守儿童得到了服务，可以实现一举三得的良好局面。当然，社工高校、社工机构，还可以向各种基金会、社会组织、经济组织募集资金，面向本地的留守儿童开展农村社会工作服务。

（三）西部留守儿童农村社会工作的人才来源

与上一章探讨的西部留守儿童学校社会工作类似，当前我国农村社会工作人才的来源也主要是地方政府内部聘任和高校、社工机构派遣两种方式。从现实情况来看，后者甚至居多。前文已经分析，我国从事农村社会工作的专业人才非常缺乏，这是制约农村社会工作、留守儿童农村社会工作服务的重要因素。就目前来看，有以下几个路径可以解决：

第一，政府部门在财政资金分配方面，对农村民生建设、留守儿童服务加大投入。安排一定资金，由儿童福利服务行政管理部门或相应的委员会聘任一定数量的专业社工，安排进农村开展包括留守儿童在内的各种人群的社会工作服务。有一定经济实力的乡镇或村委会，也可以为自己的乡村聘请一定数量的社工，开展专业服务。课题组考察了由民政部、联合国儿童基金会合作实施的"中国儿童福利示范项目"，该项目得出的直接建议便是，在乡村设置"儿童福利主任"制度，填补留守儿童服务"最后一公里"。项目组以行政村为单位，为每个村就近聘任一名儿童福利主任，为本村包括留守儿童在内的各种群体开展服务，取得了很好的服务成效。

第二，对现有的实际农村社会工作人员加强培训，赋予留守儿童服务的职责。当前，我国为欠发达地区实施了多项人才政策，包括大学生村官政策、西部志愿者政策、"三支一扶"政策等。但多数研究发现，以上农村工作人才往往存在自我定位偏差、融入农村较难、参与范围狭窄①，实践经验缺乏、相关待遇偏低②，难以很好地参与农村基层社会治理实践③等问题。可以这么说，这些政策的实施为农村引进的大量人才是开展留守儿童服务的潜在力量，针对这些人才不驻村、待遇差、留不住等问题，可以采取如下措施：加强对这些人才的社会工作专业知识培训，使其可以开展包括留守儿童在内的多种服务，当然，在增加服务内容的同时，提高其待遇水平；切实落实驻村制度，防止乡镇截留，真正为农村提供人才；在招考时适当向社会工作、心理学、社会学等专业人才倾斜，从源头上为农村增加社会工作人才；加大从留守儿童、村民等服务对象角度对这类人员考核评价的权重，使其真正能够为村民提供服务。

第三，以社工高校与地方政府合作开展农村社会工作实习实训、政府购买社工机构专业社工驻村服务等方式，加强留守儿童的农村社会工作人才队伍建设。从中国社会工作教育协会获得的资料显示，截至 2014 年底统计，我国开设社会工作专业的本专科高校有 298 所，其中西部有 73 所；开设社会工作专业硕士教育的办学单位有 104 所，其中，西部有 23 所。这些开设社会工作本科和硕士教育的高校或研究院所都有社会工作专业人才实习实训的需求，如果能够发动更多高校，像长沙民政职业技术学院一样深入西部农村社区，为包括留守儿童在内的各种群体开展社会工作服务，其带动作用将是非常巨大的。同时，在当前从中央到地方都在实施的政

---

① 周泽龙、赵怀梁、张超：《西部计划大学生志愿者现状调研》，载《青年学报》2014 年第 5 期。

② 于克晓、骆文伟：《政府职能转变视野下面向基层就业问题与对策研究——以"三支一扶"计划为例》，载《佳木斯大学社会科学学报》2013 年第 1 期。

③ 周定财：《大学生村官参与农村基层社会管理的困境与突围》，载《湖北社会科学》2015 年第 4 期。

府购买社会力量参与社会服务大潮中，资助方在审批项目时，从需求的迫切性角度来看，应该向为西部留守儿童提供服务的项目和机构倾斜。这样就有更多社工机构、社工人才可以参与到西部留守儿童农村社会工作服务之中。

最后，鼓励有社会工作管理和服务经验的人员，在西部县一级层面创办社工机构，以承接本地包括留守儿童在内的各种项目服务。当前，国办印发《关于发展众创空间推进大众创新创业的指导意见》，强调要加强政策集成、创新服务模式。事实上，创办社工机构也是一种创业。虽然社工机构在社会组织划分中隶属于"民办非企业单位"，是非营利性质的。但是，在服务项目的实施中，正常的人员开支是允许的。当前，我国近 300 个社工本专科办学点、104 个社工硕士办学点，年社工人才输出约 15000 人，还有存量较多的在职社会工作人员。如果有一定比例的社工到西部县一级区域创办社工机构，对于当地农村社工人才的发展无疑是有很大好处的。

（四）西部留守儿童农村社会工作的平台建设

在调查和梳理我国西部地区留守儿童服务现状的时候，我们就发现，很多村庄都有比较现成的服务平台，包括农村社区活动室、远程教育室、图书室等等。例如，课题组在四川省 YB 县、XY 县、云南省 CY 县、SF 县、陕西省 LT 县、GL 区等多地调研时发现，多数农村社区都有村委会办公场地，内部远程教育设施、图书室、村民会议室等比较健全，其中四川省 YB 县的部分村庄还有专门的留守儿童活动室，云南省 CY 县在部分村还设置了留守儿童心理咨询室。不论是政府自己聘任的农村社会工作者，还是政府与社工高校合作开展的农村社会工作实习项目，或者是社工机构派驻的社工服务项目，都应该与当地村委会合作实施服务，都可以使用这些平台。当然，也有部分地区的基础设施比较落后，这就应该采用乡镇政府借用甚至新建服务场地、设施来予以解决了。

（五）西部留守儿童农村社会工作的服务内容

西部留守儿童农村社会工作的服务，应该结合各地区实际、留守儿童及其家庭需求来进行。但是总的来说，以下这些方面应该重视：首先，对于未进入学龄阶段的留守幼儿应该给予足够关注。前文已经指出，幼儿阶段母亲外出务工（特别是父母均外出务工）会给幼儿造成比较大的影响。最新研究还发现，母亲外出的留守儿童，尤其是母亲外出的低龄留守儿童社会交往较差。[①] 对于这类儿童，应该对其家庭开展服务，在摆清事实的基础上，让其父母自我选择是否外出务工。其次，特别关注父母均外出务工、没有事实监护人的独居留守儿童。这类留守儿童的客观支持低、生活风险更大，2015 年 6 月 9 日毕节市七星关区 4 名独居在家的留守儿童服毒自杀；8 月 4 日，毕节纳雍县勺窝乡 2 名独居在家的留守儿童被人杀害；诸如此类的消息不绝于耳。对于独居儿童的日常生活、安全、教育等应该予以关注。再次，对于留守儿童的家庭教育应该予以介入。前文的调查中发现，留守儿童非常缺乏家庭教育，且与父母的沟通能力、父母与孩子的沟通能力均存在很大欠缺。所以，应该予以一定关注。最后，对于留守儿童放学后、节假日的安全、生活、学习、娱乐，可以组织多种多样的服务活动。

（六）西部留守儿童农村社工的督导和培训

督导和培训，是社会工作者服务质量、知识更新的重要保证，对于开展西部地区留守儿童农村社会工作是非常重要的。

---

① 邬志辉、李静美：《农村留守儿童生存现状调查报告》，载《中国农业大学学报（社会科学版）》2015 年第 1 期。

对于地方政府自己聘任的农村社会工作者，不论是聘任的社会工作专业人员，还是类似于"中国儿童福利示范项目"中就地聘任的"儿童福利主任"，抑或将大学生村官等事实农村服务人才转岗为农村社工，都需要服务过程中的督导和知识技能的培训。这方面，地方政府可以有两个路径解决：一是与就近开设社工专业的高校合作，请高校的社工教师担任农村社会工作服务过程中的督导，同时委托该高校为农村社工实施培训；二是与社会工作的行业组织、社会工作机构合作，以购买服务的方式，购买督导和培训服务。

对于高校与地方政府合作实施的高校社会工作专业人才实习实训项目，承担人才督导和培训职责的主要是高校。对于政府向社会组织购买的农村留守儿童社会工作服务，承担督导和培训任务的自然是社会组织自身。

综上所述，课题组结合我国西部地区以及留守儿童的实际情况和需求，设想并构建了一个从组织管理到经费来源、人才来源、服务平台、服务内容、督导与培训等六个层面的西部留守儿童农村社会工作服务体系（见图8.1）。

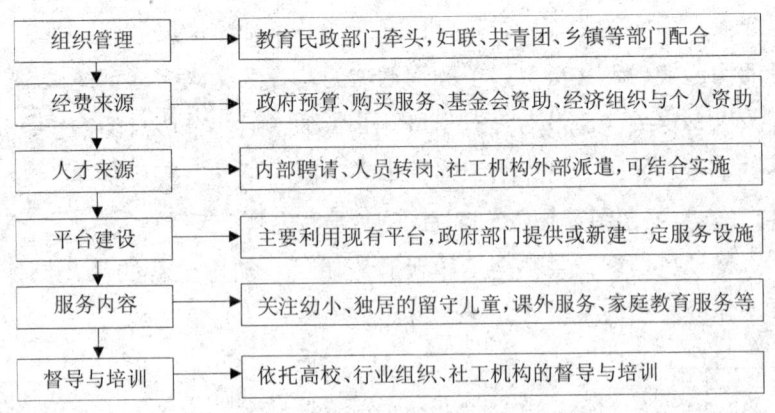

图 8.1　西部留守儿童农村社会工作服务体系构架图

当前我国农村社会工作的实践探索和理论反思为新农村建设和农村社区治理创新提供了新的路径，已经成为中国社会工作本土化的重要切入点和突破口。相对于城市社会工作的迅速发展而言，农村社会工作起步晚、受重视的程度不够、发展水平低。当然，这也说明我国的农村社会工作有着更大的发展空间。课题组通过调查、分析，以西部留守儿童为标靶，构建了一套农村社会工作服务体系。当然，这套体系中，很多方面都还不具备现实条件，例如政府的执政理念、欠发达地区的财政收入、农村社会工作人才的供给等，都缺乏现实基础。但是课题组相信，部分地区的先行试点是可行的，部分领域的先行合作也是可以的。或许在我国打破城乡二元分割体系、区域发展均衡、公共服务均等化之后，我们构建的西部留守儿童农村社会工作服务体系也就自然而然形成了。当然，这还需要很长的路要走。

当然，课题组在设想、构建西部留守儿童农村社会工作服务体系的时候，也开展了一些具体服务工作，这种类型的行动研究对于促进本体系的实现，有一定探索意义，具体行动研究下文即将呈现。

三、西部留守儿童农村社会工作的实务与反思

为了将社会工作理论、方法与留守儿童服务进行结合，并探讨适合西部留守儿童需求的社会工作服务方法，课题组于 2012 年至 2013 年，依托自身创办的本土社工机构平台，成功申报了由中央财政资助的留守儿童社会工作服务项目，在四川省 YB 市留守儿童比较集中的农村小学、农村社区开展了一年的留守儿童社会工作专业服务。基本信息前文已有介绍。本项目依托小学所在地的两个农

村社区建设留守儿童之家，在开展学校社会工作的同时，探讨西部留守儿童农村社会工作的服务方法。以下就项目执行过程中属于农村社会工作的服务及反思进行介绍。

（一）西部留守儿童学校社会工作管理体系的理顺

前文已述，项目组建了一个包括市民政局、市教育局、团市委、市妇联、市关工委、市综治办以及本机构在内的领导小组负责管理事宜，同时制定了严格的内部管理制度。但是在入驻到农村社区开展留守儿童社会工作服务的时候，项目组在以上领导小组的基础上，组建了一个包括项目负责人、督导和村委会主任在内的联席工作组，负责本村留守儿童社会工作服务的具体实施。在项目执行过程中发现，村民小组长也是实施中的重要环节，经过反思和征求各方意见，将村民小组长也纳入到联席工作组之中完成了项目直接领导机构的组建工作。项目结束后，课题组反思认为，对于留守儿童社会工作服务而言，村庄本身就是一个生态系统，微观上包括了留守儿童、家庭、同伴、邻里，中观上包括了村小组、自组织，宏观上包括村委会，外部系统则包括了村与村的联系、与上级政府部门和其他社会组织的联系。在这个系统内，村小组是非常重要的一环，发挥到了一个对村委会上传和对村民、留守儿童下达的重要作用。所以，在直接的农村服务项目中，应该重视村民小组长，并发挥其重要作用。

（二）西部留守儿童农村社会工作的经费来源

本项目得到中央财政专项资助，所有经费除了用于学校社会工作服务开支以外，均用于了留守儿童农村社会工作。在前文探讨留守儿童农村社会工作服务体系时，课题组指出的主要经费来源包括政府预算资金、购买服务资金、基金会资助、经济组织与个人资助等几种状况，本项目的资金来源即属于上述第二种。事实上，随着政府购买社会服务越来越成熟，这种类型的服务项目将会越来越多。例如，2012 年开始实施的"中央财政专项资助社会组织参与社会服务项目"，甚至由政府购买社会组织专门培训等农村欠发达地区社工人才的项目都已经出现了。2013 年，中央组织部、民政部等十部门制定并实施了《边远贫困地区、边疆民族地区和革命老区人才支持计划实施方案》，计划从 2013 年至 2020 年，每年引导 1000 名社会工作专业人才到"三区"工作或提供服务；每年支持"三区"培养 500 名社会工作专业人才，积极推动"三区"社会工作专业人才队伍建设，大力发展"三区"社会工作事业，完善社会工作制度，提高社会工作服务水平，逐步实现社会工作服务均等化目标。这类项目的实施，对于西部农村地区社会工作专业人才的培养和社会服务的发展无疑是很有帮助的。

（三）西部留守儿童农村社会工作的人员安排

在依托社工机构派遣社工开展留守儿童学校社会工作服务的同时，项目组向村一级组织派驻社工和督导，以村庄为基地开展留守儿童农村社会工作。在服务的过程中，项目组还挖掘了很多本地的热心人士，参与到项目服务过程中来。例如，将回乡定居的退休老师、干部发展为留守儿童校外教育指导员；组织没有外出务工的青年农民，担任独居在家的留守儿童的"临时监护人"；将高年级的留守儿童与低年级留守儿童结对，组成学习指导小组，大的留守儿童担任"校外老师"等等。这些"本土人才"的挖掘，有效扩大了专职社工的工作范围。对此，课题组反思后认为，不论自身的社工人员是否充足，对本土人才的挖掘和充分利用，既能够拓展服务，更能够协助服务对象形成自信心，促进自我增能；同时，有利于形成良好的互助氛围，特别是有利于为留守儿童构建微观层面的社会支持体系，对于防范其生活风险、增加紧急情况的求助渠道、促进健康成长，可以说是很有帮助的。

（四）西部留守儿童农村社会工作的平台建设

本项目的平台建设，采取了如下两种方式：第一，利用现有服务平台。两个村庄中，一个条件比较好，村民居住也比较集中。村委会有自己的办公场所，可以提供给项目组使用的包括会议室、村民活动室、阅览室、留守儿童活动室等。项目组以该村委会为基地，面向全村的留守儿童开展服务。第二，发掘服务平台。另一个村庄条件较差，村委会只有很小的一栋"称不上办公楼"的办公楼，仅能为项目组提供一个活动室；村民小组之间居住也比较分散。项目组采取的方式是，以村委会提供的活动室为基础，将主要服务平台设置在村民小组。项目组在各村民小组的调查阶段，就发现有些留守儿童家里的房子比较大（事实上，很多农民外出打工赚到钱后，回乡做的第一件事就是盖房子），且居住的人很少。项目组召集孩子们开会，告知大家我们想组织同学们在放学回家后开展娱乐性、学习性的活动，但没有合适的场地，想请教大家如何解决。马上就有孩子提出将自己的房子拿来给大家使用，其他孩子也很赞同。课题组后来反思认为，这种通过自我发掘的方式找到服务平台有很大的优点：首先，让提供场地的留守儿童对他人实施了帮助，从而获得了成就感和自信心；其次，集体讨论、共同寻求解决对策的方式，能够有效在留守儿童之中开展动员，强化其参与意识；最后，也是最为关键的一点，那就是可以将服务范围予以延伸。当前，很多地方在开展社会工作服务时有固定的场所，但是这些场所的服务辐射范围是很有限的。在开展留守儿童农村社会工作服务时也是如此，相比于第一类服务平台，第二类平台可以将服务覆盖到更多的村民小组和更多的留守儿童。这一点在居住比较分散的西部农村地区尤为重要。

（五）西部留守儿童农村社会工作的服务流程与内容

依托农村社区开展留守儿童社会工作服务，与依托学校开展留守儿童社会工作服务，在流程和内容上比较接近，在流程上也可以归纳为调研与评估、方案设计、服务实施、评估与总结；在内容上也可以划分为预防性服务、干预性服务和拓展性服务，前文已经详细介绍了留守儿童农村社会工作的服务流程与内容，在这里，课题组只是将留守儿童农村社会工作服务中比较独特的内容予以介绍。

首先是针对留守幼童的社会工作服务。两个村庄中，都有少量6岁以下的留守幼童，父母均外出打工，同爷爷奶奶生活在一起。对于这类儿童，项目组一方面通过电话与其父母保持紧密联系，随时告知幼童的生活情况，并给予日常生活方面的帮助；另一方面就近从邻居中发展一些稍大的留守儿童，与留守幼童建立帮助关系；还有就是抓住父母返乡的机会，告知母亲在儿童年幼时外出务工所造成的一些影响，利用"专家"的角色给予咨询服务。

其次是针对独居在家的留守儿童的服务。两个村庄均有少量独居留守儿童，这些儿童有如下特点：父母均不在身边，爷爷奶奶去世或不在一起居住，多个兄弟姐妹一起生活，年龄上有大一些的孩子（可以自我照顾并照顾弟弟妹妹）。这类孩子的客观支持很少，被抛弃的感觉更多，更需要关怀。项目组的做法包括：在学习和日常生活上给予更多的关心，其形式主要是定期探访；走访独居留守儿童的隔壁邻居，协助恢复良好的邻里支持关系，委托有责任心的邻居担任"临时监护人"；为年幼的独居留守儿童寻找伙伴，建立支持关系，同时鼓励年龄大的独居留守儿童帮助他人，形成参与感和自我效能感。

再次是留守儿童校外教育体系的搭建。课题组在前文中已指出，留守儿童的事实监护人欠缺教育能力。在项目组的调查中，也

发现了这个问题。基于此，项目组采取了两种措施：第一是在一个居住比较集中的村庄，以"留守儿童校外教育指导员"招募的方式，在村庄内开展宣传，招募到一位退休返乡居住的教师和一位退休干部，他们在固定的时间内轮流到基地为孩子们辅导作业、讲故事、开展道德教育，项目组以公开张贴感谢信等方式对老人的帮助给予反馈。第二是在另一个居住比较分散的村庄，召集年龄稍大的留守儿童座谈，告知低年级的学生无人辅导作业，且监管缺乏、难以形成良好的学习习惯，引导大家分析当前的生活环境和资源，讨论后，大家才发现，自己就是最好的资源。于是，项目组以各村民小组为单位，组建留守儿童课外学习小组，让大孩子帮助小孩子。当然，社工自身也承担过大孩子的辅导工作。

另外，留守儿童农村社会工作服务项目还提供了留守儿童家长的家庭教育能力提升服务、儿童安全教育服务、兴趣小组服务等等。

（六）西部留守儿童农村社会工作的实务列举

在项目执行过程中，项目组依托农村社区，围绕留守儿童，面向需求，整合资源、发动参与、开展能力建设，实施了多种形式的服务。在这里，课题组列举出其中的一部分，用以证实在西部地区开展留守儿童农村社会工作服务的效力。

1. 个案工作介入留守儿童亲情缺失引发的危机

服务对象小 A，女，14 岁，家住四川省 YB 市 HY 村，小学后没有继续升学，在家和外公外婆一起生活。服务对象是其母亲在外打工怀孕后回到老家所生，其父母一直没有结婚，小 A 出生后父母没有继续在一起。在小 A 不到两个月时，母亲继续出去打工，很少回家。小 A 从小与外公外婆生活在一起，没有见过父亲，对于母亲也记不清长什么样子了。在日常的生活中小 A 感觉很孤独、自卑。社工在谈话中发现小 A 性格比较内向、不善言辞、同伴圈子小、独来独往，只与自己特别熟悉的人交往，缺乏倾诉对象。另外，小 A 家庭条件差，房屋陈旧，家具不多，其外公外婆年迈，缺乏经济来源。

社工通过结构家庭治疗的视角对小 A 的问题进行了分析：家庭是一个系统，家庭成员是构成这个系统的基本元素。在系统中，每个家庭成员有它特定的角色与功能，家庭中的每个成员彼此之间相互影响、相互依赖，每个成员的变化都会影响到家庭，而家庭的变化也对每个家庭成员发生影响。本案中，小 A 的家庭中主要存在以下问题：一是家庭结构不完整，对服务对象的成长造成不良影响。亲情缺失让服务对象产生孤独、被抛弃的感觉，形成自卑、自暴自弃的心理，严重影响服务对象的健康成长；二是服务对象由外公外婆抚养，在隔代教育下，服务对象难以对年迈的外公外婆倾诉自己的心事，更不能在他们面前表达对父母的情感，这让服务对象形成压抑的情绪；三是服务对象整个家庭结构具有病态性。小 A 的父母之间关系断裂，且父母与小 A 的外公外婆之间关系紧张，在整个病态的家庭结构中，小 A 面对外公外婆和自己父母的矛盾，承受着外公外婆对自己父母的不满和强烈谴责的压力，同时联想到父母对自己的绝情，这种双重的压力给服务对象的成长带来严重的负面影响。所以，经过分析评估后，社工认识到小 A 面临的主要问题包括亲情缺失、家庭结构残缺、孤独、自卑、人际交往障碍等。

据此，社工制订了三个层次的服务目标，包括短期目标（引导服务对象觉察自己面临的问题、协助服务对象宣泄内心压抑的情绪、协助服务对象融入集体并与他人交往）、中期目标（协助服务对象接纳自己、获取更多的情感支持、与外公外婆关系融洽、与母亲建立适当联系）和长期目标（与母亲建立正常母女联系、母亲与外公外婆关系改善、家庭沟通模式改进、服务对象人际交往能力提升并树立积极乐观的心态）。

在服务执行中，社工主要担当了"中间人"和"治疗者"的角色。一是通过家访获得服务对象的家庭情况详细资料，运用个案辅助和家庭治疗模式，协助服务对象家庭成员澄清相互之间的感受，缓解服务对象因亲情缺失而导致的压抑情绪；二是与小 A 的母亲取得联系（父亲联系不上），告知小 A 及家庭状况，协助母亲恢复与家庭的关系；三是在邻居和村小组走访，协助小 A 获得正面、积极的生态系统。其次，社工担当了"倾听者""支持者"和"引导者"的角色。一是与服务对象建立良好的沟通关系，鼓励服务对象表达内心的感受，宣泄情绪；二是以肯定的眼神和话语，给予小 A 正面的支持；三是引导小 A 反思当前的处境和今后的出路，提升其抗逆力，协助其走出被遗弃和孤独心理，培养乐观向上的积极心态。

通过与小 A 的五次深入会谈、多次村庄走访、家庭会谈、与小 A 母亲的沟通，并经过个案快速评估发现，个案服务的目标基本达到，服务对象的情况得到一定的改善，亲情关爱恢复、家庭结构优化，小 A 能够以乐观的态度看待事物，由孤独自卑逐渐变得坚强自信，人际关系能力也得到了改善。

行动反思：在农村生态系统内开展留守儿童个案服务，社工既要有基本素养和能力，包括秉承社会工作理念，在服务中接纳、尊重服务对象，不批判、不指责服务对象，为服务对象保密；要维护服务对象的尊严和价值，中立地为服务对象提供信息，探讨各种选择，尊重服务对象的决定。同时，社工也要认真思考农村社区、农村家庭的特性，将农村看作是一个生态系统，各个组成部分是有机联系在一起并互相影响的。通常来说，农村社区与城市社区不同，因为处于相对较小的熟人社会，农村社区内的家庭、个人信息，相互之间比较熟悉，"人言可畏"在农村社区表现更为明显。同时，农村居民之间的互助关系更为深刻，社工要突破服务对象的"不良声誉"，协助其重构良好的互助关系。基于此，在农村开展留守儿童个案或家庭的服务，也要对其生态系统实施介入，否则服务成效将有可能是短期的。从这个意义上来看，留守儿童的农村社会工作服务，很少仅仅落脚于个案层面，通常要从系统的视角着手。

2. 提升留守儿童家庭教育能力的亲子小组

项目组在调查中发现，家庭教育虽然只是教育体系中的一个环节，但是对于留守儿童而言，由于父母外出务工、家庭结构发生重要变化，父母双方或一方无法与子女共同生活，使得其家庭教育出现弱化趋势。而家庭是联结学校、社会生活的载体，是学校教育质量和社会教育质量的重要落脚点，所以，对于留守儿童而言，加强其家庭教育就显得非常必要了。当然，要提升留守儿童的家庭教育效果，必须从外出务工的父母和留守儿童双方同时着手。

基于以上调查和分析，项目组利用农民工春节返乡的时机，在前期为留守儿童开展服务已经建立起良好关系的基础上，项目组邀请了 10 对留守儿童及其返乡的父母参加了本次亲子小组。

第一次小组活动中，我们邀请留守儿童给他们的父母介绍自己一年以来都做了些什么事情，学到了什么，目前有哪些困扰；然后邀请外出务工的父母给孩子们介绍自己一年以来在外面做什么，每天的生活都是怎么过的，有什么样的收获，有哪些困扰。要求讲的时候要具体，最好能够拿出具体发生的事情来谈。介绍完后，让父母和子女自由谈一谈听后感。开展这样系统的双方介绍，源于项目组以下认识：父母往往不太愿意告诉孩子自己在外务工的情况，在日常交流中，即便是讲，也只是一语带过。家庭教育是一个互动的过程，子女对父母更多的了解，有利于建立更深层次的理解，从而催生付出、关爱、自我约束的趋向。事实上，父母和孩子都介绍完自己的情况后，很多信息都超过了另一方的认知：父母不知道孩子和谁有矛盾，这种矛盾让他（她）很苦恼；孩子不知道父母在外面是四点钟就开始上班的，虽然在城市呆了很多年，但是去的地方并不多。本次小组活动，让参与各方认识到，平时的沟通交流并不深入。

第二次小组活动中，社工首先问家长在外务工时，对留守在家的孩子都有哪些方面的担心。家长的回答主要集中在安全、学习、饮食等几个方面；随后，社工引导大家讨论，自己在外打工，面对以上担心，能够做些什么。家长讨论后发现，除了寄钱和打电话叮嘱以外，似乎什么都做不了。接下来社工运用澄清的方法，引导大家认识到，钱能够为孩子的教育提供基础，但并非万能。随后，大家共同发现，自己的家庭教育除了日常电话联系以外，似乎没有其他渠道了。然后我们问父母们，隔多长时间和孩子联系一次，多数的回答是半个月、一周、一个月，大家意识到这个沟通频率是不够的。在这个基础上，我们让两对家庭来进行"情境再现"——模拟日常电话沟通的过程。再现后，我们重点问了留守儿童的感受，孩子们说，每次都是那几句话：吃了吗、做作业了吗、学习怎么样、是否听话等等，父母们似乎也意识到，确实如此，每次的沟通都是这几个内容。从孩子的反馈来看，他们似乎不是很喜欢。由此，在外务工的父母认识到，自己和孩子的日常沟通频率不高、效果较差。

第三次和第四次活动中，我们将主题集中在"什么样的沟通才能够促进家庭教育"上，通过社工和留守儿童一对一模拟情境的方式，分别就如何同孩子沟通学习（应该遵循循序渐进的原则，不是一味地叮嘱、要求、命令）、如何与孩子沟通同伴交往问题（以讲故事的方式予以启发）、如何与孩子沟通安全问题（宜疏不宜堵，例如在孩子下河游泳方面，告知避免风险的方法）、如何向孩子表达爱（要直接讲出来，少说"我在外面这么辛苦都是为了你"这类给孩子带来压力和愧疚感的话语）、是一个人与孩子联系好还是父母都和孩子联系更好（项目组发现了一个很有趣的现象，那就是外出务工的父母和孩子联系时，通常打电话的只是其中的一方，多数是母亲，另一方很少打电话，对这个情境我们也进行了模拟）。每次情景模拟完成后，都请孩子谈感受、请父母谈看法，各方一起进行探讨，寻求最有效的日常沟通促进家庭教育的方法。

第五次活动中，项目组搜集并剪辑了一组家庭教育的专家讲座视频，邀请父母和留守儿童一起观看并讨论。同时引导大家在关注孩子的同时，要与监护人、老师等各方面都保持良好的沟通；除了用电话联系之外，也可以偶尔给孩子写封信，收到信和接到电话给孩子的感受是不一样的。以此扩展和巩固前面几次的小组活动效果。

经过小组评估发现，外出务工的父母在与孩子的沟通意识、家庭教育意识、沟通能力等方面均取得了很大进步，孩子对父母也更为理解。家长们表示，从来没有参加过这种活动，想不到会有这样的效果。

行动反思：外出务工父母与留守儿童的日常沟通、家庭教育等问题，是学术界、实务界、政府部门，乃至外出务工父母与留守儿童自身都比较忽视的问题。但是对于多数这类家庭而言，日常沟通是其开展留守儿童家庭教育的主要方式。但实际上，这个方式也存在很多问题。项目组用发现、解决、拓展的思路开展了这次"提升留守儿童家庭教育能力的亲子小组"服务，整合了各方面的资源，以父母、留守儿童主动参与的方式形成自我认识、自我能力，社工主要扮演了引导者的角色，产生的服务成效比较明显。由此可见，项目组梳理并实践过的这个服务方法，也可以应用到其他群体、其他地区的类似服务之中。需要指出的是，我国政府都对农民工问题非常关注，劳动行政部门投入了很多资金对农民工开展过技能、法律等方面的培训，甚至某些乡镇、村委会都会组织这类培训。我们回过头来想一想，农民工外出务工时除了技能和法律之外，还需要什么？他们是否会担心自己留守在家的孩子？既然日常的电话联系是他们同孩子沟通、教育的主渠道，那么他们对这个渠道的使用情况如何？课题组认为，各级政府部门组织的农民工培训中，应该纳入农民工与留守儿童日常沟通能力、技巧方面的培训。

　　综合以上，课题组指出，在政府的推动和社会组织的参与下，依托农村社区开展留守儿童社会工作服务是非常可行的。一方面，农村社区有很大的社会工作服务需求，除了留守儿童以外，留守妇女、空巢老人、农村贫困、文化衰落等问题，都是农村社区的服务需求；另一方面，社会工作介入农村社区，开展包括留守儿童在内的各个群体、各个主题的服务，有利于在微观、现实层面促进问题的解决或淡化，相比于传统的农村社区管理方法而言，农村社会工作无疑有着很大优势。当然，课题组再次重申，我国当前缺乏大范围开展农村社会工作服务的基础，本课题所探讨的西部留守儿童农村社会工作服务体系，只是构建出的一个"理想型"，是今后该领域发展的可能方向。当然，对于某些具备条件的农村地区，本服务体系也是可以试点执行的。

四、本章小结

课题组为西部留守儿童构建了学校社会工作、农村社会工作以及城镇社区社会工作等综合服务体系，本章详细地介绍了西部留守儿童农村社会工作服务体系的构思依据、体系构成及其实践成效。

首先，课题组集中探讨了农村社会工作的界定。与学校社会工作不同，农村社会工作在国际主流学术领域里面不是一个通行观念，所以课题组结合学者们的研究及反思，明确了农村社会工作的概念界定。

其次，课题组梳理并回顾了学校社会工作的发展历程和启示。研究认为，农村社会工作是降低城乡差距的重要路径；政府应转变发展理念，强化农村社会工作的制度化建设，而人才建设是农村社会工作发展的关键；地方政府、社工高校、社工师生的多方协作是当前农村社会工作发展的重要路径，在开展农村社会工作时，以农民需求与关切为方向，强调民众参与以及能力建设是技术关键。

再次，在以上梳理和总结的基础上，课题组构建了一个西部留守儿童农村社会工作的服务体系，包括：成立单独的儿童福利服务行政管理部门或者组建由相关政府部门参加的"留守儿童农村社会工作委员会"承担总体的管理协调职能；采用地方政府内部聘任农村社会工作者、社工高校与地方政府合作开展农村社会工作实习实训、政府购买社工机构专业社工驻村服务、鼓励有社会工作管理和服务经验的人员在县一级层面创办社工机构等方式，加强留守儿童的农村社会工作人才队伍和专业力量建设；利用现有农村服务平台、政府借用或者新建服务场地、设施等方式解决服务平台问题；在服务内容上重点关注学龄期留守幼童、独居留守儿童等几类群体，对留守儿童放学后、节假日的安全、生活、学习、娱乐等方面组织多种多样的服务活动；通过与就近开设社工专业的高校合作、请高校的社工教师担任农村社会工作服务过程中的督导和培训师，购买社会工作的行业组织社会工作机构服务等方式解决农村社会工作者的督导和培训问题。

最后，课题组通过自身开展的西部留守儿童农村社会工作服务项目的实施，在实践层面上介绍了以上构思出来的服务体系如何具体实施。并且，通过"个案工作介入留守儿童亲情缺失引发的危机"和"提升留守儿童家庭教育能力的亲子小组"两个具体服务活动的介绍，说明了在我们构建的服务体系下，运用社会工作方法，在西部农村开展留守儿童服务是能够有所成效的。

当然，现实和理想之间总会有差距。当前，我国农村社会工作的发展不容乐观，西部地区更是如此。在前文的梳理中我们发现，留守儿童可以获得的实际服务是非常有限的。课题组在此构建的"西部留守儿童农村社会工作服务体系"只是一种理想状态，与现实有很大差距，也可以说是这个领域今后发展的可能方向。在此，课题组也希望，具备现实条件的地区，可以利用本课题构建的服务体系，开展一些留守儿童农村社会工作服务的尝试工作，以此推进儿童福利的提升和西部地区的协调发展。

第九章 | 西部留守儿童城市社区社会工作服务体系

　　城市也有留守儿童？这是一个有趣的问题。本课题在前文中将这个群体称为"被遗忘的角落"，源于课题组在调查设计阶段就已经接触过很多，而从学界、政府到媒体，提到"留守儿童"的时候已经在内心加上了"农村"的限定词。在城市，尤其是我国西部的城乡结合部、农转非社区、县乡一级的小城市，都有大量的留守儿童，他们的父母（或其中一方）在外地上班（也可以说是打工），自己也就成为了城市留守儿童。根据课题组走访调查，城市留守儿童与农村留守儿童有一定区别：父母双方一起外出打工的比例更小，日常沟通频率更高，每年相聚的频率和时间更多。但是，相比于农村留守儿童，生活在城市里的留守儿童生活环境更为复杂，交通、诱拐等安全隐患更明显，网吧、游戏室、不良传媒等诱惑也更多。我国城市社区经历了很长时期的发展，其能够提供的服务比农村社区更多，但在实际上，我们往往也忽视了对城市留守儿童的服务。当前，城市社区社会工作已在各地实践实施，本章试图结合社区工作的发展历程及其反思，以西部城市留守儿童为服务标靶，探讨在西部城市地区构建留守儿童社区社会工作的服务体系。

一、社区工作的发展历程及启示

（一）社区工作的界定

社区工作与个案工作、小组工作并称为社会工作直接服务的三大基本方法，只不过社区工作作为一个单独方法体系形成的时间较晚。早期社区工作学者罗斯曼（Rothman）认为，社区工作通过对两个目标的追寻，以达到服务居民和社区的效果，其一是任务目标（Task goals），也就是对于社区具体问题的解决；其二是过程目标（Process goals），也就是在解决问题的过程中促进居民能力提升、建立个体和群体性的合作关系、发掘并培育社区领袖，从而增强居民自身解决问题的能力。[①] 美国学者罗斯（M. G. Ross）指出，社区工作是一套方法体系，一个社区用这个方法体系确定它的需要和目标，排列出先后缓急的次序，鼓励其从事改造的信心与工作意志，寻求内外资源而采取的行动过程，并在工作过程中，扩大和发展社区居民互助合作的态度与实践。[②] 泰勒（M. Taylor）和普瑞斯雷（F. Presley）指出，社区工作是一种增加服务对象知识以提升其应对困难的能力、方法、自信心和自我组织能力，其更深层次的目标是，在社区工作者离开以后居民仍能继续应用自己的能力以解

---

① 林胜义：《社区工作》，（台北）五南图书出版公司2003年版，第79—80页。
② M. G. Ross. *Community Organization: Ttheory, Principles and Practice*. New York: Harperand Row. 1967:47.

决问题。① 西方学者对社区工作的界定，比较强调其如下属性：一套介入方法，有计划的行动，一个解决问题和培养能力的过程，促进社区发展等等。②

我国学者王思斌和唐钧教授指出："作为专业社会工作的一种基本方法，社区工作以社区和社区居民为案主，通过发动和组织社区居民参与集体行动，确定社区的问题与需求，动员社区资源，争取外力协助，有计划、有步骤地解决或预防社会问题，调整或改善社会关系，减少社会冲突，培养自助、互助及自决的精神，加强社区的凝聚力，培养社区居民的民主参与意识和能力，发掘并培养社区的领导人才，以提高社区的社会福利水平，促进社区的进步。"③这个界定明确社区工作的对象、路径、具体方法、目标等几个方面，能够比较好地涵盖社区工作的各个要素。本课题将该表述作为社区工作的标准概念，同时需要说明的是，本课题所指的社区工作服务方法体系，是采用当前国际上通用的整合服务模式，即以社区为平台，综合使用社会工作的各种方法体系，促进社区问题的解决。换句话说，本课题所指的社区工作服务方法，不仅仅包括传统社区工作所说的"地区发展模式""社会行动模式""社会策划模式""社区照顾"，而是综合了社会工作中个案工作模式、小组工作模式，以社区和社区居民为服务对象，开展的整合性服务。

（二）西方社区工作的发展历程

社区工作是近代西方工业社会发展的产物，其最初的目的在于解决工业化、城市化进程中出现的贫困、失业、犯罪等社会问题，

---

① M. Taylor, F. Presley. *Community Work in the UK 1982—1986*. London：Library Association Publishing in Association with Calouste Gulbenkian Foundation. 1987：2.

② 徐永祥：《社区工作》，高等教育出版社 2004 年版，第 20 页。

③ 王思斌、唐钧：《社会工作专题讲座》，载《社会工作》2008 年第 11 期。

以提升社区生活质量。自 15 世纪开始，英国新兴资产阶级和新贵族通过实施了长期的"圈地运动"，大量农民涌入城市，成为无业游民、"穷人"。为应对这一状况，英国于 1601 年开始颁布实施《济贫法》。当时主流观念认为，贫困的主要原因并非社会结构造成，而是因为个人的懒惰，所以，穷人是受到谴责的、"不光彩的"①。为了甄选哪些穷人应该得到帮助，产生了"友善访问员"（Friendly Visitor）②，这既是个案工作的最早形式，也为社区工作的萌芽提供了基础。

德国也是工业革命开始较早的国家，为应对日益严重的贫困、乞讨等问题，1788 年汉堡市实施了一项救济制度，史称"汉堡制"。其措施包括：将全市划分为 60 个区，每区设一名监察员、若干赈济员，救济原则为助人自助，职责主要有为失业者介绍工作、将贫困儿童送往职业学校学习技术、将无钱治病的患者送往医院诊治、禁止沿街乞讨、取缔无业游民。市政府设立一个中央办事机构，联络各区、各救助机构协调工作。后来，因城市人口增加太快，汉堡制逐渐难以维持。1852 年，德国爱尔伯福市仿效并改进汉堡制，在本地实施救济制度，被称为"爱尔伯福制"。该制度将全市人口分为 564 个段，每段约 300 人，其中每段被认定为贫民的不得超过 4 人，每段设一位赈济员（由社区热心人士提供志愿服务），每 14 个段为一个赈济区，设一名监察员，赈济区上面设置全市济贫工作委员会。相比较而言，爱尔伯福制的设计更为精密，分工合作更为协调，上下三级工作组体系更为顺畅；既有政府官

---

① Bremner. R. H. *Giving*: *Charity and Philanthropy in History*. New Brunswick: Transaction Publishers,1994:23.

② Skidmore R. A., Thackeray M. G., Farley. O. W. *Introduction to Social Work*. New Jersey: Prentice Hall International, 1991:43.

员，也有社区志愿者参与，较好地整合了社区各方的力量。正因为如此，汉堡制和爱尔伯福制，被认为是社区工作的源头之一。

19世纪后期，由于工业化的加速，城市贫民、失业者人数大增，各种不同目标的慈善组织纷纷涌现，各自为政地开展济贫活动。针对这种现象，英国牧帅索里（Reverend Henry Solly）建议成立一个协调政府和民间组织济贫活动的理事会。1869年在伦敦成立了第一个"慈善组织会社"，协调并总揽伦敦各区济贫、制止乞讨工作。后来，美国、苏格兰等地纷纷效仿。慈善组织会社促进各个救助机构、慈善组织协调努力解决社区问题的做法，为社区工作奠定了基础。

单纯的济贫工作对于促进穷人的发展和社会进步显得还不够，1884年，英国牧师巴涅特（Samuel A. Barnett）在其教区设立了一个"社区睦邻服务中心"命名为"汤因比馆"（Toynbee Hall）①，这种事实上的社区综合服务中心，设立在贫民区，工作人员和贫民一起生活，他们没有预设的工作计划，一切服务视居民的需要而定。同时，发动并培养当地人的自我服务能力，发掘居民互助合作精神。之后，睦邻组织运动在英国和美国迅速推广，各地纷纷成立类似的社区睦邻服务中心，这不仅成为英美国家社会改良运动的一种新潮流，而且也推动了世界上许多其他国家的社区改造②，更是为后来的城市社区综合服务奠定了直接基础。

自20世纪30年代经济危机、罗斯福新政以后，社会保障、社会福利框架进一步完善，改变了过去由慈善机构和社区组织提供济

---

① Hepworth D. H., Rooney. R. H., Rooney. G. D., et al. *Direct Social Work Practice: Theory and Skills*. Canada: Thomson Brooks, 2006:87.

② Breul F. R., Diner S. J. *Compassion and Responsibility: Readings in the History of Social Welfare Policy in the United States*. Chicago: The University of Chicago Press, 1980:132.

贫、社区服务的格局，转由提供国民收入再分配和转移支付，实施养老金制度、失业保险制度；与此同时，政府采用社区组织的方式实施社区服务，促进了社区组织的建设和发展，也推动了专业社区工作的形成①。

专业社区工作方法的形成是社会工作三大方法中最晚的。虽然在 1939 年召开的美国社会工作会议上，社区工作的早期名称"社区组织"被参会者提出讨论，1944 年美国高校列出的社会工作专业教学计划中，也有"社区组织"的课程，另在 1946 年召开的美国社会工作会议上，成立了一个"社区组织研究协会"；但是，直到 1950 年召开的美国社会工作会议上，社区组织（即后来的"社区工作"）才正式被列为社会工作的专业方法之一。② 至此，加上之前形成的个案工作、小组工作，社会工作三大专业方法先后形成，社会工作也逐渐成为一个比较完善的专业。

之后，随着社会复杂程度进一步提高，社区及案主问题牵涉面更广，使得单纯的一种社会工作方法难以解决问题。于是，自 19 世纪 60 年代开始，西方国家在开展社会工作实务时，往往是将多种服务框架整合在一起。特别是面对复杂的社区问题，社会工作者往往是以社区需求为中心，灵活、全面地将个案的方法、小组的方法综合到一起使用，从而开启了社会工作的方法整合时代。例如，美国 1966 年致力于发掘穷人潜力、实施社区脱贫的"社区发展合作组织"（Community Development Corporation，简称 CDC），英国动员社区资源对有需要的人开展的"社区照顾"活动，德国致力于

---

① 徐永祥：《社区工作》，高等教育出版社 2004 年版，第 32 页。
② 刘继同：《英美社会工作"实务模式"的历史演变轨迹与结构性特征》，载《广东工业大学学报：社会科学版》2012 年第 12 期。

社区居民食住行等日常生活和丰富业余文化生活的"邻里之家"，都是综合运用多种方法，回应社区需求的典范。

（三）中国社区工作的发展历程

自晏阳初、梁漱溟在我国乡村社区开展平民教育、乡村建设运动以来，我国对社区发展、社区服务的探索已近百年。但是从目前来看，社区工作在中国仍然是一个新事物。当然，从现实来看，我国也开展了多种多样的社区服务。

1954 年通过的《城市居民委员会组织条例》指出，"在市辖区、不设区的市的人民委员会或者它的派出机关指导下，可以按照居住地区成立居民委员会"，明确居委会的性质为"群众自治性的居民组织"，其职责包括办理居民公共福利、向政府反馈居民意见、动员居民响应政府号召并遵守法律、领导群众性治安保卫工作、调解居民间的纠纷共五条。该条例同时指出，"机关、学校和较大的企业等单位，一般地不参加居民委员会"，"企业职工集中居住的职工住宅区和较大的集体宿舍，应当设立居民委员会"；由此可见，在"单位制"背景下，早期成立的城市社区居委会对社区居民的服务范围、服务能力都是非常有效的，城市社区的管理体制是"两级政府、一级管理"，即市区两级政府，由区级政府实施管理（当时的区政府派出机构很少），其特点是完全由政府主导城市发展和居民生活，而居民服务的主要落脚点在于单位而不是社区。

在"单位制"向"社会制"转轨的过程中，许多单位难以继续为其职工提供教育、保育、医疗等各方面的服务，需要有承接的平台。于是，1986 年，为了配合城市经济体制改革所带来的这些问题，民政部在全国范围内倡导加强社区服务，大力提供包括民政工作对象在内的社区居民的福利服务和便民利民服务。1989 年通过并于次年实施的《中华人民共和国居民委员会组织法》对居委会的性质做了更为完善的界定，指出"居民委员会是居民自我管理、自我教育、自我服务的基层群众性自治组织"。同时特别强调居委会的社会服务性质，提出"居民委员会应当开展便民利民的社区服务活动，可以兴办有关的服务事业"。这一时期，城市区级政府的派出机构——街道办事处——已经形成基础，社区管理体系由原来的"两级政府、一级管理"变为两级政府、三级管理"，即市、区政府，市、区政府和街道办事处进行管理①，以上海20世纪90年代中期在社区管理体系的探索为代表。作为自治组织，居委会的管理方以街道办事处为主，同时对区级政府各部门的要求也要给予响应，自此，居委会既要听从区政府各部门的"调遣"，也要服从街道办的管理，行政职能和日常事务大大增加，为社区居民开展服务的精力也就更少。

可以这么说，我国城市社区发展的主要目的是为了回应国家经济社会转型期所产生的各种矛盾，如城市流动人口增多、工人下岗、失业、贫困、老龄化等等，这些问题在"单位制"没落、经济发展转型的背景下，依靠政府或单位都难以解决。因此，探索社区服务、社区发展的新途径，成为当前我国社会转型时期社会建设的重要内容。但是，城市社区现有的管理体制使得社区居民委员会成为了政府的"帮手"，而不是居民的"服务员"，从人员队伍建设到服务平台设施，也都与社区居民的服务需求有着很大的差距。在这个背景下，自2005年以来，我国有些城市开始试点"两委一站"的新型社区工作机制，即在以往社区"两委"之外增设"社

---

① 姜旭之：《社区治理机制的发展趋势和制度分析》，载《广州大学学报（社会科学版）》2010年第10期。

区服务站（中心）"，专门负责面向社区居民开展各种服务。据民政部统计，截至 2014 年底，全国共有各类社区服务机构 31.1 万个，社区服务机构覆盖率 45.5%；其中：社区服务指导中心 918 个，社区服务中心 23088 个，社区服务站 120188 个，社区养老服务机构和设施 18927 个，互助型的养老设施 40357 个，其他社区服务机构 10.7 万个。① 这种由社区自我开设的服务，是当前我国多数城市地区实施社区工作的主要方式，其主要服务内容包括社会保障服务、社区卫生计生服务、社区康复服务、社区教育服务、居民劳动就业服务、老年人日托（居家养老）服务、儿童青少年课后学业辅导服务、社区文体服务等等。

除了社区为居民开展的自我服务以外，当前城市社区工作更为典型的是政府购买社会组织面向社区开展服务，这方面的典型，是从广州开始试点、辐射到广东省的"家庭综合服务中心"。2010 年，广州市提出依托街道建设家庭综合服务中心、购买"综合服务"的社区发展策略。截止到 2014 年，全市已有 169 个家庭综合服务中心，覆盖了所有街道。② 家庭综合服务中心的组建模式分为两种：一是由街道办事处直接设立，由以街道为背景创立的服务实体（也是社会组织）来承接中心的各项服务；二是由街道提供家庭综合服务中心的场所、设施，通过公开招投标引入民办社工机构来承接并开展社区居民服务。两种模式有很多共同之处：由专业组

---

① 民政部：《2014 年社会服务发展统计公报》，来源于民政部门户网站，2015 年 6 月 10 日，http://www.mca.gov.cn/article/sj/tjgb/201506/201506008324399.shtml。

② 数据来自于广州市社区服务网（http://www.96909.gd.cn/sqfww/sgjtlist.asp），其中越秀区 22 个，海珠区 22 个，荔湾区 22 个，天河区 21 个，白云区 18 个，黄埔区 30 个，花都区 2 个，番禺区 17 个，南沙区 9 个，从化区 3 个，增城区 3 个，合计 169 个。

织而不是行政单位或社区提供专业服务，政府提供场地并支付经费，以合同约定的方式对服务内容、数量、质量、期限等进行规范，以第三方评估的方式对服务质量进行考核。家庭综合服务中心依托街道、面向社区，主要采取两种方式开展服务：一是在自身场所提供相对固定的社区服务，如儿童服务、青少年服务、长者服务、残疾人服务等；二是深入辖区内的单位及社区开展拓展性服务，如进入社区开展各种咨询、上门家访服务等。根据广州市统一要求，家庭综合服务中心应采取"3 + N"的模式来设置服务项目。其中，"3"为必须提供的项目，包括长者服务、婚姻家庭服务和青少年服务三项，"N"是特色、自选项目，即中心可以根据居民需求和社区特点，增加两项及以上的特色服务项目，如社区党建服务、志愿者队伍建设服务、外来工服务、法律服务、妇女服务、就业服务等。还可以根据社工机构自身的优势，结合社区的特点开展一些个性化服务，例如社区教育、驻企服务、资讯服务等。① 在广州市的探索下，家庭综合服务中心的服务成效和影响力迅速扩大，根据《广东省民政厅关于建设家庭综合服务中心的通知》，到2015年底，全省每个街道至少建成一个家庭综合服务中心。

不论是政府出资、由社区自身运行、在社区建立的"社区服务中心"，还是由政府购买、由专业社会组织运行的"家庭综合服务中心"，都是我国城市社区服务、社区工作的一个跨越式发展，使得城市社区居民真正得到了公共服务和公共福利，这对于我国基本公共服务均等化无疑有着实质性促进作用。

(四) 社区工作发展的启示

从对西方国家和我国社区服务、社区工作的发展历程和现状梳

---

① 姚迈新：《政社关系视角下社会组织提供公共服务问题研究——以广州市政府购买社区家庭综合服务为例》，载《岭南学刊》2013 年第 3 期。

理来看，作为一个场域性的服务对象，社区既是面临问题的一方，也是蕴含发展资源、促进问题得以解决的一方。社区工作通过对社区问题的梳理，整合各种资源、动员社区居民参与，共同促进问题的解决，在此过程中，社区居民和社区自组织都得以发展。根据以上梳理，我们也可以得出如下启示，以便于我们构建西部留守儿童城市社区社会工作的理想体系。

启示一：政府是社区服务、社区工作的主要资源提供者，慈善组织也要发挥重要作用。不论是英国的《济贫法》，还是德国的"汉堡制"、"爱尔伯福制"，虽然整合了多方面资源用于济贫、助困，但是对于贫民的经济资助、职业培训，资金的主要来源还是政府。不论是我国在城市社区广泛建立的社区服务中心，还是广东省试点实施的家庭综合服务中心，其场地、运行经费，也主要由政府提供。当然，开展社区服务、社区工作，其资源的提供应该是多方面的。英美的慈善组织会社、社区睦邻中心，教会、基金会、民众也提供了多种资源。当前，西方国家的社会福利、社会保障比较健全，已经为国民提供了基础的生活平台，其社区服务的资金来源出现了多元化趋势，我国香港也是如此。以香港社会福利署为代表的政府机构，以香港东华三院、公益金和赛马会为代表的慈善组织，通过政府拨款、基金会筹款、公众募集等方式，为社区服务提供了大量资源。我国当前处于社会转型时期，人均 GDP 已达 5000 美元，在国家经济发展了之后，一系列问题也都随之产生，贫富分化、阶层固化、文化多元、价值理念丧失，迫切需要加大财政投入开展以社区服务、社区工作为基础的基本公共服务，以降低、化解社会矛盾。另一方面，我国当前的慈善文化不发达，基金会和慈善组织发展都处于较低水平。所以，就目前的情况来看，我国开展社区服务，政府应该加大资金等各方面的资源投入，同时在全社会倡导关爱他人、奉献他人的慈善文化，形成政府、社会组织、经济组织、个人共同致力于社会参与、社会服务的良好治理局面。

启示二：大力培养社工人才、发展社会组织，为社区服务、社区工作提供基础。无论是在英美国家，还是我国的港台地区，都是社会组织在社区服务、社区工作中承担主体作用。这一点在广州推行实施的家庭综合服务中心体现非常突出。覆盖全广州近170个街道的家庭综合服务中心，大多数都由专业社工机构来承接服务。这需要有两个方面作为基础：一是有一支规模较大的社会工作人才队伍，二是要有数量较多的专业社工机构。在当前我国社会治理创新过程中，引进社工机构、社工人才投入到社区服务之中，可以形成"三社联动"的局面，这在我国很多地区的实践中被证明是有效的。所以，我国当前应该大力发展社会工作专业教育，开展社会工作人才培训、资格认证工作，同时鼓励民间力量开办社工机构，以此才能为社区服务、社区工作的大发展提供基础。

启示三：政府与社会组织应该形成合作的伙伴关系，而不是"伙计关系"。在西方国家和发达地区，政府实施了很多服务项目，为民众提供了大量的专业化、高质量且内容丰富的社区服务，而这些服务项目主要由各个层次的社会组织来承担和实施，换句话说，政府往往不参与到社区服务的具体操作层面，而主要扮演制定政策、财政支持以及提供监管的角色。通常来说，政府与社会组织合作的主要渠道是购买服务，即政府部门根据居民需求确定服务项目，以招投标等方式发包给有资质的社会组织来具体实施，政府为其提供财政等方面的支持，也就是常见的"政府出钱，社会组织办事"的模式。政府和社会组织之间"你需要我，我需要你"，应该是平等的合作伙伴关系，这样才能共同致力于为社区居民提供优质的社区服务。① 但是在当前，课题组在调查中感受到，政府的行政力量过大，基金会等民间慈善组织不发达，社会组织的自我筹资能力弱，使得很多社会组织对政府形成了依附关系。而政府部门往往也希望将自身难以处理的诸如信访问题、拆迁纠纷问题、社区矫正问题等比较复杂的问题丢给社会组织来处理，将社会组织当成了"伙计"。高质量的社区服务来自于自身独立、专业化的社会组织，而要保持独立和专业化，当前政府应该主动调整对社会组织的看法和预期，实现真正的合作伙伴关系。

　　启示四：社区服务、社区工作应该致力于回应社区居民最迫切的需求，以居民为本、需求为本。不论是西方早期社区服务实践中针对贫困、流浪、乞讨的服务，还是我国开展的居家养老服务、儿童课后教育服务、邻里关系重建服务，都是回应社区居民的迫切需求。所以，从社区服务的调研、项目的策划、服务内容的确定、具体服务的执行，都要从居民的现实需求和服务对象特点、社区自身的特点出发，做到按需服务、因人服务。要开展以居民为本、需求为本的社区服务、社区工作，既要求政府部门在制定社区服务政策、选择社区服务项目时，要以对社区居民的充分调查为基础，从而制定符合民众实际的政策，选择有针对性、百姓需要和欢迎的服务项目；对执行项目的社会组织不要过多干涉，特别是对其依据居民需求而开展的服务内容，要给予支持；同时，具体从事社区服务的工作人员要有以人为本的价值理念，尊重居民的需求，采取恰当的工作方法，为社区居民提供贴心、专业的服务。如此，才能发挥社区服务、社区工作的最大效用，避免公共资源浪费，也才能真正

---

　　① 何华兵、万玲：《政府购买社工服务的问题与长效机制构建——基于广州市的调查和访谈》，载《岭南学刊》2014 年第 3 期。

实现社区工作的核心价值追求。①

启示五：社区服务、社区工作应该注重协作，服务提供者要与社区居民、其他在本地区开展服务的组织、相关政府部门形成合力，才能达到良好的服务效果。早期社区工作实践中，"友好访问员"或赈济员的服务提供者，很多都是当地富有同情心、有钱、有闲的中产阶级妇女及相关人士②，他们在甄别有必要提供服务的贫困人员、实施济贫服务方面承担了很多职责；英美的慈善组织会社成立的背景就是社区的慈善组织来源多元、缺乏协调，需要组织起来统一行动；社区睦邻中心的组织者更是与居民一起生活，共同制定并实施服务，既解决问题，又能促进居民的自我帮助、自我成长，实现赋权增能；我国广州等地开展的家庭综合服务中心也非常关注对社区内外资源的整合、对社区居民的动员、社区自组织的建设，以此才能取得较好的服务成效。由此可见，开展社区服务、社区工作，服务的提供者应该积极与社区居民、其他在本地区开展服务的组织、相关政府部门建立协作关系，从而形成服务的合力。

在当前全面建设小康社会的时代背景下，面对社会转型和现代化进程，中国社区工作获得了历史性机遇，在现实的发展过程中也呈现出了蓬勃发展的趋势。西方国家和我国社区工作的发展历程和启示告诉我们，只有形成系统化的社区工作服务体系，才能在当前社会治理创新中，有效化解社区矛盾、实现社区和谐。当然，成

---

① 周利敏、戴嘉誉：《家庭综合服务中心服务满意度影响因素之定量研究——以广州 T 街为例》，载《广东工业大学学报：社会科学版》2013 年第 4 期。何华兵、万玲：《政府购买社工服务的问题与长效机制构建——基于广州市的调查和访谈》，载《岭南学刊》2014 年第 3 期。

② 刘继同：《英美社会工作"实务模式"的历史演变轨迹与结构性特征》，载《广东工业大学学报：社会科学版》2012 年第 12 期。

熟、完善的城市社区工作需要有一个发展的过程，在政府资金分配、专业人员的培养、社工机构的建立、督导体系的完善等方面，我国目前都还存在很多欠缺。接下来，课题组将结合本课题的调查以及社区服务项目的实施，以西部城市留守儿童为服务标靶，探讨并尝试构建西部城市留守儿童社区社会工作服务体系，为我国城市社区工作服务的完善做出一定贡献。

二、西部留守儿童城市社区社会工作服务体系构架

在这里，课题组特别需要说明的是，本章是以西部地区、城市留守儿童为标靶，探索我国城市社区社会工作服务体系。但是这并不意味着我们构思的"理想型"服务体系只适合于西部城市地区、只适合于留守儿童。事实上，城市留守儿童只是社区工作的服务对象之一，很多地区开展社区工作时，甚至都没有为这个独特的群体提供服务，或者是纳入到普通的儿童青少年一起来提供服务。除了城市留守儿童以外，社区工作的服务对象还包括了老年人、妇女、其他儿童、自组织等等，这些群体是当前城市社区工作的主要服务对象。课题组希望，以当前社会忽视的城市留守儿童为对象，结合国内外社区发展的历程和启示，构建社区工作的服务体系，为包括城市留守儿童在内的各种群体提供机制健全、内容完善、结构合理的服务，促进人的全面发展及和谐社区的建设。

（一）西部留守儿童城市社区社会工作的组织管理

从前文的梳理来看，西方国家在社区服务、社区工作的组织管理体系方面呈现如下特征：地方政府提供政策指向与财政资金，慈善组织提供经济支持，社会组织和社区居民开展社区服务、社区工作和自我管理。政府对社区服务的直接管理基本是不存在的，起主

导作用的是社会组织及居民自身。事实上，我国香港地区的管理体系也与之类似。我国当前社区服务、社区工作的管理体系呈现两条线的局面：一是由市、区政府及街道办事处对社区服务中心实施的垂直管理，使得社区服务中心带有一定色彩的行政背景，属于"政府提供的服务"；二是由民政、街道共同实施的向社会组织购买社区服务，政府提供政策、资金、项目导向，以公开招投标等方式确定服务承接机构，以第三方评估的方式对服务质量进行监控。由于社会组织的资源动员能力有限，在第二种管理体系中，政府部门仍然起到了主导作用。由此可见，我国当前社区服务、社区管理的主要组织管理方为政府，社会力量的作用有限。从发达国家和地区的发展经验来看，随着公民社会的成长，社会力量的自组织会不断发展，参与社会运行的程度会更深。所以，我们倡导在开展社区服务、社区工作时，各方从组织管理层面应该进一步厘清角色：政府部门负责政策、资金、项目导向，服务的执行及管理由社会组织（主要是社工机构）和社区居民自行承担，项目的招投标、质量评估等交由第三方社会组织来执行。由此构建的社区工作组织管理体系，才能真正发挥各方特长、整合资源，也才能真正为包括城市留守儿童在内的各种群体提供服务。

（二）西部留守儿童城市社区社会工作的经费来源

当前，我国开展社区社会工作的经费来源范围不太广泛，其中最主要的是政府资金。由区政府、街道办事处在各社区设置的"社区服务中心（站）"，其人员经费和运行经费，主要来自于政府的拨款、社区运行收入和服务收入，这些经费，基本上都可以认定为政府资金；由政府出资为社区居民购买专业社工机构服务的各种社区服务中心（例如广东的家庭综合服务中心），政府提供了服务场地、硬件设施以及服务经费。由此可见，我国当前城市社区工作的主要资金来源是政府部门。从西方国家和我国香港地区的社区工作历程来看，在社区工作的早期，政府提供了大量的资金用于居民的扶贫济困，但随着经济社会发展，居民慈善理念提升，各种社会力量也积极投入到了社区服务之中。例如，富豪等各类人群、企业设立家族基金会或企业基金会，为社会组织开展公益服务提供资金；社会组织直接面向公众筹资，用于自身开展的社会服务。由此可见，我国政府当前在社区服务中已经承担了很大的资金责任，应该大力培育慈善文化，发动企业家、社会个体踊跃投入到慈善捐款、公益服务之中；同时，培训社会组织的自我筹资能力，降低对政府资金的过大依赖。所以，从社区服务、社区工作的资金来源上看，政府的投入是基础，同时积极发掘社会资源、扩大社会资金的投入。

（三）西部留守儿童城市社区社会工作的人才来源

相对于前文探讨的西部留守儿童学校社会工作、农村社会工作而言，留守儿童城市社区社会工作的人才更为容易获得。社会工作学生毕业后，更愿意留在城市；城市生活更丰富、更便利，且待遇比农村地区更高，对社工人才的吸引力也更大。但是，当前我国社会工作人才的供给出现了一些问题：一是总体供给量不足。前文已经分析指出，我国有近 300 个社工本专科办学点、104 个社工硕士办学点，年社工人才输出约 15000 人，这与国家社工人才发展规划和实际需求量之间还有很大差距；二是人才分流现象突出。吴鹏森等对上海某高校社工毕业生调查显示，从事专业对口的"社会工作者"的比例仅占 16.4%，基本都在大城市[①]；栾文敬等对河北某

---

① 吴鹏森、王慧博：《社会工作专业毕业生的就业状况及问题分析——以上海 S 高校为例》，载《上海政法学院学报》2013 年第 11 期。

高校调查发现，社会工作专业毕业生只有 11.76% 的专业对口率，从事社会工作的毕业生，均在北京、深圳等经济发达地区。[①] 三是从事社会工作的人才流失率高。据深圳市社会工作者协会公布数据显示，2014 年度在岗社工流失率为 22.2%，比 2013 年度上升了 2.4 个百分点，流失现象仍比较严峻，呈逐年上升趋势。[②] 这种现象在其他地区同样存在。基于此，课题组认为，要保障开展城市社区工作的人才来源，需要从以下几个方面着手：一是从工资、福利、住房、落户等方面切实保障社工待遇，吸引社会工作毕业生从事社会工作服务；二是打通社工的职业发展、晋升渠道，降低人才流失率；三是加紧对现有街道、社区等领域的工作人员开展社会工作培训，促进社会工作人才增量提升。当然，开展社区服务、社区工作，还需要积极动员社区居民以志愿服务、自组织等方式参与进来。由此，可以从招聘社工毕业生、现有社区服务人员的培训转岗、居民自我服务等三个渠道，保障社区服务、社区工作的人才需求，以便于为包括城市留守儿童在内的各类人群提供服务。

（四）西部留守儿童城市社区社会工作的平台建设

城市现有社区服务平台的建设已经达到了比较高的水平，基本满足了为社区居民提供基本服务的平台需要。据《社区服务体系建设规划（2011—2015 年）》指出，"十一五"期间，全国共建成街道社区服务中心 3515 个，社区服务站 44237 个，社区综合服务设施覆盖率达 50.81%，劳动就业、社会保险、社会服务、文化娱乐、社会治安等政府公共服务事项逐步向社区覆盖。2014 年，民

---

① 栾文敬、刘长青、付双乐：《社会工作专业本科毕业生的就业去向及原因探析》，载《社会工作》2013 年第 4 期。

② 朱凌：《深圳社工流失率 22.2% 已超人才流失警戒线》，来源：南都网 2015 年 1 月 30 日，见 http://gd.nandu.com/html/201501/30/1049735.html。

政部更是下发了《城市社区服务站建设标准》，指导各地依托城市社区建设服务站，要求服务站要规模适度、配置合理、功能多元、经济实用；与社区卫生、文化、教育、体育健身、老年人日间照料、残疾人康复等基本公共服务设施统筹建设，发挥社区综合服务效益，增强服务功能。但是从课题组在四川、云南、贵州、陕西等地的调查走访来看，多数地区虽然建成了较好的城市社区服务软硬件平台，但是也出现了比较明显的闲置现象：星光老年之家、居家养老服务中心很多时候没老人，社区活动室偶尔只有少数妇女跳舞，阅览室、远程教育室更是少有人进去。由此可见，当前我国已经搭建了比较好的城市社区服务平台，只是欠缺良好的运行。所以，开展包括西部城镇留守儿童在内的各类人群社区服务，可以利用政府购买服务的方式，利用现有社区服务平台，引入专业社工机构运行，从而为社区居民提供良好的服务。

（五）西部留守儿童城市社区社会工作的服务内容

开展西部地区留守儿童城市社区服务，应该结合城市社区特点、留守儿童特点来进行。从城市社区来看，生活环境相对于农村更复杂，城市留守儿童面临的诱惑和生活风险也相对更多，复杂的商业环境和道路交通系统、随处可见且多样化的娱乐休闲场所、更为多元化的思想和价值环境、质量不一的网络和媒体信息，都是城市留守儿童需要面对的。这些异于农村生活的因素提醒我们，在开展社区社会工作服务的时候，要注意评估城市留守儿童的生活环境，尤其是这些环境中潜在或显现出来的风险因素，进而有针对性地开展服务，例如交通安全教育、防骗防拐能力提升服务、合理使用网络服务等等。可以通过发动包括社区居民、社区管理者、同伴等人群组成社会支持体系，协助城市留守儿童提升自我识别问题、解决问题的能力。另一方面，城市社区生活不如农村那么具有

"人情味"，邻里接触也不如农村那么频繁，所以，城市"熟人社会"的紧密程度不如农村，这些都不利于城市留守儿童社会支持体系的构建。从这个角度来说，可以组织开展邻里交流、集体活动、互助行动、同伴教育、社区宣传等方式，帮助包括城市留守儿童在内的社区居民营造一个良好的、相互"熟悉"的社区环境，改进城市留守儿童的社会支持状况。

从城市留守儿童自身来看，在日常生活和学习方面，城市留守儿童与其他儿童并无太大差异，但是相对于农村留守儿童而言，在生活、生产方面就有比较大的区别了。前文在分析中指出：由于城市生活中没有农业劳动（或者说绝大多数没有），城市留守儿童相对于农村留守儿童所承担的体力劳动更少，因此客观上需要的体力支持也要少一些。这一方面是好事情，但是另一方面也意味着向他人（邻里、朋友，也包括在外务工的父母）求助的缘由也要少一些，对于日常生活中通过相互帮助而形成的社会支持体系来说，这又不一定是好事情。此外，很多农村外出务工的父母在农忙的时候会回家务农，但是城市留守儿童显然少了这种见到父母的机会。可见，这种差异虽然从表面上对城市留守儿童有利，但实际上不一定能够促进其社会支持体系的构建。所以，应该协助城市留守儿童与其外出务工的父母加强联系，协助提供课业辅导服务，协助构建良好的邻里关系、同伴关系。

除此以外，结合前文对城市留守儿童需求的分析和社区工作的整合性服务特征来说，当城市留守儿童面临困境时，应该提供干预性服务；对于社区支持体系的构建和儿童自身能力成长而言，应该开展拓展性服务。

（六）西部留守儿童城市社区社工的督导和培训

当前，在我国城市社区工作开展较好的东部地区，社工的督导和培训开展得比较好，这为西部留守儿童城市社区社工的督导和培训提供了借鉴。通常来说，依托西部城市社区开展留守儿童服务，由于面对的生活环境比农村更为复杂、社会结构层次更多、需要动员和整合的资源系统更庞大，所以对社工的要求也更高，更需要督导和培训。

结合国内外城市社区社会工作的经验，课题组认为，西部留守儿童城市社区社工的督导和培训可以通过以下途径予以解决：第一，与东部、中部社工机构建立合作关系，聘请这些地区经验丰富的资深社工承担督导职责，对本地社工提供督导、培训服务。第二，与本地开设社工专业的高校合作，邀请有理论基础、实务经验的老师，为本地社工提供督导和培训服务。第三，由政府部门直接委托或采用招投标的方式，直接购买本地社工机构的服务来运行社区服务中心。这样，社工机构就自己解决社工的培训和督导问题了。第四，引进外地社工机构进入本地，一方面直接购买这些机构的服务，让这些运作规范、经验丰富的机构在本地区开展社区服务；另一方面委托这些机构的督导，为其他本土机构、本土社工提供督导和培训服务。有了以上四个路径的综合体系，应该可以解决西部城市社区社工的督导和培训问题。

综上所述，课题组结合我国西部地区以及留守儿童的实际情况和需求，设想并构建了一个从组织管理到经费来源、人才来源、服务平台、服务内容、督导与培训等六个层面的西部留守儿童城市社区社会工作服务体系（见图9.1）。

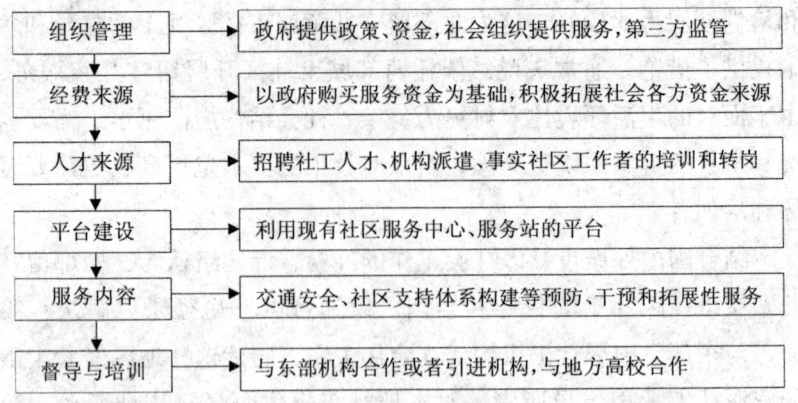

组织管理	→	政府提供政策、资金,社会组织提供服务,第三方监管
经费来源	→	以政府购买服务资金为基础,积极拓展社会各方资金来源
人才来源	→	招聘社工人才、机构派遣、事实社区工作者的培训和转岗
平台建设	→	利用现有社区服务中心、服务站的平台
服务内容	→	交通安全、社区支持体系构建等预防、干预和拓展性服务
督导与培训	→	与东部机构合作或者引进机构,与地方高校合作

图9.1 西部留守儿童城市社区社会工作服务体系构架图

相对于农村社会工作的发展,我国城市社区社会工作已经开展了更为广泛的探索、取得了较高的成效。很多地方的探索,对于在西部城市地区开展留守儿童社区工作服务,有着很好的借鉴意义。以上,在综合国内外社区社会工作发展历程的基础上,课题组通过调查、分析,以西部留守儿童为标靶,构建了一套城市社区社会工作服务体系。当然,在这套体系中,有些方面还不具备现实条件,例如西部地区政府部门的财政收入和社区服务的投入都有欠缺,购买服务的广度和深度也不够,社会工作人才的培养和吸引能力都不如中东部地区,社会组织的自身能力发展、尤其自我筹资能力比先进地区落后很多。但是课题组相信,部分西部地区的先行试点是可行的,部分领域的先行合作也是可以操作的。

当然,课题组在设想、构建西部留守儿童城市社区社会工作服务体系的时候,也开展了一些具体服务工作,这种类型的行动研究对于促进本体系的实现,有一定探索意义,具体行动研究下文即将呈现。

三、西部留守儿童城市社区社会工作的实务与反思

为了将社区工作理论、方法与留守儿童服务进行结合，并探讨适合留守儿童需求的社区工作服务方法，课题组于 2013 年至 2014 年，依托自身创办的本土社工机构平台，成功申报了由省民政厅购买的"三留守人员社区工作服务项目"，对四川省 YB 县 MJ 社区的留守老人、留守妇女和留守儿童开展了为期一年的服务。本项目的实施地 MJ 社区，位于 YB 县城郊结合部，幅员 5 平方公里，辖18 个居民小组，总户数 10740 户，总人口 30072 人。辖区内有机关事业单位 5 个，非公企业 28 家。社区党委下设 2 个党总支、18个党支部、共 713 名党员。社区党组织、行政组织健全，共有 9 位工作人员。由于地处城郊结合部，农转非人员、外来务工居民较多，社区人口庞大，工作人员日常事务非常多，基本无力主动开展面向居民的社会服务，对留守儿童的服务更少。本项目依托该社区，应用社会工作的方法，开展三留守人员服务。以下结合本章构建的西部城市留守儿童社区社会工作服务体系，就项目执行过程中属于留守儿童服务的内容进行介绍。

（一）西部留守儿童城市社区社会工作管理体系的理顺

自 2013 年起，四川省民政厅为贯彻《民政部财政部关于政府购买社会工作服务的指导意见》精神，推动社会工作实务开展，扩大社会工作影响，以福彩资金补助的形式在全省部分地区实施"政府购买社会工作服务试点"和"社会工作服务进社区计划"。本项目即属于"社会工作进社区计划"中的一个。项目由省民政厅提供政策和资金支持，区县级民政局和社工机构，依托社区进行合作申报。在 YB 县民政局的主动邀请下，课题组自办的社工机构

与其合作，依托 MJ 社区，申报了"MJ 社区三留守人员社区工作服务项目"，最后获得立项。

立项后，本社工机构立即着手组建了三方共同参与的项目工作组，由社工机构派出的项目负责人担任组长，统筹项目管理；由县民政局的社会组织党工委专职副书记和 MJ 社区党委书记担任副组长，分别从民政系统和社区自身为项目的实施提供协助。各方分工如下：组长负责统筹项目的全程实施，负责对三位专职社工的任务安排、工作督导、过程监控、对外联络等各项工作；每个月完成工作简报，呈报省民政厅、市和县民政局；每个季度召集一次工作组会议，通报进展并提请各方协助。来自民政局的副组长负责项目的监督实施，特别是监控项目进度、服务内容与计划书内容的一致情况、服务指标的完成情况；协助项目组拓展本地资源，争取其他各方面帮助；协助联络媒体，对项目进行宣传。来自社区的副组长负责为项目的实施提供基本保障，包括办公场地、活动场地、人员发动、与各居民小组的协调、与各小区物业公司和业委会的协调、与社区自组织的协调等工作。以上职责及工作分工经各方讨论无异议后，以县民政局发布文件的方式确认。经过项目的运行证明，这个服务的管理体系总体上是有效的，既能够保证项目服务的质量，又有利于发挥政府部门的管理监控职能，还能够很好地动员和利用社区资源。只不过，承担过程管理的是来自民政部门的领导，而其对社区工作的专业理念和方法了解不够，所以对服务质量的监控便显得有些力不从心。可见，在服务管理体系中，还应该引入第三方的督导和评估力量。①

----

① 事实上，从 2014 年开始，四川省民政厅预留经费，专门向具备社会工作服务项目评估和质量监控能力的社会组织购买服务，首次尝试了第三方评估。

前文中，课题组探讨了我国当前城市社区社会工作的组织管理方式及其存在的问题，经过本项目的尝试，课题组认为，政府提供政策和服务方向性指导，社工机构提供服务方案和服务执行，第三方组织提供评估和质量监控，可以构建一个比较完善的留守儿童城市社区社会工作管理体系。

（二）西部留守儿童城市社区社会工作的经费来源

本项目的经费主要来自于四川省民政厅的福彩公益金，共计18万元，用于一年的服务，属于前文探讨的"政府购买服务经费"。项目经费主要用于三个方面：一是用于3名专职社工、1名督导和5名实习生的人员开支，二是用于项目服务过程中的活动物资，三是用于项目纳税及管理成本。

在资金比较紧张的情况下，项目领导小组曾讨论过是否可以通过其他方面争取到一些支持，例如向相关政府部门、企业或公众募集一些配套资助，向服务对象适当收取一定费用。经过讨论后，副组长反映，民政局没有这方面的预算，不能提供配套；社区自己的资金本来就很紧张，也无法给予配套；向本地区的经济组织和公众募集经费也没有取得成功。后来，项目组得知县妇联也在开展留守儿童服务，有一定资金。来自民政局的副组长与县妇联联系，争取将 MJ 社区也纳入妇联开展的留守儿童服务项目的一个实施点，由此，项目组获得了近一万元的物资资助。关于向服务对象适当收费，有些人提出，本项目为留守儿童开设了"四点半课堂"，很大地降低了家庭负担，如果孩子们去上辅导班，一个月都可能要300元以上，我们可以象征性地每人每月收取200元，以补贴项目运行。这个提议没有被组长采纳。虽然以适当收费的方式开展部分社区服务是国内外很多地方都采取的方法，但是本项目的主要资金来自于福彩公益金，本身应该是公益服务，给社区居民的印象是

"免费的";另外,城市留守儿童的家庭经济状况通常是一般水平,项目组邀请孩子们来四点半课堂学习,而又要向他们收费,无端增加其家庭负担,显然不妥。

所以,本项目除了获得政府购买服务的经费以外,还从其他部门获得了一些资助,而且是通过行政系统内部人士争取到的。事实上,这种情况也印证了前文指出的,我国当前慈善文化不浓厚,需要进行积极的宣传和引导,营造一个人人慈善、人人奉献的社会文化氛围,从而可以为社会组织开展公益服务提供更多的资金来源。

(三)西部留守儿童城市社区社会工作的人员安排

本项目提供留守儿童城市社区社会工作服务的人员主要来自社工机构的派遣,属于前文探讨的"机构派遣"类型。为了实施本项目,机构一共派遣了1名督导、3名专职社工,招募了5名实习生,组成了项目实施的主体。

需要说明的有两个方面:一是在派驻社工进入 MJ 社区时,社工对社区的情况不熟悉,在社区走访的时候也不是太方便。所以,领导小组的副组长、社区党委书记指定了1名社区工作人员,用两周的时间陪同社工走访社区、开展留守儿童及其家庭调查。二是在开展项目服务的过程中,项目组发动了很多居民志愿者,参与到自助、互助服务之中。例如,招募退休老师、干部组建了老年人社区教育义工队,为留守儿童提供课业辅导等服务;招募了20名年龄稍大的留守儿童组成关爱老人志愿队,为行动不便的老人提供探访、日常家务协助等服务。

以上由督导、社工、实习生、志愿者组成的服务团队,共同为项目的实施,提供了很大支持,缺少哪一个方面都是不完整的。所以,在依托社区开展留守儿童社会工作服务时,除了确保自身服务人员的专业性以外,还应该着力寻求、挖掘社区资源,培养社区自组织和社区领袖，既能够保障人员供给，还能够挖掘居民潜力，实现自我增能，从而促进项目的可持续发展。

（四）西部留守儿童城市社区社会工作的平台建设

自 2010 年以来，YB 县推动了"社区七化"建设工作，分别是社区阵地建设标准化、社区组织体系网格化、社区制度建设规范化、社区工作者队伍结构优良化、社区服务体系功能化、社区信息建设数字化、社区建设经费保障常态化，社区阵地建设等经费纳入财政预算，建立财政预算自然增长机制，很好地保证了社区基本服务平台的建设。MJ 社区的硬件方面非常好：拥有近 800 平方米的办公、活动场所，社会服务中心、居民活动室、健身室、手工室、图书室、远程教育室、会议室、办公室一应俱全。社区党委书记强调，所有社区活动场所，都提供给项目组无偿使用。正是有了这样的硬件基础，项目组为留守儿童开展的四点半课堂服务、各种小组服务、能力提升服务的具体执行才有了基本保障。

事实上，当前各地区都比较重视城市社区基本服务硬件建设，西部地区也是如此，服务平台问题已经不是留守儿童城市社区社会工作的障碍了。问题的关键是要有专门的人、运用专业方法，来好好使用这些服务平台，否则，造成闲置、浪费的情况也就难以避免。

（五）西部留守儿童城市社区社会工作的服务流程与内容

在当前社会工作服务三大方法出现整合的总体形势下，项目组采用通用过程模式开展留守儿童城市社区社会工作服务，主要流程包括留守儿童调研、需求评估、服务方案设计、服务执行、总结评估等五个步骤。

在这里需要强调的是，项目组结合社区工作的特点，非常强调服务对象的参与，表现在以下几个方面：一是在留守儿童调研的同时对项目进行介绍，吸引儿童参加；二是与留守儿童一起开展需求评估和计划设计，而不是仅仅根据问卷和访谈资料做出判断，充分尊重儿童自己的意见；三是项目执行过程中，积极动员社区内的退休老人、老红军、社区积极分子为留守儿童提供服务，也动员留守儿童为行动不便的老人提供服务，从儿童的角度来看，既获得了他人的帮助，也对他人给予了帮助，在形成社会支持体系的同时，促进了儿童自信心、自我效能感的提升；四是在总结评估阶段，邀请了留守儿童、父母、相关老人、社区干部共同参与，既用评估数据来说话，也让留守儿童自己表达，从而在完成评估的同时，还促进了各方面对项目的了解、对留守儿童的关注。

从服务内容来看，本项目为城市留守儿童提供了以下三个方面的服务，分别为：

一是常规服务，包括以四点半课堂的方式组织留守儿童学业、假期的课外辅导和答疑等服务；倾诉与心理慰藉服务，设置了"聊聊吧"，和留守儿童一起聊天，多人或者单独参加均可，当某些留守儿童有心理上的困惑时，社工为其开展一对一服务；设置"我给父母的悄悄话"信箱，鼓励留守儿童给外出工作的父母写信，项目组资助他们邮寄费用；设置"亲情连线室"，为留守儿童提供免费的网络视频和电话服务，孩子们可以在此和父母视频聊天、打电话；开放式成长小组服务，组建相互支持、鼓励的留守儿童小组，协助提升自我认知、情绪调节、人际交往、同伴识别、安全上网等方面的能力。

二是安全教育服务，包括以情境模拟、视频警示、知识竞赛等方式，开展留守儿童安全教育；以感恩生命、拥抱明天、名人传记等方法，开展留守儿童生命教育；召集与留守儿童生活在一起的父母或其他监护人，以讲座、知识竞赛等方式开展儿童权益保护服务，尽量避免留守儿童被疏忽、家暴等现象；以情景剧等方式开展留守儿童防骗、防拐能力教育，以性教育讲座、预防性侵害视频播放等方式，提升留守女童预防性侵害能力。

三是拓展性服务，包括组织留守儿童建立小剧团，排演了《在路上》《我是小帮手》《亲情连连看》①等小剧目，通过排练、表演，一方面使留守儿童获得自信心和自我效能感，激发潜能，另一方面在社区居民层面，形成良好的关爱留守儿童氛围；利用周末等假期，组织留守儿童收集社区废品、卖报纸，攒到的钱用于给社区贫困老人购买生活用品。

事实上，以城市社区为载体，开展留守儿童社会工作服务，其内容和形式可以多种多样，一方面要结合社区特点、留守儿童需求来进行；另一方面要积极发动留守儿童、社区居民参与，形成"自我帮助、你我互助、我来助人"的良好局面，既能够为留守儿童提供实际帮助，更重要的是能够促进儿童的赋权增能、促进社区微观支持体系的形成，更进一步促进关爱留守儿童的社区氛围的形成。

（六）西部留守儿童城市社区社会工作的实务列举

在项目执行过程中，项目组依托 MJ 社区，围绕留守儿童，面向需求、整合资源、发动参与、开展能力建设，实施了多种形式的专业社会工作服务。在这里，课题组列举出其中的一部分，用以证实在西部城市地区开展留守儿童社区社会工作服务的效力。

1. 城市留守儿童邻里支持体系的建构服务

在调查和需求评估阶段，留守儿童反映，自己的父亲或母亲外出工作，家里面只剩下父母中的一方和自己生活，多数家庭的爷爷奶奶没有和自己住在一起，所以感觉比较孤单。社区里面除了自己

---

① 有关这些剧目的内容，后文将详细介绍。

的同学以外，其他的小朋友来往不多。隔壁邻居也不太熟悉，关系比较淡漠。项目组以家庭为中心，从社会支持的理论视角分析后认为：在城市留守儿童的生活场域中，随着社会转型背景下社会生活的多元化发展，自己的父母外出务工，农村剩余劳动力又到自己的社区务工，形成了复杂的社会流动局面；城市生活中人际交往的理性化、社会角色集丛化，既增加了留守儿童生活的复杂性，又划清了各自生活的边界，使得留守儿童面临复杂背景又欠缺求助对象。正如成伯清指出，现代人内在精神世界的崩塌以及自然生活共同体的瓦解，导致原子化与物质化个体的出现，导致身份认同的危机，导致本体性安全的缺乏。[1] 这种"生活世界的殖民化"[2] 直接割裂了现代人的社会支持网络，增加了各种微观层面的生活风险。

从家庭的角度来看，留守儿童父母一方或双方外出工作，阶段性地破坏了家庭结构的完整性，降低了支持的强度。而家庭支持网络是留守儿童的核心支持，可以提供诸如经济、接纳、亲情、心理等综合性的支持，也是与其他支持体系的连接点。从社区支持的角度来看，由社区成员、家庭和组织共同构成的社区支持网络，可以为社区成员提供社会接纳、群体融合、社会适应的支持，从而形成良好的归属感。但是，面对城市生活的理性化、社区生活的淡漠化，留守儿童的社区支持也不足。前文在探讨留守儿童社会支持时也指出，具体、微观层面的社会支持，对于留守儿童的帮助是最为直接的。

在以上调查、分析的基础上，项目组认为，应该协助留守儿童

---

① 成伯清：《怨恨与承认———一种社会学的探索》，载《江苏行政学院学报》2009年第 5 期。
② 〔德〕哈贝马斯：《交往行为理论》（第一卷），曹卫东译，上海人民出版社2004 版，第 201 页。

在邻里层面构建微观的社会支持体系，以协助他们应对各种生活困难和风险。据此，项目组开展了如下服务活动：

第一，邻里走访活动。社工以招募"关爱老人小志愿者"的方式，招募留守儿童开展以楼栋为单位的空巢老人、失能老人走访活动。在走访中，一方面让楼栋的居民了解留守儿童、了解活动；另一方面发挥留守儿童关爱老人、帮助老人的热情，更使得社区居民、邻里接纳留守儿童。

第二，留守儿童舞台剧表演活动。社工组织留守儿童排练了三个节目，并在楼栋之间搭台①表演给居民观看。第一个舞台剧是《在路上》。这是一个小型系列情景剧，提醒大家遵守交通规则，例如识别红绿灯、过人行横道、避让车辆、应对交通碰瓷等知识。由于该社区有大量农转非居民，由村民转变为市民后，交通知识跟不上，需要提供服务。本项目组织留守儿童排练这个系列情景剧，在老年人群体中造成了巨大影响，很好地提升了老人的交通知识水平，儿童的自我效能感也得到了明显提升。第二个舞台剧是《我是小帮手》。表现的是留守儿童在家帮助家人做家务、指导比自己小的孩子做作业、帮助社区老人买菜等助人活动。一方面引导儿童帮助他人，形成较好的道德水平，让孩子获得自信心和自我效能感，另一方面也让社区居民、邻里对留守儿童有个正面的积极的认知，更为接纳他们。第三个舞台剧是《亲情连连看》，表现的是留守儿童日常生活中的孤独场景，在此背景下与外出工作的父母打电

---

① 舞台是活动的，可以在各个楼栋之间变换位置，多次的表演可以让更多的人观看，也使得留守儿童成为了社区"明星"。在搭建舞台、准备表演设备、物资的时候，项目组整合了多方资源，社区居委会、当地文化站、社区老年协会等都提供了许多帮助。

话，电话中的台词充满牵挂和思念。这个剧目主要是呼吁居民、邻里关注身边的留守儿童，以期在社区层面形成关爱、帮助留守儿童的良好氛围。

第三，邻里大聚餐活动。在节假日的时候，发动居民开展"邻里大聚餐"活动，以楼栋为单位轮流进行。项目组提供了基本聚餐材料，同时开展了"一家一个菜""厨艺大比拼""料理常识问答""儿童讲故事"等竞赛，很好地提高了居民参与的热情，在融洽邻里关系的同时，引导居民关注留守儿童。

行动反思：在城市社区协助留守儿童构建微观层面的社会支持体系，对于儿童而言，有着重要的现实意义。试想，父亲外出工作了，孩子留守在家与母亲共同生活，如果母亲突发疾病，孩子该向谁求助？俗话说，"远亲不如近邻"，如果没有一个良好的邻里关系，日常生活中的很多风险都难以化解。另一方面，在开展社区社会工作时，整合资源、多方面参与是非常重要的：如果没有社区居委会、文化站、老年协会等提供帮助，项目组筹备的舞台剧展演将因硬件问题难以实施；如果没有留守儿童自己反馈问题，社工对服务活动的设计将欠缺针对性；如果没有留守儿童的参与，社区走访、舞台剧的编排、展演，也将无法实施。由此可见，为留守儿童开展社区服务的工作者，专业性更多的是体现在对资源的整合、对居民的广泛发动、服务活动项目设计的针对性等方面。

2. 城市留守儿童自助、互助、助人体系的构建服务

"四点半课堂"是非常受留守儿童及其家长欢迎的服务形式。之所以提供这项服务，是因为项目调研评估之初，留守儿童及其家

人就反映,下午 4:10 放学,时间比较早,有时候家里没有人;即使家里有人,自己一个人做作业,缺乏指导,所以,很需要一个放学后有人指导做作业的地方。项目组认为,为留守儿童提供免费的课后学业辅导,既可以提高儿童的学习成绩,降低家庭负担,更可以将留守儿童集中在一起,便于开展各种更为深入的服务活动。于是,四点半课堂的服务形式就产生了。

在经过各方沟通后,社区为项目组提供了一间约 80 平方米的社区居民教室,作为四点半课堂的实施场所。教育室内设施比较健全,可移动的桌椅、投影设备均有。项目组配备了一个活动白板,在完成留守儿童招募后,便开始了服务。

一开始,社工开展的服务是单纯的学业辅导,由社工担任辅导老师。服务开展不久,社工便想到,一是这种辅导工作会占用很多时间;二是这个服务形式对于其他居民没有形成影响力。于是,项目组在社区开展课外辅导志愿者的招募活动,主要面对退休在家的老师、干部等老人①。很快,项目组便招募到四名老人,愿意承担留守儿童的课后辅导工作。考虑到老人的身体状况,项目组给老人排班,轮流为留守儿童提供辅导服务。这样,一方面减轻了社工的人员压力,另一方面为留守儿童、老人搭建了一个接触的平台,对双方都有帮助。同时,为了保障项目的持续性,项目组在参与四点半课堂的留守儿童中,建立管理体系,让孩子们选举产生了班长、副班长、学习委员、纪律委员和卫生委员,班长负责四点半课堂的总体组织,副班长协助;学习委员除了搞好自己的学习以外,还要

---

① 这部分老人有知识储备、有时间、有精力,也愿意为下一代的培养做贡献,很适合担任四点半课堂的志愿辅导老师。事实上,在项目实施的一个暑期,项目组还招募到了一名放假回家的大学生,担任了近两个月的志愿辅导老师。

对其他孩子的困难予以帮助；纪律委员负责每天的考勤和纪律维持；卫生委员负责分配人员维持场地清洁。以上工作为留守儿童初步搭建了一个自我组织、自我管理、自我帮助的体系。

项目实施过程中，项目组发现，有些生活在一个楼栋的孩子，相互之间都有不认识的情况。据此，项目组讨论后认为，为孩子们搭建一个互助体系，应该能够深化项目的服务效果。于是，项目组开展了以下几项工作：第一，结合人际交往能力提升等小组服务，强化四点半课堂的互助性，高年级的孩子要帮助低年级的孩子，并协助他们搭建了一对一的互助组；第二，以楼栋为单位，将生活在一栋楼的留守儿童组成互助小组，让他们为小组命名，轮流担任小组长，经常开展互助组之间的学习竞赛活动，以形成小组内的凝聚力；第三，征集互助线索，提供互助服务。例如，哪个留守儿童提出要为家人做一次饭，需要其他人提供帮助，班长和副班长就会在四点半课堂上为其征集资源，提供互助服务。以上工作，在四点半课堂的基础上，为留守儿童搭建了一个互助平台。

此后，项目组试图进一步扩展服务效果，将四点半课堂服务拓展至社区层面。在组织留守儿童课堂讨论的时候，社工提出了几个问题：我们的四点半课堂要感谢哪些人。留守儿童们纷纷发言，说要感谢社工，感谢志愿者老师，感谢社区提供场地，也要感谢自己。社工进一步引导，那我们可以为社区、为他人做什么来表达自己的感谢呢？孩子们讨论后提出了一些方案，例如打扫社区卫生，帮老人买菜、做家务。社工对孩子们的讨论给予了表扬，并鼓励大家去实施。之后，在班长的带领下，社工协助留守儿童们开展了以下两项工作：一是制订计划，每周安排人员，开展社区清洁服务，并将收集到的废品出售，所得资金用于给社区贫困老人购买生活用品；二是在社区里面进行走访调查，共找到 10 位需要照顾的失能老人，然后在留守儿童中招募到 20 位年龄稍大的孩子，以两个孩子服务一位老人的方式，进行结对帮助。以上服务受到了社区居委会、居民的赞赏，纷纷表示对这些孩子刮目相看。如此，项目组以四点半课堂为基础，为留守儿童搭建了一个助人的平台，进一步深化了服务效果。

最后，为了保证活动的持续发展，以免项目结束后服务内容和人员的散失，项目组依托之前搭建的四点半课堂自我管理体系，协助留守儿童在社区以"儿童课外教育协会"的名义，进行了自组织备案，形成了一个草根组织，由组长进行管理，并制定了组织管理人员换届选举的规范，形成了长效发展机制。

反思： 在城市社区层面开展留守儿童社会工作服务，从家长最为关注的儿童学习问题着手，是一个不错的选择，能够很好地体现"回应社区居民的需求和关切"的原则。但是，社区工作毕竟不是学校社会工作，如果单纯解决儿童教育问题，那么服务的成效就太小，且难以上升到社区层面。项目组以四点半课堂为平台，协助留守儿童搭建的自助、互助和助人的"三助式"服务体系，能够有效地拓展留守儿童课外教育的服务范围，将儿童教育和邻里关系、老年人服务、社区卫生服务等联系起来，将社工对案主的单线关系，变为了社工对案主、案主对案主、案主对他人、案主对社区的四线联系，有效地提升了服务的影响力。另外，服务成效的大小是一回事，成效的延续性却是另一回事。项目组协助留守儿童将四点半课堂以自组织备案的方式予以确认，让其有一个独立的身份，能够促进其自我管理和持续性发展。当然，构建自组织容易，让其持续运行很难，需要对核心骨干成员进行能力培训，这一点，本项目做得不够。

另外需要指出的是，项目执行过程中，也存在一些问题，例如，县一级的很多部门都将其工作的具体落实放在了社区居委会，给社区增加了很多工作压力，而本项目是依托社区开展的，所以社区居委会也给项目组分配了一些不属于本项目的工作。前文中指出，政府和社会组织应该构建伙伴关系，而不是"伙计"关系，这一点在现实的微观层面不好处理：社区忙不过来，给项目组分配了一些工作，项目组能够拒绝吗？同社区居委会的关系不处理好，后续项目如何实施？如果全部安排的工作都接受，那占用的时间和人力资源太多，又会影响项目的实施。所以，与政府部门、社区处理好关系，不仅仅是技术问题，更是艺术问题。

作者认为，当前我国城市社区工作的发展形势比较好，西部地区也应该加入到这个发展大潮中，将被各方忽视的城市留守儿童纳入到服务体系内，促进社区的和谐发展。课题组也通过具体的服务行动证实，依托社区为城市留守儿童提供社工服务，是有效的、能够促进社区协调发展的。当然，在我国相对落后的西部地区，开展留守儿童城市社区社会工作服务，还存在资金、专业机构、服务人才等多方面的欠缺。但是，课题组通过实践和行动研究发现，以政府购买服务为突破口，加大社区社会工作的影响力，能够在提供留守儿童服务的同时，促进政府部门转换思维，有利于本课题构建的理想型服务体系的实现。当然，这还需要很长的路要走。

四、本章小结

本章详细地介绍了西部留守儿童城市社区社会工作服务体系的构思依据、体系构成及其实践成效。

首先，作者回顾了社区工作在西方国家和我国发展的历程，并总结出五点启示，分别为：政府是社区服务、社区工作的主要资源提供者，慈善组织也要发挥重要作用；大力培养社工人才、发展社会组织，为社区服务、社区工作提供基础；政府与社会组织应该形成合作的伙伴关系，而不是"伙计关系"；社区服务、社区工作应该致力于回应社区居民最迫切的需求，以居民为本、需求为本；社区服务、社区工作应该注重协作，服务提供者要与社区居民、其他在本地区开展服务的组织、相关政府部门形成合力，才能达到良好的服务效果。

其次，根据以上启示，结合我国当前实施城市社区工作的经验和我国西部地区实际，课题组构建了一个西部留守儿童城市社区社会工作服务体系的理想框架，包括：理顺组织管理体系，政府提供政策和服务方向的引导，社会组织提供直接服务，第三方专业组织提供质量管理和评估，三方形成伙伴关系，各发所长、合力共进；在服务的资金来源上，要发挥政府部门的主体作用，同时开展社会慈善文化宣传，拓展社会资金的来源；在服务人才方面，应该提高社工待遇水平，完善社工的薪酬体系和职业发展体系，提升社工职业的吸引力；在服务内容方面，应该积极回应社区居民的需求和关切，针对社区特点，提供有针对性的服务；在人员的培训和督导方面，应该加强西部与中东部地区社工机构的合作，引进先进的理念和服务方法，同时依托本地高校、社工机构，开展人员培训和督导。

最后，作者结合自身实施的留守儿童城市社区社会工作服务项目，将第二部分构建的服务体系予以实践，并通过城市留守儿童邻里支持体系的建构服务和城市留守儿童自助、互助、助人体系的构建服务两个实务活动的再现和反思，证实了在当前开展城市留守儿童社区工作的有效性。

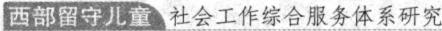

　　当然，作者也强调，本课题构建的"西部留守儿童城市社区社会工作服务体系"只是一种理想状态，与现实有很大差距，只能说是这个领域今后发展的可行方向。在此，课题组也希望，一是具备现实条件的西部地区，可以利用本课题构建的服务体系，开展一些城市留守儿童社区工作服务的试点工作；二是我国发达地区、社区工作有较好基础的地区，可以更多地借鉴本课题所构建的服务体系，以提高留守儿童服务的水平、促进社区的和谐发展。

参考文献

一、中文著作

1. 范兴华：《家庭处境不利对农村留守儿童心理适应的影响》，湖南师范大学出版社 2012 年版。
2. 李迎生主编：《社会工作概论》，中国人民大学出版社 2010 年版。
3. 陆士祯等：《中国儿童政策概论》，社会科学文献出版社 2005 年版。
4. 罗式胜：《文献计量学概论》，中山大学出版社 1994 年版。
5. 潘小娟、卢春龙：《中国农村留守群体生存状况研究》，北京大学出版社 2013 年版。
6. 邱均平：《文献计量与内容分析：2004 信息化与信息资源管理研讨会论文选集》，吉林科学技术出版社 2005 年版。
7. 尚智丛：《科学社会学：方法与理论基础》，高等教育出版社 2008 年版。
8. 史铁尔：《农村社会工作》，中国劳动社会保障出版社 2007 年版。
9. 史铁尔等：《农村社会工作实务》，载中国社会工作协会组编：《中国社会工作发展报告（1988—2008）》，社会科学文献出版社 2009 年版。
10. 王崇德：《文献计量学引论》，广西师范大学出版社 1997 年版。
11. 王思斌：《社会工作导论》（第二版），北京大学出版社 2011 年版。
12. 王思斌：《社会工作概论》，高等教育出版社 2006 年版。

13. 徐永祥：《社区工作》，高等教育出版社 2004 年版。

14. 杨善华主编：《当代西方社会学理论》，北京大学出版社 1999 年版。

15. 叶敬忠、杨照：《关爱留守儿童——行动与对策》，社会科学文献出版社 2008 年版。

16. 曾繁正等编译：《西方国家法律制度社会政策及立法》，红旗出版社 1998 年版。

17. 张和清：《农村社会工作》，高等教育出版社 2008 年版。

18. 张乐天：《社会工作概论》，华东理工大学出版社 2006 年版。

19. 郑杭生：《社会学概论新修》（第四版），中国人民大学出版社 2013 年版。

20. 《马克思恩格斯选集》（第 1 卷），人民出版社 1995 年版。

21. 《马克思恩格斯选集》（第 4 卷），人民出版社 1995 年版。

22. 钟涨宝：《农村社会工作》，复旦大学出版社 2011 年版。

23. 周震欧：《儿童福利》（修订版），（台北）巨流图书股份有限公司 2009 年版。

二、中文译著

1. 〔法〕迪尔凯姆：《自杀论》，孙立元、滕文芳译，北京出版社 2012 年版。

2. 〔美〕约翰·博得利：《发展的受害者》，何小荣等译，北京大学出版社 2011 年版。

3. 〔意〕皮科·米兰多拉：《论人的尊严》，顾超一、樊虹谷译，北京大学出版社 2010 年版。

4. 〔印〕阿马蒂亚·森：《以自由看待发展》，任赜、于真译，中国人民大学出版社 2002 年版。

5. 〔德〕哈贝马斯：《交往行为理论》（第一卷），曹卫东译，上海人民出版社 2004 年版。

6. 〔美〕沃尔特·李普曼：《舆论学》，林珊译，华夏出版社 1989 年版。

7. 〔美〕戴维·迈尔斯：《社会心理学》（第八版），张智勇等译，人民邮电出版社 2006 年版。

8. 〔美〕法利，威廉姆，史密斯等：《社会工作概论》（第 9 版），隋玉杰等译，中国人民大学出版社 2005 年版。

9. 〔美〕拉尔夫·多戈夫、弗兰克·M.洛温伯格、唐纳·哈林顿：《社会工作伦理实务工作指南》（第七版），隋玉杰译，中国人民大学出版社 2005 年版。

10. 〔美〕谢弗：《发展心理学：儿童与青少年》，邹泓译，中国轻工业出版社 2009 年版。

11. 〔英〕布伦特、约翰逊：《交际法语言教学（第一版)》，外语教育出版社 2000 年版。

12. 〔英〕斯图尔特·霍尔：《编码/译码》，张国良主编，《20 世纪传播学经典文本》复旦大学出版社 2003 年版。

三、中文期刊

1. 边燕杰：《社会网络与求职过程》，载《国外社会学》1999 年第 4 期。

2. 陈成文、孙嘉悦等：《农村社会管理创新与社会工作研究》，载《社会工作》2012 年第 1 期。

3. 陈惠惠、刘巧兰、胡冰霜：《农村留守初中生社会支持、同伴关系与心理弹性的关系研究》，载《现代预防医学》2011 年第 16 期。

4. 成伯清：《怨恨与承认——一种社会学的探索》，载《江苏行政学院学报》2009 年第 5 期。

5. 成海军、陈晓丽：《中国儿童福利法治建设及其不足》，载《青少年犯罪问题》2011 年第 4 期。

6. 成彦：《美国儿童福利运行框架对中国儿童福利体系建构的启示》，载《社会福利（理论版）》2013 年第 9 期。

7. 程晋宽：《信息社会英国、美国、加拿大学校社会工作的比较》，载《外国中小学教育》2011 年第 10 期。

8. 崔旺来：《中国社会科学 1994－1998 年作者及引文的统计分析与评价》，载《中国社会科学》1999 年第 3 期。

9. 崔效辉、郭安：《农村留守儿童现状及引入社会工作方法的必要性——基于两所小学的对比研究》，载《南京人口管理干部学院学报》2011 年第 4 期。

10. 崔效辉、晏凤鸣：《农村留守儿童现状及引入社工服务的必要性——基于苏北农村学龄儿童的对比研究》，载《社会工作》2013 年第 4 期。

11. 崔效辉、晏凤鸣：《论农村留守儿童成长中的社工介入》，载《社会工作》2009 年第 12 期。

12. 段成荣、周福林：《我国留守儿童状况研究》，载《人口研究》2005 年第 1 期。

13. 段鑫星、马亚静、刘桂智：《小组工作对农村留守儿童交往不适的介入研究》，载《中国矿业大学学报》2010 年第 2 期。

14. 段玉香：《农村留守儿童社会支持状况及其与应付方式的关系研究》，载《中国健康心理学杂志》2008 年第 4 期。

15. 范美琴：《社会支持研究述评》，载《江苏技术师范学院学报》2009 年第 3 期。

16. 方舒：《论社会工作与社会管理的交互机理》，载《社会科学》2013 年第 5 期。

17. 冯晓霞、周兢：《构筑国家财富——联合国教科文组织首届世界幼儿保育和教育大会简介》，载《学前教育研究》2011 年第 1 期。

18. 干伟溢、陈璇：《流动少年儿童的社会支持研究述评》，载《中国青年研究》2012 年第 5 期。

19. 郜凯英：《学校社工介入农村留守儿童问题的必要性与可行性探讨》，载《郑州航空工业管理学院学报（社会科学版）》2012 年第 3 期。

20. 何华兵、万玲：《政府购买社工服务的问题与长效机制构建——基于广州市的调查和访谈》，载《岭南学刊》2014 年第 3 期。

21. 胡心怡、刘霞等：《社会支持、应对方式对湖南省留守儿童幸福感的影响》，载《心理研究》2008 年第 4 期。

22. 姜旭之：《社区治理机制的发展趋势和制度分析》，载《广州大学学报（社会科学版）》2010 年第 10 期。

23. 珂莱尔·婉格尔、刘精明：《北京老年人社会支持网调查 ——兼与英国利物浦老年社会支持网对比》，载《社会学研究》1998 年第 2 期。

24. 雷鹏、陈旭、关幼萌：《留守儿童社会支持系统干预模型的建构》，载《教育导刊》2010 年第 12 期。

25. 李刚：《民办社工服务机构达 2000 家》，载《人民日报》2014 年 1 月 3 日。

26. 李根寿、廖运生：《农村留守儿童教育问题及对策思考》，载《前沿》2005 年第 12 期。

27. 李龙军：《我国高等院校学校社会工作介入模式研究》，2013 年安徽大学硕士学位论文。

28. 李强：《社会支持与个体心理健康》，载《天津社会科学》1998 年第 1 期。

29. 李文祥、高锡林：《社会工作介入与农村社会管理转型》，载《吉林大学社会科学学报》2015 年第 1 期。

30. 李序科：《学校社会工作视阈下的农村留守儿童问题》，载《重庆理工大学学报（社会科学）》2010 年第 5 期。

31. 李艳红、刘晓旋：《诠释幸福：留守儿童的电视观看——以广东揭阳桂东乡留守儿童为例》，载《新闻与传播研究》2011 年第 1 期。

32. 李志凯：《留守儿童心理弹性与社会支持的关系研究》，载《中国健康心理学杂志》2009 年第 4 期。

33. 刘继同：《当代中国的儿童福利政策框架与儿童福利服务体系》（上），载《青少年犯罪问题》2008 年第 5 期。

34. 刘继同：《儿童健康照顾与国家福利责任：重构中国现代儿童福利政策框架》，载《中国青年研究》2006 年第 12 期。

35. 刘继同：《英美社会工作"实务模式"的历史演变轨迹与结构性特征》，

载《广东工业大学学报：社会科学版》2012 年第 12 期。

36. 刘继文、李富业、连玉龙：《社会支持评定量表的信度效度研究》，载《新疆医科大学学报》2008 年第 1 期。

37. 刘杰、孟慧敏：《关于布朗芬布伦纳发展心理学生态系统理论》，载《中国健康心理学杂志》2009 年第 2 期。

38. 刘美玲、李忠伟：《社会工作对留守儿童成长问题介入的模式探索——在农村建立留守儿童服务中心》，载《成都信息工程学院学报》2007 年第 8 期。

39. 刘米娜：《公民文化视野下的政府信任研究》，载《上海行政学院学报》2011 年第 1 期。

40. 刘霞、范兴华、申继亮：《初中留守儿童社会支持与问题行为的关系》，载《心理发展与教育》2007 年第 3 期。

41. 刘晓慧、杨玉岩等：《留守儿童情绪性问题行为与社会支持的关系研究》，载《中国全科医学》2012 年第 28 期。

42. 刘宗发：《农村小学留守儿童社会支持与孤独感研究》，载《教育评论》2013 年第 2 期。

43. 卢利亚：《农村留守儿童社会支持网络模式研究》，载《湖南师范大学社会科学学报》2012 年第 6 期。

44. 鲁艳桦：《美国学校社会工作发展及其启示》，载《教学与管理》2011 年第 4 期。

45. 栾文敬、刘长青、付双乐：《社会工作专业本科毕业生的就业去向及原因探析》，载《社会工作》2013 年第 4 期。

46. 罗国芬：《农村留守儿童的规模问题评述》，载《青年研究》2006 年第 3 期。

47. 罗静、王薇、高文斌：《中国留守儿童研究述评》，载《心理科学进展》2009 年第 5 期。

48. 马良：《构建留守儿童的"多元"社会支持系统——对温州市义务教育阶段留守儿童的实证研究》，载《华东理工大学学报（社会科学版）》2011

年第 3 期。

49. 马润生、尹书强：《论社会工作对农村留守儿童问题的介入契合性困境与
途径探索》，载《黑河学刊》2008 年第 6 期。

50. 马世雯：《中国农村社会工作发展国际学术研讨会综述》，载《云南民族
大学学报（哲学社会科学版）》2007 年第 6 期。

51. 倪赤丹：《社会支持理论：社会工作研究的新"范式"》，载《广东工业
大学学报（社会科学版）》2013 年第 3 期。

52. 钱宁、陈立周：《政策思维范式的演变与发展性社会政策的贡献》，载
《探索》2011 年第 5 期。

53. 钱宁：《从人道主义到公民权利——现代社会福利政治道德观念的历史演
变》，载《社会学研究》2004 年第 1 期。

54. 丘海雄、陈健民、任焰：《社会支持结构的转变：从一元到多元》，载
《社会学研究》1998 年第 4 期。

55. 全国妇联：《全国农村留守儿童状况研究报告》，载《中国妇运》2008 年
第 6 期。

56. 全国妇联课题组：《全国农村留守儿童、城乡流动儿童状况研究报告》，
载《中国妇运》2013 年第 6 期。

57. 全宏艳：《社会支持研究综述》，载《重庆科技学院学报（社会科学版）》
2008 年第 3 期。

58. 阮丹青、周路等：《天津城市居民社会网初析——兼与美国社会网比较》
载《中国社会科学》1990 年第 2 期。

59. 闫志刚：《社会建构论：社会问题理论研究的新视角》，载《社会》2006
年第 1 期。

60. 邵海英、郭霞、卓金秀：《中国农村社会工作研究现状与展望》，载《商
业经济》2015 年第 3 期。

61. 申继亮、武岳：《留守儿童的心理发展：对环境作用的再思考》，载《河
南大学学报（社会科学版）》2008 年第 1 期。

62. 史柏年：《学校社会工作：从项目试点到制度建设——以四川希望学校社

会工作实践为例》，载《学海》2012 年第 1 期。

63. 首姝嫚：《学校社会工作介入青少年抗逆力的建构》，2012 年华中科技大学硕士学位论文。

64. 孙男：《我国儿童福利现状与发展趋势》，载《理论研究》2010 年第 6 期。

65. 孙跃：《我国高等院校学校社会工作介入模式研究》，南开大学博士学位论文，2009 年。

66. 谭深，《中国农村留守儿童研究述评》，载《中国社会科学》2011 年第 1 期。

67. 田北海：《农民工社会管理模式转型与创新路径探讨》，载《华中农业大学学报（社会科学版)》2011 年第 2 期。

68. 田先红：《农村社会工作的万载试验》，载《决策》2012 年第 2 期。

69. 王守杰：《NGO 从传统恩赐向现代治理的转型》，载《河北学刊》2010 年第 2 期。

70. 王思斌、唐钧：《社会工作专题讲座》，载《社会工作》2008 年第 11 期。

71. 王思斌：《社会工作实践权的获得与发展——以地震救灾学校社会工作的展开为例》，载《学海》2012 年第 1 期。

72. 王异虹、张晓玮等：《德国主流媒体重构的"西藏问题"——德国媒体涉藏报道内容分析》，载《新闻与传播研究》2010 年第 2 期。

73. 王玉花：《从心理弹性理论视角看留守儿童的社会支持网络》，载《教育学术月刊》2010 年第 10 期。

74. 王曰芬等：《文献计量与内容分析综合应用软件的开发与实验》，载《图书情报工作》2005 年第 6 期。

75. 王章华、戴利朝：《社会工作在农村留守儿童教育问题中的介入模式探索》，载《现代教育管理》2009 年第 7 期。

76. 文雅、Wendy Thomson：《加拿大社会工作的发展、现状及挑战》，载《社会工作》2014 年第 1 期。

77. 邬志辉、李静美：《农村留守儿童生存现状调查报告》，载《中国农业大学学报（社会科学版）》2015 年第 1 期。

78. 吴鹏森、王慧博：《社会工作专业毕业生的就业状况及问题分析——以上海 S 高校为例》，载《上海政法学院学报》2013 年第 11 期。

79. 吴文春、陈洵等：《潮汕地区农村留守儿童孤独感与社会支持的关系研究》，载《中国健康心理学杂志》2010 年第 10 期。

80. 肖水源：《社会支持对身心健康的影响》，载《中国心理卫生杂志》1987 年第 4 期。

81. 谢文媛：《浅析留守儿童的专业社会工作介入》，载《社会工作（理论）》2008 年第 11 期。

82. 徐安琪：《城市家庭社会网络的现状和变迁》，载《上海社会科学院学术季刊》1995 年第 2 期。

83. 许松芽：《留守儿童心理弹性与社会支持关系的调查研究》，载《集美大学学报》2011 年第 3 期。

84. 闫广芬、苌庆辉：《美国学校社会工作体系架构及其启示》，载《外国教育研究》2008 年第 4 期。

85. 杨发祥、闵慧：《中国农村社会工作发展探析》，载《福建论坛（人文社会科学版）》2011 年第 1 期。

86. 杨竹：《贵州农村少数民族留守儿童社会支持系统研究》，载《贵州民族学院学报（哲学社会科学版）》2010 年第 5 期。

87. 姚进忠：《立体赋权：农村留守儿童社会支持网络的建构》，载《当代青年研究》2012 年第 12 期。

88. 姚迈新：《政社关系视角下社会组织提供公共服务问题研究——以广州市政府购买社区家庭综合服务为例》，载《岭南学刊》2013 年第 3 期。

89. 叶敬忠等：《对留守儿童问题的研究综述》，载《农业经济问题》2005 年第 10 期。

90. 易谨：《我国台湾地区与日本儿童福利法律制度的特色与启发》，载《青年探索》2012 年第 2 期。

91. 殷世东、朱明山：《农村留守儿童教育社会支持体系的构建——基于皖北

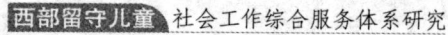

农村留守儿童教育问题的调查与思考》，载《中国教育学刊》2006 年第 2 期。

92. 于克晓、骆文伟：《政府职能转变视野下面向基层就业问题与对策研究——以"三支一扶"计划为例》，载《佳木斯大学社会科学学报》2013 年第 1 期。

93. 詹海玉、陈世海：《农民工与留守子女日常沟通问题研究》，载《西北农林科技大学学报（社会科学版）》2012 年第 4 期。

94. 张和清、杨锡聪、古学斌：《优势视角下的农村社会工作——以能力建设和资产建立为核心的农村社会工作实践模式》，载《社会学研究》2008 年第 6 期。

95. 张华、李小容：《试论我国农村社会工作的现状及其在新农村建设中的作用》，载《西南农业大学学报》2010 年第 8 期。

96. 张剑：《社会工作介入农村留守儿童问题的行动研究》，载《社会工作》2011 年第 9 期。

97. 张连云：《农村留守儿童社会支持与孤独感的关系》，载《中国特殊教育》2011 年第 5 期。

98. 张文丰：《近三十年我国社区教育研究进展之文献计量分析》，载《中国远程教育》2010 年第 6 期。

99. 张燕婷：《学校社会工作的本土化实践——基于生态系统理论的地方性探索》，载《学海》2015 年第 3 期。

100. 赵景欣、张文新：《农村留守儿童生活适应过程的质性研究》，载《河南大学学报（社会科学版）》2008 年第 1 期。

101. 钟瑜、胡光华：《万载创新农村社会工作》，载《江西日报》2012 年 3 月 17 日。

102. 周定财：《大学生村官参与农村基层社会管理的困境与突围》，载《湖北社会科学》2015 年第 4 期。

103. 周福林、段成荣：《留守儿童研究综述》，载《人口学刊》2006 年第 3 期。

104. 周利敏、戴嘉誉：《家庭综合服务中心服务满意度影响因素之定量研究——以广州 T 街为例》，载《广东工业大学学报：社会科学版》2013年第 4 期。

105. 周伟：《三成"留守孩"直言恨自己父母 江西盘古山镇的这项调查揭示了解决"留守孩"问题的紧迫性》，载《新华每日电讯》2005 年 3 月 29日第 6 版。

106. 周湘斌、常英：《社会支持网络理论在社会工作实践中的应用性探讨》，载《中国农业大学学报（社会科学版）》2005 年第 2 期。

107. 周泽龙、赵怀梁、张超：《西部计划大学生志愿者现状调研》，载《青年学报》2014 年第 5 期。

108. 朱江：《农村社区教育与留守儿童》，载《广西教育学院学报》2010 年第 5 期。

109. 朱科蓉等：《农村留守儿童学习状况分析与建议》，载《教育科学》2002年第 4 期。

四、网络文献

1. 国家统计局：《2014 年全国农民工监测调查报告》，2015 年 4 月 29 日，http：//www. stats. gov. cn/tjsj/zxfb/201504/t20150429_ 797821. html.

2. 《雪中送炭温暖留守儿童》，http：//www. chinanpo. gov. cn/showsfxm-Bulltetin. 2013 - 07 - 18.

3. 《中日韩经济发展协会留守儿童关爱试点项目工作报告》，http：//www. chinanpo. gov. cn/4800/67917/index. html, 2013 - 08 - 02.

4. 闫妍：《5800 万留守儿童共享 6500 所托管中心》，http：//www. people. cn/404/404. html, 2008 - 10 - 31.

5. 王振耀：《村儿童福利主任："赤脚"儿童社工体系建设前瞻》，中国公益研究院网站 http：//www. bnu1. org/child/2540. html, 2014 年 5 月 14日。

6. 杨锡聪，张和清，古学斌：《绿耕中国农村社会工作探索之路》，广东绿耕社会工作发展中心网站 http：//www. lvgeng. org/index. php/article/185/860，2013 年 3 月 3 日。

7. 民政部：《2014 年社会服务发展统计公报》，来源于民政部门户网站，2015 年 6 月 10 日。http：//www. mca. gov. cn/article/sj/tjgb/201506/201506008324399. shtml.

8. 朱凌：《深圳社工流失率 22. 2% 已超人才流失警戒线》，来源：南都网 2015 年 1 月 30 日。http：//gd. nandu. com/html/201501/30/1049735. html.

五、外文文献

1. Alcock, P. ; Erskine, A. & May, M. *The Student Companion to Social Policy*, Oxford：Blackwell Published Ltd, 1998：77.

2. B. Senaratnal, et al. "Mental health status and risk factors for mental health problems in left – behind children of women migrant workers in Sri Lanka". *Ceylon Medical Journal*, 2011 (4)：153 – 158.

3. Barker, R. L. , *The Social Work Dictionary*. Washingtong, DC：National Association of Social Workers, 1995：55.

4. Barrera, M. , Ainlay, L. , "The Structure of Social Support：a Conceptual and Empirical Analysis", *Journal of Community Psychology*, 1983 (7)：11.

5. Barreram M, Ainley S. " The Structure of Social Support：A Conceptual and Empirical Analysis". *Journal of Community Psychology*, 1983：2.

6. Berger, P. & Luckman, T. *The Social Construction of Reality*. NY：Doubleday, 1966：76.

7. Bowlby, J. , Attachment [Vol. 1 of Attachment and Loss]. London：Hogarth Press, 1969：31 – 35.

8. Bremner. R. H. Giving：Charity and Philanthropy in History. New Brunswick：

Transaction Publishers. 1994: 23.

9. Breul F. R. , Diner S. J. Compassion and Responsibility: Readings in the History of Social Welfare Policy in the United States. Chicago: The University of Chicago Press, 1980: 132.

10. Caplan, G. , Killiea, M. , Support System and Mutual help: Multidisciplinary Explorations. New York: Grune&Stratton, 1974: 19.

11. Cobb S. " Social Support as a Moderator of Life Stress". *Psychosomatic Medicine*, 1976: 38.

12. Cohen, S. , Makay, G. , "Social Support, Stress and the Buffering Hypothesis: A Theoretical Analysis", *Handbook of Psychology and Heath*. 1984 (4): 253 –263.

13. E. Graham & L. Jordan. "Migrant Parents and the Psychological Well – Being of Left – Behind Children in Southeast Asia". *Journal of Marriage and Family*, 2011 (73): 763 –787.

14. Wilfried Bos, Christian Tarnai. " Content Analysis in Empirical Social Research. " *International Journal of Educational Research* , 1999 (8): 659 – 671.

15. Eric Blyth and Helen Cooper. "School Social Work in the United Kingdom: a Key Role in Social Inclusion", in Marion Huxtable and Eric Blyth. *School Social Work Worldwide*. Washington DC: NASW Press. 2002: 23.

16. G. Lee. *Helping the Troubled School Child: Selected Readings in School Social Work*. Washington DC: National Association of Social Workers, 1959: 107 – 129.

17. Garrett, K. J. & Barretta, H. A. "Missing Links: Professional Development in School Social Work". *Social Work in Education*, 1995 (17): 235 –243.

18. Ginsberg, L. H. (ed.), *Social Work in Rural Communities* : *A Book of Readings*. New York : Council on Social Work Education. 1976.

19. Global Definition of Social Work / Review of the Global Definition. http: // www. iassw – aiets. org/lang = en.

20. Gouldner, A. W. *The Dialectics of Ideology and Technology*. London: Macmillan. 1976: 119.

21. Hepworth D. H., Rooney. R. H., Rooney. G. D., et al. *Direct Social Work Practice: Theory and Skills*. Canada: Thomson Brooks, 2006: 87.

22. J. J. Alderson. "Models of School Social Work Practice". In R. C. Sarri and F. F. Maple (eds). *The School in the Community*. Washington, DC: NASW Press, 1972. 57 – 74.

23. Jandt, Fred E. *An Introduction to Intercultural Communication: Identities In A Global Community*. London: Sage Publications. 2003: 111.

24. Jane Loughborough, Wes Shera, and John Wilbelm. "School Social Work in Canada: Historical Themes and Current Challenges". in Marion Huxtable and Eric Blyth. *School Social Work Worldwide*. Washington DC: NASW Press, 2002: 68.

25. Job, J., "How is Trust in government created? It begins at home, but ends in the Parliament". *Australian Review of Public Affairs*, 2005 (6): 55 – 59.

26. Kadushin, A. *Child Welfare Services*. N. Y.: Macmillan Publishing Co., Inc. 1980: 22 – 25.

27. Kinberly A. Neuendorf. *The Content Analysis Guidebook*. Thousand Oaks, CA: Sage Publications, 2002: 23.

28. Levy, C. S. *Social Work Ethics*. New York: Human Sciences Press, 1976: 42.

29. Lin, N. *Social Support, Life Events and Depression*. FL: Academic Press, 1986: 28.

30. Lotka, A. J. "The Frequency Distribution of Scientific Productions". *Journal of the Washington Academy of Sciences*. 1926 (12): 317 – 324.

31. Lynn Bye, Michelle Alvarez. *School Social Work: Theory to Practice*. Belmont, CA: Thom – son Brooks/ Cole, 2007: 6.

32. M. G. Ross. *Community Organization: Ttheory, Principles and Practice*. New

York: Harperand Row. 1967: 47.

33. M. Madianou & D. Miller. "Mobile phone parenting: Reconfiguring Relation-ships Between Filipina Migrant Mothers and Their Left – behind Children". *New Media & Society*, 2011 (3): 457 – 470.

34. M. Taylor, F. Presley. *Community Work in the UK* 1982 – 1986. London: Library Association Publishing in Association with Calouste Gulbenkian Founda-tion, 1987: 2.

35. Marion Huxtable and Eric Blyth. *School Social Work Worldwide*. Washington DC: NASW Press, 2002: 263 – 268.

36. Marshall, T. H. "The Rights to Welfare". In N. Timms & D. Watson (ed. *Talking about Welfare: Readings in Philosophy and Social Policy*. London: Routledge & Kegan Paul, 1976: 52.

37. McGowan, B. G. Values and Ethics". In C. H. Meyer & M. A. Mattaini (Eds.) *The Foundations of Social Work Practice*. Washington, DC: NASW Press, 1995: 28.

38. Michael E. Ward. *School Social Work in North Carolina: A Guide to Practice and Policy*. Raleigh: Public Schools of North Carolina, 1998. 28.

39. Miley, K. , O' Melia, M. , & Dubois, B. *Generalist Social Work Practice: An Empowerment Approach*. Boston, MA: Pearson Education Inc, 2004: 112.

40. Murray, J. S. "Collaborative Practice: Helping Child Cope With Separation During War". *Journal for Specialists Pediatric Nursing*, (2002) 2, 127.

41. Nimmo, D. , & Savage, R. L. *Candidates And Their Images: Concepts, Methods And Findings*. Pacific Palisades: Goodyear. 1976: 78.

42. P. Allen – Mears. *Social Work Services In Schools*. Boston: Allyn & Bacon, 1996: 25 – 28.

43. Panksepp, J. 2005. "Why does separation distress hurt? Comment on MacDon-ald and Leary". *Psychological Bulletin*, 11.

44. Park, R, "News as a form of knowledge: a chapter in the sociology of knowl-

edge", American Journal of Sociology. 1940 (5): 67 – 72.

45. Parry, G. "Trust, Distrust and Consensus". *British Journal of Political Science*, 1976 (6): 7 – 11.

46. Pottinger, A. M., Stair, A. G., Brown, S. W. 2008. "A Counseling Framework For Caribbean Children and Families Who Have Experienced Migratory Separation and Reunion". *International Journal for the Advancement of Counseling*, 30.

47. Price, Derek de Solla. *Little Science, Big Science*. New York: Columbia University Press. 1963: 87.

48. Price, Derek de Solla. *Little Science, Big Science*. New York: Columbia University Press. 1963: 157.

49. Reamer, F. G. *Social Work Values and Ethics* (2nd Ed.). New York: Columbia University Press, 1999: 77 – 80.

50. Reason, R & Bradury, H. *Handbook of Action Research: Participative Inquiry and Practice*. ThousandOaks, CA: Sage, 2005: 57.

51. Skidmore R. A., Thackeray M. G., Farley. O. W. *Introduction to Social Work*. New Jersey: Prentice Hall International. 1991: 43.

52. Somekh, B & Lewin, C. *Research Methods in Social Science*. London: Sage, 2005: 45 – 60.

53. Thoits, P. "Conceptual, Methodological and Theoretical Problems in Studying Social Support as a Buffer Against Life Stress". *Journal of Health and Social Behavior*, 1982 (23): 145 – 149.

54. Tully, L. (2007). "Early Intervention Strategies For Children and Young People 8 to 14 Years". Research report. NSW Department of Community Services.

55. Wilfried Bos, Christian Tarnai. "Content Analysis in Empirical Social Research." *International Journal of Educational Research*, 1999: 6.